Arthur Rimbaud à l'aube d'un nouveau siècle

Arthur Rimbaud
à l'aube d'un nouveau siècle

Actes du colloque de Kyoto

publiés sous la direction de
Hitoshi Usami

KLINCKSIECK

COLLECTION 19

*Ouvrage publié avec le soutien de la
Fondation pour la Promotion de l'Éducation
de la Recherche de l'Université de Kyoto.*

Préface

Par le son des voix
Se sentant réconfortés
– cerisiers du soir [1]

Rimbaud, si mobile, si imaginatif, si attiré par l'horizon, et en particulier du côté de l'Orient, a-t-il jamais éprouvé d'aller jusqu'au Japon ? S'il réduit « la Chine, « le Céleste Empire », à danser, non dans un bal des pendus, mais dans le ballet d'un « petit monde blême et plat » [2], il décrit dans une autre des *Illuminations* un « promontoire aussi étendu que l'Épire et le Péloponnèse, ou que la grande île du Japon, ou que l'Arabie ! » [3].

Il n'est jamais allé dans l'île d'Hondo, lui que Verlaine, quelque peu dépité et un peu admiratif, appela « l'homme aux semelles de vent » à partir du moment où il ne lui fut plus donné de le voir. Du moins les chercheurs rimbaldiens ont-ils le privilège qu'il n'eut pas, celui de s'embarquer sur le « brick en large », fût-il un avion de la Japan Air Lines, et de se retrouver à Kyoto, l'ancienne « capitale de la paix » (*Heiân-kyo*), comme ce fut le cas en juin 2004, à l'occasion d'un superbe colloque organisé par l'Institut de recherche pour

---

1. Issa (1763-1827), *Haiku*, traduits du japonais par Joan Titus-Carmel, Paris, Verdier, 1994, p. 41.
2. « Soir historique », dans les *Illuminations*, p. 501 dans les *Œuvres complètes* de Rimbaud, Librairie Générale Française, La Pochothèque, 1999.
3. « Promontoire », *ibid.*, p. 496.

les Humanités et le professeur Hitoshi Usami, qui défend si ardemment la langue, la littérature et en particulier la poésie française à l'université de Kyoto. L'Institut franco-japonais du Kansai, grâce à son directeur, M. Pierre Fournier, et à son directeur-adjoint, autre ardent défenseur de notre langue et de notre culture, M. Jean-François Hans, a magnifiquement contribué à l'organisation et à la tenue de ces journées aussi riches sur le plan scientifique que pleines sur le plan amical et humain.

Il revenait à Steve Murphy d'évoquer avec la précision qu'on lui connaît les problèmes que pose l'édition des textes de Rimbaud, *work in progress* maintes fois interrompu, resté suspendu sur un chef-d'œuvre, les *Illuminations*, qui n'est pourtant pas une œuvre achevée. Ce texte, nos collègues japonais le connaissent admirablement, et la pratique de la traduction leur a donné un sens plus aigu encore des difficultés qu'il contient. La communication du maître d'œuvre, Hitoshi Usami, a été décisive à cet égard. L'échange auquel nous avons assisté entre deux grands spécialistes et deux grands traducteurs, le professeur Usami lui-même et Yoshikazu Nagaji, dont les travaux font autorité, à propos d'une phrase d'« Aube » (« Alors, je levai un à un les voiles ») restera inoubliable pour nous Français qui, à tort sans doute, n'y voyions ni piège, ni malice – à peine il est vrai une ambiguïté.

À revoir le programme de ce colloque, à relire les textes des communications qui constituent le présent volume d'actes, je constate aisément qu'une place capitale a été accordée à la confrontation de Rimbaud avec d'autres poètes ses successeurs : Victor Segalen (Makoto Kinoshita), René Char (Olivier Birmann), Jacques Roubaud (Agnès Disson), Sakutarô (Manami Imura), Philippe Jaccottet (Yasuaki Kawanabe). Ce n'étaient nullement ces « horribles travailleurs » auxquels il avait pensé quand, dans sa longue lettre à Paul Demeny du 15 mai 1871, il imaginait ses successeurs en poésie, mais des poètes qui, comme lui, et de manière différente, ont eu le souci ont comme lui eu le souci d'être modernes.

Lui seul pourtant le fut « absolument », comme il en avait affirmé la nécessité en 1873 dans l'« Adieu » d'*Une saison en enfer*, – cette fin qui était un véritable commencement, « le début d'une vie nouvelle »[4]. Ce renouvellement, il l'attendait d'un accomplissement

4. Kenzaburô Ôé (né en 1935, prix Nobel de littérature 1994), *Man'en Gannen no futtôboru*, 1967, traduit du japonais par René de Ceccaty et Ryôgi Nakamura, *Le jeu du siècle*, Gallimard, 1985, rééd. Folio n° 3427, 2000, p. 459.

de lui-même, libéré de l'encombrant et parfois avilissant compagnonnage avec Verlaine :

> Un bel avantage, c'est que je puis rire des vieilles amours mensongères, et frapper de honte ces couples menteurs [...] ; et il me sera loisible de *posséder la vérité dans une âme et un corps*. [5]

Ces dernières lignes du seul livre publié par Rimbaud sont assurément à verser à l'autoportrait que Yoshikazu Nakaji a su dessiner avec tant de finesse, tandis qu'un autre grand rimbaldien japonais, Hiroo Yuasa remontait dans la plaquette de 1873 jusqu'à « Nuit de l'enfer ».

Si grande en effet que soit la tentation des rapprochements, c'est par Rimbaud qu'il faut commencer – et le grand livre de Dominique de Villepin, *Éloge des voleurs de feu*, m'y a grandement aidé –, c'est à Rimbaud qu'il faut aboutir, comme le prouve la ferme postface d'Hitoshi Usami, maître d'une œuvre et maître d'œuvre d'un colloque entré dans l'Histoire mais rendu vivant pour longtemps grâce au volume qu'ont bien voulu accueillir M. Michel Desgranges, le président-directeur général des Belles Lettres, mon ami, et M. Jean-Marc Loubet, qui a su redonner aux éditions Klincksieck la vitalité et l'éclat souhaités. Puisse ce livre, signe d'une admiration et d'une amitié, y contribuer...

Pierre BRUNEL
Paris, le 12 juin 2005

---

5. *Une saison en enfer*, Bruxelles, Alliance typographique, 1873, *Œuvres complètes*, p. 442.

7

Première partie

Du côté des voleurs de feu

« Du côté des voleurs de feu », ce sujet, même s'il se calque sur un schéma à la manière de Marcel Proust, oriente l'attention vers une expression fameuse d'Arthur Rimbaud, que je m'efforcerai de commenter avec soin, en tenant compte tant du contexte où elle est insérée que de l'arrière-plan mythologique et de la tradition littéraire. Puisqu'il s'agit de « Arthur Rimbaud à l'aube du nouveau siècle », je n'ai pas trouvé de meilleure preuve de cette présence que le grand livre de Dominique de Villepin publié en 2003 aux éditions Gallimard, *Éloge des voleurs de feu*.

L'auteur était notre ministre des Affaires étrangères quand le livre a paru. Dans la haute fonction de Premier ministre qui est aujourd'hui la sienne, l'actualité ne lui laisse guère de répit, mais il ne cesse de lire, d'écrire, de méditer. La poésie est pour lui inséparable de la vie. Des mots il attend un pouvoir magique contre la peur. C'était le thème de la conférence qu'il a donnée le 18 décembre 2003 à la Bibliothèque nationale de France. Ce sera le sujet d'un de ses prochains livres. Déjà dans *Éloge des voleurs de feu*, il cite cette phrase d'Eugène Guillevic : « Nous liquiderons la peur. » [1]

Éloge des voleurs de feu n'est ni un éloge au sens du terme en rhétorique ni une étude savante et systématique de type universitaire. C'est une grande méditation lyrique soutenue par une pro-

---

1. Dominique de Villepin, *Éloge des voleurs de feu*, Gallimard, 2003, p. 418.
   La citation se trouve dans le volume de la collection *Poésie*/Gallimard qui a rassemblé en 1968 deux recueils de Guillevic, *Terraqué*, suivi de *Exécutoire*, p. 75.

digieuse culture littéraire, un long poème en prose avec des vers
intégrés, mode de composition qui n'est pas éloigné d'« Alchimie
du verbe » et de certaines lettres de Rimbaud. « Alchimie du verbe »
est d'ailleurs le titre de la cinquième des dix parties du livre, le tout
s'achevant sur un *envoi* qui est moins une reprise, comme dans la
ballade médiévale, qu'un retour plus intense sur soi et une avancée
jusqu'au présent, et même jusqu'au présent politique. Qui sait lire
l'ensemble y découvre un parcours autobiographique discrètement
évoqué, des essais d'écriture de « l'enfant-poème » à l'inquiétude
pour le monde éprouvée par le ministre des Affaires étrangères au
moment où allait se déclencher la guerre en Irak.

Dominique de Villepin en effet est poète : il a publié, dans des éditions rares, quatre volumes de poésie, *Paroles d'exil*, 1986, *Le Droit
d'aînesse*, 1988, *Élégies barbares*, 1996, *Sécession* la même année. Il
cite, sans en dévoiler l'auteur, un poème de lui, « Sécession », dans
les pages finales d'*Éloge des voleurs de feu* : Sécession dans la fidé-
lité aux premiers éblouissements, sécession face aux déluges toujours prêts à envahir le monde, volonté de

> [...] ne céder au bout du voyage
> qu'à la folle confidence
> Dans l'en-avant du poème
> À la bouche brûlée du songe. [2]

« Contre le naufrage de la mémoire, contre les forces vaines »,
Dominique de Villepin a choisi « le combat qui grandit ». Et il nous
invite à « parta[ger] les mots [...] de tous ces voleurs de feu qui allu-
mèrent les brasiers, pour ne bâtir d'autre empire qu'à l'intérieur de
soi ». Il le faisait, il le précise, « à une heure si grave » qu'il fallait
tenter de « faire taire au cœur de l'homme la guerre vaine et, par la
magie des mots, exorciser les démons » [3].

Rimbaud est placé en tête de la liste des voleurs de feu. Il est déjà
placé en tête du livre avec, comme en épigraphe, cette phrase qui
commande l'ensemble de ces 823 pages et sur laquelle je vais à mon
tour me pencher : « Donc le poète est vraiment voleur de feu. »

Sans aucun esprit de polémique, et avec une grande hauteur de
vues, Dominique de Villepin prend cette phrase pour ce qu'elle est :
l'expression d'une ambition poétique qui cherche à aller à l'essentiel.
L'objectif n'est pas de trahir l'homme, mais de le servir, et peut-être

---

2. Cité *ibid.*, p. 803-804.
3. *Ibid.*, p. 804.

de le sauver. Prométhée, celui qui a volé le feu aux dieux pour le donner aux hommes, suscitant la plus grande fureur de Zeus, a pris le relais des Olympiens murés dans leur supériorité et il a voulu assurer au genre humain naissant ce dont il avait besoin pour survivre. D'où la gravité de l'enjeu, à l'heure même où notre destin et les forces hostiles qui nous entourent semblent plus que jamais nous menacer.

I

Donc le poète est vraiment voleur de feu. [4]

Cette affirmation éclate avec une force singulière dans la longue lettre adressée par Arthur Rimbaud à Paul Demeny le 15 mai 1871. On a appelé cette lettre « lettre du voyant ». On aurait pu, on aurait dû peut-être l'appeler lettre du voleur de feu.

En effet il existe deux lettres, voisines, jumelles, même si elles diffèrent par la longueur, qui méritent d'être désignées comme lettres du voyant. Le mot apparaît déjà dans la lettre courte, la première dans l'ordre chronologique, datée de mai 1871, postée le 13 mai. Rimbaud y explique à son ancien professeur de rhétorique au Collège municipal de Charleville, Georges Izambard, à l'égard duquel il prend désormais une certaine distance :

> Maintenant je m'encrapule le plus possible. Pourquoi ? je veux être poète et je travaille à me rendre *voyant* [...]. Il s'agit d'arriver à l'inconnu par le dérèglement de *tous les sens*. (*OC*, 237)

On remarquera l'usage, dans cette lettre, du registre bas, même si l'on a tiré abusivement cet encrapulement volontaire du côté de l'homosexualité, de la pornographie et de l'usage des drogues. Littré définit la « crapule » comme une « grossière débauche, surtout dans le boire » (sens 1), mais il évolue (sens 2) vers un collectif : les « gens crapuleux ». Ce ne sont ni de grands buveurs ni des débauchés quand Rimbaud, en 1870, fait dire au Forgeron : « c'est la Crapule » (*OC*, 162, 209). Il s'agit du peuple, il s'agit des gueux. Or c'est de ce peuple, de ces gueux que Rimbaud se sent proche à cette date de mai 1871, en pleine Commune de Paris.

---

4. Arthur Rimbaud, *Œuvres complètes*, Librairie générale française, La Pochothèque, 1999, p. 246. Cette édition sera désormais désignée par le sigle *OC* dans les références in-texte.

Le même mot, *voyant,* revient dans la lettre longue, datée plus précisément du 15 mai, et adressée à ce poète de Douai, Paul Demeny, Parnassien de province, que Rimbaud connaît grâce à Izambard, mais auquel il accorde plus de confiance qu'à Izambard lui-même depuis que celui-ci, à la demande de sa mère, l'a remis à la police à la fin d'octobre 1870. C'est bien le même mot, il est de nouveau souligné, mais il est cette fois répété avec une grande insistance, et tout commence par une affirmation forte, péremptoire. Alors que la première lettre indiquait un passage obligé, une méthode (travailler à se rendre voyant pour être poète), la seconde plante dans le texte et dans l'esprit du lecteur une assertion, qui représente un impératif catégorique pour le vrai poète. Puis Rimbaud décline avec plus de soin les grands traits de la méthode, ce à quoi elle recourt, ce à quoi elle tend :

> Je dis qu'il faut être *voyant,* se faire *voyant.* Le poète se fait *voyant* par un long, immense et raisonné *dérèglement de tous les sens.* Toutes les formes d'amour, de souffrance, de folie; il cherche lui-même, il épuise en lui tous les poisons, pour n'en garder que les quintessences. Ineffable torture où il a besoin de toute la foi, de toute la force surhumaine, où il devient entre tous le grand malade, le grand criminel, le grand maudit et le suprême Savant! – Car il arrive à l'*inconnu*! (OC, 243)

Voyant est alors inséparable d'un quarteron de substantifs placés dans un ordre croissant : *malade, criminel, maudit, Savant.* La majuscule qui orne seulement le dernier de ces mots souligne que c'est là le terme de l'entreprise, l'ambition du projet, cette science qui hantera encore Rimbaud dans les lettres d'Afrique.

La lettre à Izambard est celle d'un jeune homme pressé, peut-être parce qu'il est déjà presque détaché de son ancien maître. La lettre à Demeny s'élève au niveau d'une explication et elle se présente déjà comme une exploration. De cette exploration Rimbaud fait la condition à remplir pour le Poète, mais surtout il apporte le témoignage de sa propre quête. Cette quête part du bas pour aller vers le haut, de l'encrapulement (au sens 1 du terme), qui est en quelque sorte le plus bas degré du dérèglement, et de ce dérèglement généralisé de tous les sens, à l'état de voyant (Rimbaud n'écrit jamais « voyance »). Mais elle naît aussi d'un encrapulement haut en quelque sorte, la poésie se mettant au service du peuple, des « travailleurs » (OC, 237), donc se mettant au travail elle-même.

Dans la lettre à Izambard, Rimbaud procède à une constatation, à un constat même, pour remonter vers une cause et fournir une justification. Dans la lettre à Demeny il évolue d'une exigence vers ses conséquences et ses résultats. Il se donne aussi le temps de la reprise, et d'ailleurs il la présente comme telle. Une lecture correcte de cette longue lettre doit ici mettre l'accent, non seulement sur l'expression fameuse, mais sur le verbe qui l'introduit :

> Je reprends :
> Donc le poète est vraiment voleur de feu. (*OC,* 246)

Nous devons bien comprendre, et c'est le but de la reprise, qu'une manière d'équivalence s'établit entre le voyant et le voleur de feu. On croyait avoir atteint le sommet avec le Savant. Mais il y a plus haut encore, c'est le voleur de feu. Plusieurs remarques s'imposent au sujet de la reprise même :

1. « Voleur de feu » n'est énoncé qu'une fois alors que « voyant » a été repris d'une lettre à l'autre, de la version courte à la version longue, et se trouve plusieurs fois répété dans la seconde lettre même. C'est donc, si l'on veut, un *hapax* dans le texte de Rimbaud, et même dans l'ensemble de son œuvre.

2. L'adverbe donne une intensité nouvelle à l'idée exposée : « vraiment » est la garantie d'une authenticité qui n'est pas sans faire penser déjà à ce que sera l'exigence d'absolu dans l'« Adieu » d'*Une saison en enfer* en septembre 1873 (« Il faut être absolument moderne », *OC,* 441 : autre impératif catégorique, auquel sera réservé un unique alinéa).

3. Rimbaud évolue du concept à l'image (encrapulement – dérèglement/voyant – voleur de feu), et l'expression nouvelle, devenue expression suprême, est plus concrète, plus frappante encore que la précédente. Pourtant il prend soin d'indiquer une suite logique : « Donc le poète est vraiment voleur de feu ». Ce « donc » maintient la continuité d'une pensée abstraite, d'un raisonnement, marque un déroulement, sans abandonner le texte au seul fil des images, à leur libre cours. Évoluant vers le mythologique, Rimbaud maintient les droits de la logique.

Cette dernière remarque est importante. Alors que, comme l'a bien montré Marc Eigeldinger, Rimbaud a emprunté « voyant » au vocabulaire de la pensée occultiste du XIXe siècle, tant en Allemagne qu'en France [5], il remonte, en faisant surgir la figure du voleur de

---

5. Dans son étude sur la voyance qui accompagne l'édition par Gérald Schaeffer des *Lettres du voyant,* Genève, Droz, 1975.

feu, à la mythologie gréco-latine. Et pourtant il ne retrouve pas pour autant ce qu'on pourrait appeler le paganisme pur tel que D. H. Lawrence l'a défini en aboutissant à une formule qui rend le « donc » rimbaldien plus saisissant encore :

> [...] nous n'avons pas la moindre idée du vaste champ que couvrait la conscience du sensible chez les Anciens. Nous avons presque totalement perdu leur sensualisme, autrement dit leur conscience sensuelle et leur savoir corporel. C'était un flot de savoir arrivé directement, par instinct et intuition, peut-on dire, non par raison. Un savoir fondé non sur des mots, mais sur des images. L'abstraction n'était pas dans la généralisation ou dans les qualités, mais dans des symboles dont les connexions n'étaient pas logiques, mais émotionnelles. Le mot « donc »n'existait pas. [6]

Dans la suite de son développement, D. H. Lawrence va chercher dans certains des Psaumes bibliques des exemples de textes où « les images et les symboles se succédaient en une suite établie par connexion instinctive et physique » et, ajoute-t-il, « ils "n'allaient nulle part" car il n'y avait nulle part où aller, rien qu'un désir de parvenir à un certain état de conscience, d'accéder à un certain éveil de la sensation ». En intercalant dans sa lettre à Demeny des psaumes, – un « psaume d'actualité », « Chant de guerre parisien », puis « un second psaume, hors du texte », « Mes Petites Amoureuses », et un « chant pieux », « Accroupissements », Rimbaud peut mettre à part le libre cours poétique des images, dans les poèmes, et conserver une forme rationnelle, déductive même, à l'exposé théorique de son art poétique. Mais cet exposé, malgré le « donc », fait place à des images, en particulier à celle, qu'on peut bien dire fulgurante, du voleur de feu.

II

D. H. Lawrence ne nomme pas Rimbaud dans cette *Apocalypse* qui se situe pourtant, à bien des égards, dans la continuité des dernières lignes d'*Une saison en enfer* et de *L'Antéchrist* de Nietzsche.

---

6. D. H. Lawrence, *Apocalypse,* 1930, dans *Apocalypse and the Writings on Revelation,* Cambridge University Press, 1980, repris dans Penguin Books, 1995 ; trad. de Fanny Deleuze, *Apocalypse,* 1978, rééd. Desjonquères, 2002, p. 96-97.

En revanche, plusieurs fois il avance le nom de Shelley, qu'il présente, contrairement à Jean de Patmos, comme un aristocrate de l'esprit et même comme un saint de la poésie[7].

Il n'est pas du tout certain que Rimbaud, malgré sa curiosité littéraire et ses nombreuses lectures, ait eu accès aux deux œuvres les plus fortes faisant entendre la voix de Prométhée au XIXe siècle dues à Shelley et, avant lui, à Goethe. Ce dernier ne semble guère avoir retenu son attention que pour *Faust,* qu'il demande en mai 1873 à son camarade Ernest Delahaye de lui envoyer de Charleville (*OC,* 383). Il ne fait aucune allusion à son poème *Prometheus,* que Franz Schubert a transposé dans un de ses superbes *Lieder.* Ce texte a été composé à l'époque du *Sturm und Drang* en 1774 et publié pour la première fois en 1785 par Fr. H. Jacobi dans son essai *Sur la doctrine de Spinoza.* Il est inséparable d'un fragment dramatique sur le même sujet, qui semble dater, lui, de 1773.

Dans ce fragment dramatique, Prométhée s'affirmait d'entrée de jeu, en tout cas d'entrée de texte, comme l'homme du refus et lançait à Mercure :

> Je ne veux pas, va le leur dire !
> Là, une fois pour toutes, je ne veux pas !
> Leur volonté contre ma volonté :
> Un contre un,
> Balance égale, il me semble ![8]

À qui est destiné ce message de protestation ? Au père, à la mère ? « Famille maudite »[9] sans doute, pour le fils du Titan Japet et de l'Océanide Asie comme pour Rimbaud. C'est la première hypothèse de Mercure, écartée d'une chiquenaude par Prométhée. Le héros a certes rejeté sa « docilité d'enfant », comme c'est le cas de l'adolescent en 1871. Mais il rejette surtout les dieux, les prétendus « éternels », les prétendus « tout-puissants », et il refuse d'être l'un d'eux :

---

7. *Apocalypse,* trad. cit., p. 57, 63.
8. Traduction de Blaise Briod dans Goethe, *Théâtre complet,* sous la direction de Pierre Grappin, Paris, Gallimard, Bibliothèque de la Pléiade, 1988, p. 191.
   « Ich will nicht, sag es ihnen !
   Und kurz und gut, ich will nicht !
   Ihr Wille gegen meinen ! », *Prometheus-fragment,* dans les *Goethes Werke,* éd. Wolfgang Kayser, Beck, 1981, vol. IV.
9. C'était le premier titre donné par Rimbaud à son poème « Mémoire » dans une version découverte à l'occasion de la vente Tajan à l'Hôtel Drouot le 25 mai 2004 (voir le fac-similé dans le catalogue n° 68, p. 27).

Je ne suis pas un dieu,
Et je prétends valoir n'importe qui d'entre eux. [10]

Il se tourne du côté des hommes, et même déjà d'une jeune fille à la lèvre tentatrice. On lui a proposé de partager l'Olympe avec les dieux. Il n'en veut pas. Il choisit d'être dans son propre univers. Devant Minerve, il affirme que les superbes habitants de l'Olympe n'ont aucun droit sur ses forces. Pour avoir trop servi jusqu'ici, il aspire à demeurer libre, et si Minerve est la seule déesse qu'il respecte c'est que, déesse de l'intelligence, elle lui garantit cette liberté.

Comme Rimbaud, en 1870 déjà et plus encore en mai 1871, prend le parti de « la Crapule », Prométhée a pris le parti des hommes à venir. C'est l'accusation que Mercure lance contre lui devant Jupiter à l'acte II de ce fragment dramatique :

Infamie ! Jupiter, mon père ! Trahison !
Minerve ta fille
Assiste le rebelle
Et lui a révélé la source de la vie,
Animant ce monde d'argile,
Ces créatures de glaise
Qui l'environnent.
Les voici toutes à se mouvoir comme nous,
À s'agiter, à l'entourer, à l'acclamer
Comme nous-mêmes autour de toi. [11]

Jupiter ne s'oppose pas à la création du genre humain. Mais il ne le conçoit que comme un troupeau d'esclaves, plus soumis encore que tous ceux qu'il a eus sous sa coupe jusqu'ici.

C'est pourquoi, comme le rappelle Dominique de Villepin, qui se réfère à Hésiode, et plus particulièrement à sa deuxième version du mythe, dans *Les Travaux et les Jours*, Prométhée, le Titan, « premier protecteur des hommes, pour lesquels il a volé le feu sacré, essuie la colère vengeresse de Zeus » [12]. En présentant le poète comme « chargé d'humanité » [13] dans la lettre du 15 mai 1871, Rimbaud revient bien au mythe de Prométhée, qui a en effet pris en charge l'humanité, d'une manière tout autre que le Christ. Et D. de Villepin

10. Fragment dramatique, trad. cit., p. 192.
11. *Ibid.*, p. 198.
12. *Éloge des voleurs de feu*, p. 463.
13. D. de Villepin cite la formule p. 420 n. 3. Voir Rimbaud, OC, 246, où le texte exact est : « Il est chargé de l'humanité ».

ajoute : « Le geste prométhéen [...] livre un défi aux dieux pour que s'infuse, bonne ou mauvaise, plus d'humanité sur terre. » [14]

Ces hommes et ces femmes, les voici répandus dans une vallée. Les uns montent aux arbres, les autres se baignent dans les cours d'eau, les jeunes filles se couronnent de fleurs. Deux chevriers paraissent dont l'un prétend avoir fait cuire au feu l'une de ses bêtes pour la manger [15]. C'est la preuve que le feu existe déjà, que Prométhée l'a donné aux hommes, le dérobant aux dieux et n'acceptant pas de laisser à Zeus-Jupiter le privilège du feu de la foudre. De la part de Prométhée, c'est le vol du feu. Mais de la part de ces deux hommes, c'est seulement le vol d'une chèvre, que l'un a enlevée à l'autre, – l'équivalent du premier vol selon Jean-Jacques Rousseau, dont Goethe se souvient visiblement ici [16].

Prométhée, lui, n'a pas conçu les humains comme des voleurs, mais comme des travailleurs [17], ce mot qui revient avec insistance dans les deux lettres écrites par Rimbaud en mai 1871, quand il se situe du côté des travailleurs sans vouloir être encore un travailleur lui-même, (première lettre, OC, 237) et dans l'attente des futurs « horribles travailleurs » (seconde lettre, OC, 243, – horribles tant est intense leur effort au regard de qui les contemple comme il contemplerait les Esclaves de Michel-Ange).

L'acte III du drame de Goethe, tel qu'il est présenté au lecteur d'aujourd'hui, s'ouvre sur une longue imprécation de Prométhée contre les dieux, qui n'est autre que le poème de 1774 :

> *Bedecke deinen Himmel, Zeus,*
> *Mit Wolkendunst*
> *Und übe, dem Knaben gleich,*
> *Der Disteln köpft,*
> *An Eichen dich und Bergeshöhn;*
> *Musst mir meine Erde*
> *Doch lassen stehn*
> *Und meine Hütte, die du nicht gebaut,*
> *Und meinen Herd,*
> *Um dessen Glut*
> *Du mich beneidest.*

---

14. *Ibid.*, p. 464.
15. *Fragment dramatique*, trad. cit., p. 201.
16. On trouvera plus loin une autre réminiscence de Rousseau, quand Prométhée montre à un homme comment se construire un abri, la première cabane (*Hütte*) qui, elle aussi, symbolise l'introduction de la propriété dans le monde.
17. *Ibid.*, p. 202.

Ich kenne nichts Aermeres
Unter der Sonn als euch, Götter!
Ihr nähret kümmerlich
Von Opfersteuern
Und Gebetshauch
Eure Majestät
Und darbtet, wären
Nicht Kinder und Bettler
Hoffnungsvolle Toren.

Da ich ein Kind war,
Nicht wusste, wo aus noch ein,
Kehrt ich mein verirrtes Auge
Zur Sonne, als wenn drüber wär
Ein Ohr, zu hören meine Klage,
Ein Herz wie meins,
Sich des Bedrängten zu erbarmen.

Wer half mir
Wider der Titanen Uebermut?
Wer rettete vom Tode mich,
Von Sklaverei?
Hast du nicht alles selbst vollendet,
Heilig glühend Herz?
Und glühtest jung und gut,
Betrogen, Rettungsdank
Dem Schlafenden da droben?

Ich dich ehren? Wofür?
Hast du die Schmerzen gelindert
Je des Beladenen?
Hast du die Tränen gestillet
Je des Geängsteten?
Hat nicht mich zum Manne geschmiedet
Die allmächtige Zeit
Und das ewige Schicksal,
Meine Herrn und deine?

Wähntest du etwa,
Ich sollte das Leben hassen,
In Wüsten fliehen,
Weil nicht alle
Blütenträume reiften?

Hier sitz ich, forme Menschen
Nach meinem Bilde,
Ein Geschlecht, das mir gleich sei,
Zu leiden, zu weinen,
Zu geniessen und zu freuen sich,
Und dein nicht zu achten,
Wie ich!

Couvre ton firmament, ô Zeus,
D'un brouillard de nuées;
Essaie tes forces, tel l'enfant
Qui abat des chardons,
Sur les sommets des monts et sur les chênes;
Il te faut bien pourtant
Laisser en paix ma terre,
Et ma maison que tu n'as point bâtie,
Et aussi mon foyer,
Avec son feu ardent,
Pour lequel tu m'envies.

Sais-je rien de plus pauvre
Sous le soleil que vous, ô dieux!
Vous pouvez à grand'peine
De l'argent des offrandes [18],
Du souffle des prières,
Nourrir vos majestés,
Et mourriez, si n'étaient
Enfants et mendiants
Des fous tout emplis d'espérance.

Lorsque j'étais enfant,
Ne sachant que penser, que faire,
Je tournais mes yeux égarés

---

18. La comparaison s'impose avec la fin du sonnet de Rimbaud, « Le Mal »,
poème de 1870 (*OC*, 200-201) :
« – Il est un Dieu, qui rit aux nappes damassées
Des autels, à l'encens, aux grands calices d'or;
Qui dans le bercement des Hosannah s'endort,

Et se réveille, quand des mères, ramassées
Dans l'angoisse, et pleurant sous leur vieux bonnet noir,
Lui donnent un gros sou lié dans leur mouchoir! »

Vers le soleil, comme si, bien plus haut,
Une oreille entendait ma plainte,
Un cœur pareil au mien
Prenait en pitié les souffrants.

Qui m'aida dans ma lutte
Contre les Titans arrogants ?
Qui vint me sauver de la mort
Et de la servitude ?
N'as-tu pas seul tout accompli,
Cœur où brûle un feu sacré ?
Et, jeune et pur, tu le dardais, ce feu
Pour rendre grâce, ô Abusé, de ton salut
À celui qui, là-haut, sommeille ?

Moi, t'adorer ? Pourquoi ?
As-tu jamais apaisé les souffrances
De l'opprimé ?
As-tu jamais tari le flot des larmes
Chez l'affligé ?
N'ont-ils pas forgé l'Homme en moi,
Le destin éternel
Et le temps tout-puissant,
Mes maîtres et les tiens ?

Croyais-tu par hasard
Que je prendrais la vie en haine
Et fuirais aux déserts,
Parce que tous les rêves
En fleurs n'ont pas donné leurs fruits ?

Me voici, façonnant des hommes
Selon ma propre image,
Race qui me sera pareille,
Pour souffrir et pleurer,
Pour jouir de la vie et en tirer sa joie,
Et ne t'accorder nul regard,
Ainsi que moi ! [19]

---

19. Texte et traduction par Roger Ayrault dans son anthologie bilingue Goethe, *Poésies (des origines au Voyage en Italie)*, Aubier-Montaigne, 1951, t. I, p. 242-247.

C'est sur cette malédiction que reste suspendu le texte dans les éditions modernes. Il faut bien comprendre que le poème a été ajouté à partir de 1830 aux fragments du drame et que, dans l'esprit de Goethe, il n'en constituait pas nécessairement l'acte III. C'était une réponse faite par Goethe à Jacobi, en 1781, quand après la mort de Lessing il vint l'interroger sur la religion des poètes et sur ce qu'ils pensaient du dieu des philosophes [20]. Le plus important pour Rimbaud est là, dans cette équivalence de Prométhée et du poète, équivalence véritablement fondatrice de son projet tel qu'il l'a exposé en mai 1871. Du *Dichter* en tout cas, puisque, comme l'écrit Pierre Grappin, « Goethe a donné à la légende un contenu qui lui est personnel (en mettant) l'accent moins sur la révolte que sur le génie actif et créateur du Titan ». Et il ajoute : « En un sens, Goethe prend le relais du premier *Prométhée* d'Eschyle : il ne peint plus le combat contre Zeus, que son titan défie délibérément, il montre Prométhée constructeur, organisateur, législateur, en un mot démiurge de la Terre, où va désormais vivre et prospérer une troisième race, qui n'est ni celle des dieux, ni celle des titans, mais celle des humains. Ce Prométhée-là crée des êtres qu'il dote de pouvoirs de son esprit, il est, par excellence, l'artiste créateur » [21]. Le poème se situe donc au-delà de l'évangile pour le jeune révolutionnaire du XIXe siècle que Goethe avait cru reconnaître dans son *Journal*, en 1820, quand il retrouva ces fragments anciens.

L'idée était, avant Goethe, celle de Shaftesbury, penseur anglais néo-platonicien du XVIIIe siècle, dans sa formule, qui, d'une manière plus timide, prépare celle de Rimbaud :

Le poète est un second créateur, un véritable Prométhée. [22]

Rimbaud recherche le même accent de vérité dans l'affirmation mais, d'une manière plus saisissante, il saisit le geste du démiurge au moment du vol du feu. Goethe avait eu tendance à mettre l'artiste au-dessus de Prométhée quand, dans un dithyrambe en prose à l'intention de Erwin von Steinbach, l'architecte de la cathédrale de Strasbourg, il avait écrit :

20. Voir la notice de Pierre Grappin dans le volume de la Pléiade, p. 1563.
21. *Ibid.*, p. 1563-1564.
22. Shaftesbury, *Characteristics of Men, Manners, Opinions, Times*, 3 vol., 6e éd., Londres, 1737, t. I, p. 207. Traduit et cité *ibid.*, p. 1564.

Que la beauté céleste se saisisse de toi, Prométhée, elle qui unit les dieux aux hommes : tu seras plus grand que Prométhée et tu feras descendre sur terre la félicité des dieux. [23]

Pour Rimbaud, ce serait trop concéder au Ciel. Le voleur de feu reste le modèle suprême auquel le poète, le voyant, doit tenter de s'égaler. Dominique de Villepin reprend cette idée quand il écrit que le geste prométhéen « symbolise et fascine l'histoire de la création poétique » [24]. C'est à ce dithyrambe qu'il fait allusion, quand il cite Goethe dans la deuxième partie de son livre, « Le sacre du feu », et quand il en souligne le mouvement pré-nietzschéen, une manière de célébration de l'enivrement comme point de départ de l'œuvre vivante. Alors, écrit-il, « Goethe célèbre la cathédrale de Strasbourg et son génial architecte Erwin de Steinbach et il salue Shakespeare qui "fait surgir un monde du néant" et "enfanta des hommes tout comme Prométhée" » [25]. Il cite aussi alors le poème de Simone Weil où, grâce à Prométhée, « l'aube est une joie immortelle » [26].

Je laisserai de côté Prométhée tel qu'il apparaît plus tard dans la *Pandora* de Goethe. Comme le souligne Raymond Trousson, « Prométhée n'est plus ici, c'est évident, l'artiste créateur du fragment de 1773, mais le bâtisseur inlassable, l'homme actif qui se mesure aux métaux les plus durs, qui croit en la seule vertu du travail acharné » [27]. Il serait alors le Travailleur Suprême, bien étranger au « Maudit suprême » sous les traits duquel semble se représenter Rimbaud dans un autre poème de 1871, « L'Homme juste » (OC, 272), texte incertain dans sa transmission et dans son état, texte difficile mais dont, après Claude Zissmann, Olivier Bivort et Steve Murphy ont bien saisi le lien avec la Commune [28].

---

23. Cité *ibid., loc. cit.*
24. *Éloge des voleurs de feu*, p. 464.
25. *Ibid.*, p. 106.
26. « Prométhée », dans *Poèmes* de Simone Weil, publ. posthume, Gallimard, 1968, p. 24, et D. de Villepin, *op. cit.*, p. 107. Le poème date de 1937, et Valéry le saluait dans la lettre qu'il adressait à Simone Weil le 20 septembre de cette année-là.
27. Raymond Trousson, *Le Thème de Prométhée dans la littérature européenne*, Genève, Droz, 1964, 3ᵉ édition corrigée, 2001, p. 358.
28. Voir Steve Murphy dans son édition critique des *Poésies* de Rimbaud, Paris, Honoré Champion, 1999, p. 461-462. C'est la question du titre « Les réveilleurs de nuit », transmis par Verlaine, question dans le détail de laquelle je n'entre pas ici.

Lecteur de textes anglais à la British Library, Rimbaud n'aurait pu avoir accès que plus tard au *Prometheus Unbound* de Shelley, drame en quatre actes et en vers, composé en 1818-1819 et publié en 1820. Après avoir traduit le *Prométhée enchaîné* d'Eschyle, il en donnait en quelque sorte la suite perdue, non sans se rappeler peut-être le *Faust* de Goethe [29]. Mais il était le continuateur hardi et indépendant du grand tragique grec.

Cloué sur un rocher du Caucase à la suite de la malédiction qu'il a jadis lancée contre les dieux, Prométhée est condamné, comme l'écrit Dominique de Villepin, « à revivre un perpétuel présent dans la douleur et l'humiliation d'un foie dévoré à jamais » [30]. Écartant ceux et celles qui essaient de ranimer la révolte en lui, ce patient veut se sacrifier pour les hommes. Il devient une figure de la charité (on serait tenté de dire, en parodiant le titre de Rimbaud, un frère de charité) tout en ayant l'intuition de la faillite du christianisme au-delà de la religion grecque.

Des esprits aériens viennent alors saluer l'avènement du poète et de la poésie, d'une musique annonciatrice de la victoire finale du Bien. Asie est ici son épouse, et Prométhée souhaite sa présence auprès de lui. À la fin du drame, ils seront réunis alors qu'on assiste à la défaite de Jupiter. Prométhée apparaît dès lors comme le sauveur et la force de l'homme souffrant [31].

On serait tenté de dire le Juste. Et une telle appellation creuse déjà l'écart entre le Prométhée de Shelley et le Voleur de feu selon Rimbaud (auquel, hélas, Raymond Trousson n'a pas fait place dans sa thèse si remarquable). Le Prométhée de Shelley est une figure christique qui n'exclut pas le respect dû au Christ, Shelley se souciant exclusivement d'une victoire finale du Bien. Au contraire, Rimbaud pose la figure du Voleur de feu en face d'un Christ dévalorisé, pâle « Pleureur des Oliviers » (*OC*, 272) dans « L'Homme juste » comme, à la fin d'*Une saison en enfer*, il se posera en contre-Christ dans une grinçante Imitation de Jésus-Christ. Plus que jamais la formule de 1873, « Il faut être absolument moderne », s'inscrit alors dans la continuité de la formule de 1871 : « Donc le poète est vraiment voleur de feu ». « Point de cantiques : tenir le pas gagné », ajoute Rimbaud. « Dure nuit ! le sang séché fume sur ma face, et je

---

29. Voir R. Trousson, *op. cit.*, p. 405, qui rappelle les hypothèses formulées en ce sens par Jacqueline Duchemin et Jean-Marie Carré.
30. *Éloge des voleurs de feu*, p. 37.
31. *Prometheus Unbound*, acte I, v. 817 : « *The saviour and the strenght of suffering man* ».

n'ai rien derrière moi, que cet horrible arbrisseau » (*OC*, 441-442), sans doute l'arbre desséché de la Croix.

Il faudrait faire place à Louis Ménard, dont le *Prométhée délivré* a paru à la fin de l'année 1843 sous le pseudonyme de L. de Senneville. Le futur auteur des *Rêveries d'un païen mystique* avait connu au lycée Louis-le-Grand Charles Baudelaire et il était devenu par la suite pour lui un confident et un ami. Cela n'empêcha pas le critique de se montrer sans indulgence dans l'article qu'il publia le 3 février 1846 dans *Le Corsaire-Satan* sous la signature de Baudelaire-Dufays, texte qui à dire vrai n'a pas été republié avant 1908 [32]. Il y contestait la « poésie philosophique », genre selon lui « faux », car il ne faut pas confondre « les fantômes de la raison » avec « les fantômes de l'imagination » : « ceux-là sont des équations, et ceux-ci des êtres et des souvenirs ». C'est pourquoi « le premier *Faust* est magnifique, et le second mauvais ». Rimbaud n'en disconviendrait pas même si, en revendiquant les droits de l'imagination, dans « Matinée d'ivresse », par exemple, il évoque encore « une Raison », sa passante à lui, dans une autre des *Illuminations*.

Voici le corps du compte rendu par Baudelaire de cette « tragédie où il y aurait quelques bons mots » :

> [...] il a bien choisi, – c'est-à-dire la donnée la plus ample et *la plus infinie*, la circonférence la plus capace, le sujet le plus large parmi tous les sujets *protestants*, – *Prométhée délivré* ! – l'humanité révoltée contre les fantômes ! l'inventeur proscrit ! la raison et la liberté criant : Justice ! – Le poète croit qu'elles obtiendront justice, – comme vous allez voir :

> La scène se passe sur le Caucase, aux dernières heures de la nuit. Prométhée enchaîné chante, sous le vautour, son éternelle plainte, et convoque l'humanité souffrante au rayonnement de la prochaine liberté. – Le chœur – l'humanité – raconte à Prométhée son histoire douloureuse : – d'abord l'adoration barbare des premiers âges, les oracles de Delphes, les fausses consolations des Sages, l'opium et le laudanum d'Épicure, les vastes orgies de la décadence, et finalement la rédemption par le sang de l'agneau.

---

32. On le trouvera dans le tome II des *Œuvres complètes* de Baudelaire, éd. de Claude Pichois, Gallimard, Bibliothèque de la Pléiade, tome II, 1976, p. 9-11, avec une notice et des notes p. 1083-1085.

Mais le symbole tutélaire
Dans le ciel, qu'à peine il éclaire,
Jette en mourant ses derniers feux.

Prométhée continue à *protester* et à promettre la nouvelle vie ;
Harmonia, *des muses la plus belle*, vient le consoler, et fait paraître devant lui *l'esprit du ciel, l'esprit de la vie, l'esprit de la terre*
et *l'esprit des météores*, qui parlent à Prométhée, dans un style
assez vague, des mystères et des secrets de la nature. Prométhée
déclare qu'il est le roi de la terre et du ciel.

Les dieux sont morts, car la foudre est à moi.

Ce qui veut dire que Franklin a détrôné Jupiter.
Io, c'est-à-dire Madeleine ou Marie, c'est-à-dire l'amour, vient à
son tour philosopher avec Prométhée ; celui-ci lui explique pourquoi son amour et sa prière n'étaient qu'épicurisme pur, œuvres
stériles et avares :

Pendant que tes genoux s'usaient dans la prière,
Tu n'as pas vu les maux des enfants de la terre !
Le monde allait mourir pendant que tu priais.

Tout à coup, le vautour est percé d'une flèche mystérieuse,
Hercule apparaît, et la raison humaine est délivrée par la force,
– appel à l'insurrection et aux *passions mauvaises* ! – Harmonia
ordonne aux anciens révélateurs : Manou, Zoroastre, Homère
et Jésus-Christ, de venir rendre hommage au nouveau dieu de
l'Univers ; chacun expose sa doctrine, et Hercule et Prométhée
se chargent tour à tour de leur demander que les dieux, quels
qu'ils soient, raisonnent moins bien que l'homme, ou l'humanité
en langue socialiste ; si bien que Jésus-Christ lui-même, rentrant
dans la *nuit incréée*, il ne reste plus à la nouvelle humanité que
de chanter les louanges du nouveau régime, basé uniquement sur
la science et la force.

Total : l'Athéisme.
C'est fort bien, et nous ne demanderions pas mieux que d'y
souscrire, si cela était gai, aimable, séduisant et nourrissant.
Mais nullement ; M. de Senneville a esquivé le culte de la Nature,
cette grande religion de Diderot et d'Holbach, cet unique orne-
ment de l'athéisme.

C'est pourquoi nous concluons ainsi : À quoi bon la poésie philosophique, puisqu'elle ne vaut ni un article de l'*Encyclopédie*,
ni une chanson de Désaugiers ?

Un mot encore : – le poète philosophique a besoin de Jupiter, au
commencement de son poème, Jupiter représentant une certaine
somme d'idées ; à la fin, Jupiter est aboli. – Le poète ne croyait
donc pas à Jupiter !
Or, la grande poésie est essentiellement *bête,* elle *croit,* et c'est ce
qui fait sa gloire et sa force.

Au temps même de son essai dans le genre de la poésie mythologique, au printemps de 1870, Rimbaud avait adopté le ton et la
forme du *credo* (« *Credo in unam* » *(deam),* c'est-à-dire Vénus,
devenu « Soleil et Chair », OC, 136-140, 211-216). Il en reste quelque chose dans la lettre à Demeny du 15 mai 1871, lettre où Louis
Ménard ne se trouve pas plus nommé que L. de Senneville sur lequel
Baudelaire portait le jugement littéraire suivant :

> La forme de M. de Senneville est encore vague et flottante ;
> il ignore les rimes puissamment colorées, ces lanternes qui
> éclairent la route de l'idée ; il ignore aussi les effets qu'on peut
> tirer d'un certain nombre de mots, diversement combinés.
> – M. de Senneville est néanmoins un homme de talent, que la
> conviction de la raison et l'orgueil moderne ont soulevé assez
> haut en de certains endroits de son *discours,* mais qui a subi
> fatalement les inconvénients du genre adopté. – Quelques
> nobles et grands vers prouvent que, si M. de Senneville avait
> voulu développer le côté panthéistique et naturaliste de la
> question, il eût obtenu de beaux effets, où son talent aurait
> brillé d'un éclat plus facile.

III

Ces lectures modernes demeurent hypothétiques, très peu pro-
bables même, mais permettent d'évoquer l'arrière-plan littéraire,
le « décor mythique », dirait Gilbert Durand, dans lequel surgit le
Voleur de feu en mai 1871. Plus décisives assurément furent pour
Rimbaud ses lectures antiques. À ses professeurs du collège municipal de Charleville, à la faveur dont bénéficiait le monde gréco-
romain auprès des Parnassiens, à ses curiosités propres et à ses
goûts, il doit une connaissance de la mythologie qui à beaucoup
d'égards paraît exceptionnelle à un lecteur contemporain.

La donnée de base telle qu'elle peut être fournie dans un usuel, un dictionnaire par exemple, permet de mettre en place immédiatement des éléments dont aucun n'est indifférent dans le cas du jeune écrivain. De nos jours, le dictionnaire latin-français de Félix Gaffiot nous propose ce résumé qui peut être utilisé comme un Sommaire :

> Prométhée (*Prometheus*), fils de Japet, frère d'Épiméthée, père de Deucalion, fit l'homme d'argile et l'anima avec le feu du ciel qu'il avait dérobé ; en punition il fut attaché sur le Caucase, où un vautour lui rongeait le foie ; il fut délivré par Hercule.

Je vais dégager de cette présentation les éléments d'un scénario mythique qui n'est pas indifférent dans le cas de Rimbaud : 1. Généalogies ; 2. Genèses. 3. Le vol du feu ; 4. Supplice ; 5. La délivrance grâce à Hercule.

Généalogies

Toute surimposition serait artificielle, même s'il n'est pas indifférent de rappeler le poids du père absent, « s'éloign[ant] par delà la montagne » (« Mémoire » *OC*, 365), le frère intellectuellement peu doué, l'autre Frédéric Rimbaud, faisant figure d'Épiméthée balourd[33], « un parfait idiot », écrit Arthur dans sa lettre aux siens du 7 octobre 1884, sans pitié pour « la dureté de sa caboche » et gêné par un tel voisinage familial : « Ca me gênerait assez, par exemple, que l'on sache que j'ai un pareil oiseau pour frère » (*OC*, 628). Qu'il ait rêvé d'être père, une autre lettre nous l'apprend, écrite cette fois non à Aden, mais à Harar, le 6 mai 1883 (*OC*, 603). Que ce fils soit un Deucalion, cela est moins sûr : il le voyait comme « un ingénieur renommé, un homme puissant et riche par la science ». Mais les *Métamorphoses* d'Ovide avaient compté dans sa formation ; il avait lu l'épisode de Deucalion et de Pyrrha dans le Livre Premier et rêvé à la manière dont, sur une terre désolée par le déluge, ils ont, se voilant la tête et dénouant leurs tuniques, suivi l'ordre de lancer des pierres derrière leurs pas[34]. Ce sont « Les galets, fils des déluges », dans « Fêtes de la faim » (*OC*, 361) ou « Les galets des vieux déluges » dans l'autre version au titre réduit,

---

33. C'est celui que présente Hésiode dans la *Théogonie*, 510-511 : *hamartinoon, Epimèthéa*, opposé à *Promèthéa poikilon aiolomètin*.
34. Ovide, *Les Métamorphoses*, I, 399 « *Et jussos lapides sua post vestigia mittunt* », éd. et trad. de Danièle Robert, Arles, Actes Sud, 2000, p. 50-51.

« Faim », insérée dans « Alchimie du verbe » (*OC*, 431). Deucalion le repeupleur se présentait comme le continuateur de Prométhée :

> Ah! puissé-je, avec l'art de mon père, repeupler cette terre
> Et insuffler une âme à la glaise modelée par mes mains![35]

Or les *Illuminations* sont des poèmes pour un temps d'« Après le Déluge », – fut-il relevé et recommencé (*OC*, 455-456) – où le poète démiurge rêve de créer par la force du verbe une nouvelle humanité :

> Un coup de ton doigt sur le tambour décharge tous les sons et commence la nouvelle harmonie.
> Un pas de toi, c'est la levée des nouveaux hommes et leur en-marche. (« À une Raison », OC, 467)

Genèses

Point d'autre feu, à ce moment-là, que l'ardeur du langage et peut-être encore cette « ardente patience » qui était convoquée à la fin d'*Une saison en enfer* (*OC*, 442). C'est là, vraiment, pour Rimbaud, sa manière de *se charger de l'humanité*. Roger Munier a opportunément retrouvé dans la formule d'attente d'« Adieu » le feu essentiel à toute démiurgie prométhéenne et rimbaldienne. Non seulement il l'a mise en valeur par le titre même de son livre de 1993, *L'ardente patience d'Arthur Rimbaud,* mais encore il a commenté l'expression en la soumettant à l'épreuve du feu :

> L'avenir qui s'ouvre sera d'endurer encore et encore. La patience [...] sera *ardente,* continûment soutenue par le feu secret de l'appel, éclairée en son centre et nourrie par le feu.[36]

L'entrée aux « splendides villes » suppose-t-elle qu'elles soient peuplées de « nouveaux hommes » ? Le texte d'*Une saison en enfer* n'était pas explicite sur ce point. Du moins l'épreuve, la traversée de l'enfer, le passage par feu ont-ils permis à l'ex-damné et à celui qui prend sa revanche en se vengeant en même temps qu'il venge les autres damnés, de « *posséder la vérité dans une âme et un corps* ».

---

35. I, 363-364, *ibid.*, p. 48-49 :
   O utinam passim populos reparare paternis
   Artibus atque animas formatae infundere terrae!
36. Roger Munier, *L'Ardente patience d'Arthur Rimbaud*, Paris, José Corti, 1993, p. 256.

Comme l'indique Pierre Grimal, « Prométhée passe pour avoir créé les premiers hommes, les façonnant avec de la terre glaise. Mais cette légende n'apparaît pas dans la *Théogonie*, où Prométhée est simplement le bienfaiteur de l'humanité et non son créateur »[37]. C'est Platon, dans le *Protagoras* qui, suivant le courant populaire connu par les *Fables* d'Esope, a fait de Prométhée le créateur de tous les êtres vivants[38]. Parmi les textes auxquels Rimbaud avait pu avoir accès le plus facilement au temps de ses études se trouve le Livre Premier des *Métamorphoses* d'Ovide, celui-là même où est racontée l'histoire de Deucalion et Pyrrha. Le poète latin présentait trois hypothèses, dont celle-ci est la dernière :

> *Natus homo est, sive hunc divino semine fecit*
> *Ille opifex rerum, mundi melioris origo,*
> *Sive recens Tellus seductaque nuper ab alto*
> *Aethere cognati retinebat semina caeli,*
> *Quam satus Japeto mixtam pluvialibus undis*
> *Finxit in effigiem moderantum cuncta deorum ;*
> *Pronaque cum spectent animalia cetera terram,*
> *Os homini sublime dedit caelumque tueri*
> *Jussit et erectos ad sidera tollere vultus.*
> *Sic, modo quae fuerat rudis et sine imagine, Tellus*
> *Induit ignotas hominum conversa figuras.*

> L'être humain naquit, soit que le créateur, l'auteur
> D'un meilleur monde, l'eût façonné à partir d'une semence divine,
> Soit que la terre jeune, récemment séparée des hauteurs de l'éther,
> Eût conservé des semences du ciel son parent
> Ou que le fils de Japet l'eût modelée, en la mêlant à l'eau de pluie,
> À l'image des dieux qui règlent toutes choses :
> Tandis que l'ensemble des animaux est courbé et regarde
> La terre, il a accordé à l'homme la station debout, lui permettant
> De contempler le ciel et de lever la tête vers les étoiles.
> Ainsi la terre, qui auparavant était brute et informe,
> Se transforma et se couvrit d'êtres humains nouveaux.[39]

37. Pierre Grimal, *Dictionnaire de mythologie grecque et romaine*, Paris, PUF, 1951, rééd. 1999, p. 397.
38. Voir sur ce point le *Dictionnaire culturel de la mythologie gréco-romaine* dirigé par René Martin, Paris, Nathan, 1992, p. 210.
39. *Métamorphoses*, I, v. 78-88, éd. et trad. cit, p. 34-35. Baudelaire faisait allusion à ce passage dans « Le Cygne ».

Recréer l'homme, tel a été peut-être le fantasme majeur de Rimbaud, et jusque dans les *Illuminations*. Le texte le plus explicite à cet égard est certainement « Jeunesse IV » qui est aussi une manière de Genèse IV :

> [...] tu te mettras à ce travail : toutes les possibilités harmoniques et architecturales s'émouvront autour de ton siège. Des êtres parfaits, imprévus, s'offriront à tes expériences. Dans tes environs affluera rêveusement la curiosité d'anciennes foules et de luxes oisifs. Ta mémoire et tes sens ne seront que la nourriture de ton impulsion créatrice. Quant au monde, quand tu sortiras, que sera-t-il devenu ? En tout cas, rien des apparences actuelles. (*OC*, 495-496)

Le vol du feu

C'est sans doute Hésiode qui, dans *Les Travaux et les Jours*, est le plus explicite sur le vol de feu. Ici les hommes sont déjà créés. Ils l'ont été par les dieux de l'Olympe, et plusieurs générations même se sont succédé. Je préfère ce terme à celui, plus ambigu, de « race » [40] pour traduire *génos* dans le texte grec. C'est d'ailleurs celui que choisissait Leconte de Lisle dans la traduction à laquelle Rimbaud avait certainement recours [41].

Zeus a caché le feu aux hommes (v. 47). Prométhée l'a volé au maître de l'Olympe pour le leur donner :

> ἔκλεψ' ἀνθρώποισι Διὸς παρὰ μητιόεντος
> ἐν κοίλῳ νάρθηκι λαβὼν Δία τερπικέραυνον.

J'essaie de traduire au plus près, car l'ordre des mots est décisif ici et l'on ne doit rien négliger, ni la brutalité du vol (*ekleps'*), ni le destinataire (*anthrôpoisi*), ni l'insistance mise par le redoublement (*Dios, Dia*) sur la puissance enflée du Dieu qui subit le préjudice, ni la ruse utilisée tant pour cacher le feu que pour le transmettre :

---

40. C'est le mot malencontreusement utilisé par Paul Mazon, qui présente le « mythe des races » dans les vers 109-201 du poème (Hésiode, *Théogonie, Les Travaux et les Jours, Le Bouclier*, Paris, Les Belles Lettres, Collection des Universités de France, 1964, p. 90-201).
41. Je cite d'après le volume publié par Lemerre qui regroupe Hésiode, les *Hymnes orphiques*, Théocrite, Bion, Moskhos, Tyrtée et les *Odes anacréontiques* dans la traduction nouvelle de Leconte de Lisle, p. 60 *sqq*.

Il vola (le feu), pour les hommes, à Zeus qui roule en lui ses pensées,
le cachant dans une tige creuse à Zeus qui jouit de sa foudre. [42]

Eschyle reprendra la description de cet acte dans sa tragédie, où Prométhée lui-même rend compte de son vol :

ναρθηκοπλήρωτον δὲ θηρῶμαι πυρός
πηγὴν κλοπαιάν [...]

Ici encore, j'essaie de retrouver la force du texte, sa charge surtout (longueur du premier mot composé, vivacité du mouvement, éclat de la vive étincelle) :

Remplissant une tige je capture l'étincelle du feu (subrepticement) dérobée. [43]

Ce don fait aux hommes est vanté par le Voleur de feu comme maître de toute technique (διδάσκαλος τέχνης) et comme un grand intermédiaire (μέγας πόρος). Rimbaud aurait donc pu en rêver pour son ingénieur de fils comme pour l'alchimiste du verbe qu'il a été lui-même. Les « frères » qu'il invoque, sans doute en 1871 et peut-être au temps de la Commune, dans le poème sans titre « Qu'est-ce pour nous, mon cœur », sont de ceux qui « remu[ent] les tourbillons de feu furieux » (OC, 316). Mais, plus subtilement, quand il chercha à transformer le langage poétique comme on peut transmuter les

---

42. Je cite pour mémoire d'autres traductions qui, pour des raisons différentes, me paraissent affaiblir le texte :
« Il cacha le feu que l'excellent fils de Iapétos déroba dans une férule creuse pour le donner aux hommes, trompant ainsi Zeus qui se réjouit de la foudre » (Leconte de Lisle, p. 59).
« Il leur cacha le feu. Mais ce fut encore le brave fils de Japet qui alors, pour les hommes, le vola au sage Zeus, dans le creux d'une férule, et trompa l'œil du dieu qui lance la foudre » (Mazon, p. 88).
« Il a caché le feu, mais alors / le fils de Iapétos, le brave, / l'a volé pour les hommes / chez Zeus le prudent, l'a emporté dans un roseau creux sans que le voie / Zeus Joie-de-la-Foudre » (Jean-Louis Backès, Folio classique, 2001, p. 99).
43. « Un jour, aux creux d'une férule, j'emporte mon butin, la semence de feu par moi dérobée », traduit beaucoup plus longuement Paul Mazon, Eschyle, tome I, Paris, Les Belles Lettres, 1921, 8ᵉ tirage, 1963, p. 164-165. Ce sont les vers 109-110 de Promètheus desmôtès, Prométhée enchaîné.

métaux, il voulut non seulement voler le feu mais être lui-même une « étincelle d'or de la lumière *nature* » (*OC*, 432).

Il se donnerait même une certaine légitimité si, comme Phaéton, il est « fils du Soleil » (*OC*, 477). Vagabond « pressé de trouver le lieu et la formule », il se targue aussi d'être « un inventeur » (« Vies II », *OC*, 465), celui qui « invent[a] » par exemple « la couleur des voyelles » ou « se flatt[a] d'inventer un verbe poétique accessible, un jour ou l'autre, à tous les sens » (« Alchimie du verbe », *OC*, 428). Le mot d'ordre qui accompagne la figure du Voleur de feu dans la lettre du voyant, « trouver une langue », prend ainsi tout son sens.

Supplice

L'acte héroïque et généreux du voleur de feu est accompagné de souffrances. Rimbaud, en mai 1871, le prévoit pour le poète-voyant. Peut-être même l'a-t-il ressenti, sans qu'on soit plus éclairé sur ce point que par ce qu'il écrit dans les deux lettres. À Georges Izambard, le 13 mai : « Les souffrances sont énormes, mais il faut être né fort, être né poète, et je me suis reconnu poète. Ce n'est pas du tout ma faute » (*OC*, 237). À Paul Demeny, le 15 mai : « Toutes les formes d'amour, de souffrance, de folie ; il cherche lui-même, il épuise en lui tous les poisons, pour n'en garder que les quintessences. Ineffable torture où il a besoin de toute la foi, de toute la force surhumaine, où il devient entre tous le grand malade, le grand criminel, le grand maudit, – et le suprême Savant ! (*OC*, 243).

Cette souffrance du Voleur de feu a été largement illustrée par les poètes antiques et jusque chez les modernes s'est prolongée la tradition de Prométhée le souffrant, *Prometheus der Dulder* de Carl Spitteler, l'écrivain suisse de langue allemande qui a fait de cette figure le centre de son œuvre [44].

Hésiode, dans la *Théogonie* cette fois, a décrit ce supplice qui châtie une autre offense (le partage des chairs d'un bœuf sacrifié au désavantage des dieux), mais aussi le vol du feu (v. 566-567). Zeus a chargé Prométhée « de liens inextricables, entraves douloureuses qu'il enroula à mi-hauteur d'une colonne. Puis il lâcha sur lui un aigle aux ailes éployées ; et l'aigle mangeait son foie immortel,

---

44. De *Prometheus und Epimetheus,* 1881, épopée en prose, à *Prometheus der Dulder*, seconde version de cette œuvre de jeunesse, en vers cette fois, publiée en 1924, quelques jours avant sa mort.
   Voir Raymond Trousson, *op. cit.*, p. 531-535.

et le foie se reformait la nuit, en tout point égal à celui qu'avait, le jour durant, dévoré l'oiseau aux ailes éployées » [45]. Ce *hèpar athanaton* qui deviendra l'*immortale jecur,* est l'emblème d'une Passion de Prométhée qui a pu aboutir à la figure d'un *Prometheus Christus* largement représenté dans les interprétations allégoriques chez Philon d'Alexandrie, chez Plotin, chez Lactance ou chez saint Augustin et prolongée en plein XIXe siècle par Edgar Quinet et par Paul de Saint-Victor [46].

Rimbaud, on le sait, évite toute assimilation de ce genre. L'identification à Prométhée doit lui permettre au contraire de se poser en différent d'un Christ auquel il veut ne pas croire. Le Prométhée d'Eschyle s'insurgeait contre les souffrances qui lui étaient imposées :

> Oui, c'est pour avoir fait un don aux mortels que je ploie sous ce joug de douleurs, infortuné! [...] Voilà les fautes dont je paie la peine aux dieux, dans ces liens qui me clouent ici à la face du Ciel! [47]

Le nouveau Voleur de feu les revendique plutôt comme siennes. Non seulement il les accepte, mais en véritable *héautontimorou-ménos* conscient de la nécessité de ses souffrances, il les favorise, il en est l'auteur même. À cet égard, la lettre du 15 mai va plus loin que celle du 13 mai : « il s'agit de faire l'âme monstrueuse : à l'instar des *comprachicos,* quoi! Imaginez un homme s'implantant et se cultivant des verrues sur le visage » (OC, 242-243). À la faveur de cette allusion du roman de Victor Hugo, *L'Homme qui rit,* et aux *comprachicos*, le passage s'effectue, dans la grande lettre du Voyant, des voleurs d'enfants au Voleur de feu.

45. *Théogonie,* v. 521-525, trad. Mazon, p. 51.
46. Voir dans le livre de Raymond Trousson le chapitre II, « *Prometheus Christus?* ».
47. *Prométhée enchaîné,* v. 107-109, 112-113; trad. de Paul Mazon, p. 164-165. Leconte de Lisle traduisait l'ensemble du passage de la manière suivante : « J'ai augmenté le bien des mortels, et me voici, malheureux, lié à ces tourments! Dans une férule creuse j'ai emporté la source cachée du Feu, maître de tous les arts, le plus grand bien qui soit pour les Vivants. C'est pour ce crime que je souffre, attaché en plein air par ces chaînes! » (*Promètheus enchaîné,* dans Eschyle, traduction nouvelle par Leconte de Lisle, Lemerre, p. 9).

De cette souffrance, il existe maint témoignage dans l'œuvre poétique de Rimbaud à partir de cette date. À lui seul, « Le Bateau ivre » l'illustre (« Mais vrai, j'ai trop pleuré ! », OC, 297) et, toujours sous le même signe, « Matinée d'ivresse », dans les *Illuminations* revendiquera hautement, et si je puis dire ardemment, une telle souffrance. Elle fait partie de la « méthode » pour parvenir au « Bien » et au « Beau », pour un accomplissement de « l'œuvre inouïe », mais aussi la création d'un nouveau corps, « le corps merveilleux » (OC, 467) qu'on peut rapprocher du « nouveau corps amoureux » dans « *Being Beauteous* » (OC, 463). « Le supplice est sûr », chantait le poète dans « l'Éternité » au printemps de 1872 (OC, 349). Il chantait encore ce chant dans les supplices d'*Une saison en enfer* en 1873 (OC, 432). Maintenant il en exalte les instruments qui sont à la fois les instruments du supplice et les instruments de musique pour une « nouvelle harmonie » :

Fanfare atroce où je ne trébuche point ! Chevalet féerique !

La souffrance est alors la condition de la création. On retrouve le thème de la patience, de « l'ardente patience », donc le mythe de Prométhée. « Au milieu des tourbillons du monde », écrit Dominique de Villepin, « face à l'indifférence ou à la tourmente, se dresse encore la figure du voleur de feu. Elle rassemble à la fois la révolte et la patience, le bouleversement et l'attente »[48]. C'est ce que Gilbert Lély, qu'il cite, a appelé « la patience éperdue », et il en cherche des illustrations dans la poésie moderne, chez René Char, chez Francis Ponge, chez Pierre Jean Jouve aussi, avec les stigmates de la sueur de sang[49] dont on trouve l'équivalent, mais transposé, déplacé dans l'« Adieu » d'*Une saison en enfer* :

Dure nuit ! le sang séché fume sur ma face, et je n'ai rien derrière moi, que cet horrible arbrisseau. (OC, 441)

C'est-à-dire possiblement, vraisemblablement pour moi, l'arbre de la Croix.

---

48. *Éloge des voleurs de feu*, p. 194 *sqq.*
49. *Sueur de sang* est le titre d'un recueil de Jouve publié en 1937, auquel D. de Villepin fait allusion p. 201.

La délivrance par Hercule

Le supplice de Prométhée aurait pu être éternel. Mais cette dimension du *dam* chrétien était peu familière aux Grecs et aux Latins. Le Voleur de feu est délivré par Héraclès dès le récit qui est fait de ses exploits et de ses épreuves dans la *Théogonie* d'Hésiode :

> Le vaillant fils d'Alcmène aux jolies chevilles, Héraclès, abattit l'aigle et, du fils de Japet écartant ce cruel fléau, l'arracha à ses tourments – cela, de l'aveu même de Zeus Olympien. [50]

Le *Prométhée enchaîné* d'Eschyle s'ouvre sur l'apparition de *Kratos,* la Force, qui passe le flambeau à Héphaistos pour qu'il cloue le condamné sur son rocher. Mais la tragédie se complétait, au sein de la trilogie, d'un *Prométhée délivré* où Héraclès était toujours le sauveur désigné.

Le couple de termes « souffrance » et « force » est présent dès les deux lettres du voyant. On retrouve le forçat et la force dans *Une saison en enfer* et on assiste, dans ce même passage de « Mauvais sang », à une épiphanie de la force :

> Sur les routes, par des nuits d'hiver, sans gîte, sans habits, sans pain, une voix étreignait mon cœur gelé : « Faiblesse ou force » : te voilà, c'est la force. (*OC*, 416)

Tout supplice est dans l'attente d'une force salvatrice, celle qui triomphe à la fin de « Métropolitain » dans les *Illuminations (OC,* 489).

La figure d'Hercule n'est pas plus étrangère à Rimbaud que celles de Prométhée ou de Deucalion. Elle est en majesté dans « *Credo in unam* » / « Soleil et Chair » en 1870.

> – Héraclès, le Dompteur, qui, comme d'une gloire
> Fort, ceint son vaste corps de la peau du lion,
> S'avance, front terrible et doux, à l'horizon ! (*OC*, 140, 215)

Elle reparaît de manière tout à fait inattendue dans la signature dérisoire « Alcide Bava » suivie de « A.R. », et pour la lettre à Théodore de Banville du 15 août 1871 et pour le poème « Ce

---

50. *Théogonie*, v. 526-529, trad. Mazon, p. 51.

qu'on dit au poète à propos des fleurs », inséré dans cette même lettre et daté du 14 juillet 1871. Ce moment correspond à l'écroulement de l'espoir que Rimbaud eut dans ce qu'il n'appelle jamais « la Commune », mais se trouve désigné par « la bataille de Paris » dans la première des deux lettres du voyant. Alcide, autre nom d'Héraclès, signifiant la force (*alkè*), est assorti de ce nom peu flatteur, Bava, qui a pour connotations à la fois la bave et le bavardage, et qui peut apparaître aussi comme une réduction de Banville [51]. D'Hercule, à dire vrai, il avait surtout donné l'image du héros domestiqué par Omphale, la reine de Lydie :

OMPHALE

Vingt monstres tout sanglants, qu'on ne voit qu'à demi,
Errent en foule autour du rouet endormi :
Le lion néméen, l'hydre affreuse de Lerne,
Cacus, le noir brigand de la noire caverne...

Victor Hugo, « Le Rouet d'Omphale ».

51. M. Joël Barreau m'a communiqué ce précieux renseignement dans la lettre qu'il m'a adressée le 9 novembre 1999 :
« Dans la troisième édition des *Fleurs du mal*, édition posthume de 1868, préparée par Charles Asselineau et Théodore de Banville, ce dernier a inséré un sonnet à lui envoyé par Baudelaire en 1845 et inédit jusqu'alors. Je me permets de vous rappeler les deux tercets de ce sonnet :

Poète, notre sang nous fuit par chaque pore
Est-ce que par hasard la robe du Centaure
Qui changeait toute veine en funèbre ruisseau

Était teinte trois fois dans les baves subtiles
De ces vindicatifs et monstrueux reptiles
Que le petit Hercule étranglait au berceau ?

Il est difficile de ne pas voir une allusion amusée à l'expression "baves subtiles" dans le patronyme pseudonymique Bava que s'octroya Rimbaud, dès lors que son prénom pseudonymique Alcide se réfère manifestement à la fin de ce sonnet.
Outre le fait que, par ce pseudonyme, Rimbaud faisait comprendre au destinataire de sa lettre qu'il connaissait l'édition de 1868 des *Fleurs du Mal* et donc le sonnet que Baudelaire lui a adressé, peut-être y a-t-il un autre message qu'il désirait ainsi lui faire passer. L'extraordinaire *subtilité* de Rimbaud, dont témoigne au reste admirablement le *poème* adressé par lui à Théodore de Banville, peut inciter à chercher dans cet *Alcide Bava* plus qu'une plaisanterie. »

Calme et foulant son lit d'ivoire, dont le seuil
Orné d'or sous les plis de la pourpre étincelle,
La Lydienne rit de sa bouche infidèle
Aux princes de l'Asie, et leur fait bon accueil.

Une massue, espoir des Cyclades en deuil,
Sur un tapis splendide est posée auprès d'elle.
L'idole radieuse, et fière d'être belle,
De ses doigts enfantins y touche avec orgueil.

Sur son épaule blonde, amoureuse, embaumée,
Flotte la grande peau du lion de Némée,
Dont l'ongle impérieux lui tombe entre les seins.

Son cœur bat de plaisir sous l'horrible dépouille
Humide et noire encor du sang des assassins :
Hercule est à ses pieds et file une quenouille. [52]

On ne peut s'empêcher de penser à ces vers que Rimbaud envoyait à Banville, le 24 mai 1871, « *Credo in unam* », regrettant le temps des dieux et constatant que l'homme

> [...] a rabougri, comme une idole au feu,
> Son corps Olympien aux servitudes sales. (*OC*, 157)

L'échec de la Commune a pu lui donner, plus que jamais, le sentiment d'un tel rabougrissement alors qu'en vrai Prométhée voleur de feu, il avait rêvé de rendre à l'homme, ainsi qu'à la femme, sa dignité. C'est pourquoi il plaçait alors la poésie délibérément « *en avant* » et faisait du poète « *un multiplicateur de progrès* » (*OC*, 246).

Qu'il ait par la suite évolué, vacillé dans cette belle confiance, cela apparaît clairement à la lecture d'*Une saison en enfer*. Pourtant l'« Adieu » se situe lui aussi en avant : après un bilan désastreux, il invite à « tenir le pas gagné » (*OC*, 441) comme le lutteur mettant le pied sur l'adversaire qu'il a dompté.

Les *Illuminations* font place, avec des moments d'exaltation et des moments de fléchissement, à des poussées de feu, et pas seulement de fièvre. Dans « Barbare », les « vieilles flammes », méta-

---

52. *Les Princesses*, 1866, dans Théodore de Banville, *Choix de poésies*, Paris, Charpentier, 1912, p. 232.

phoriques ou non, sont tenues à distance au profit des « brasiers, pleuvant aux rafales de givre », des « feux à la pluie du vent de diamants – jetée par le cœur terrestre éternellement carbonisé pour nous » (OC, 490). Le feu n'a plus besoin d'être volé ; il est là, à profusion, dans des visions qui peuvent être eschatologiques, comme dans « Soir historique » (OC, 502) ou qui font au contraire du feu la source de l'intensité de toute vie.

« Barbare » est intégralement cité par Dominique de Villepin dans *Éloge des voleurs de feu* pour illustrer « L'éclair et la formule », titre d'un des premiers chapitres de son livre. Non seulement le voleur de feu s'exprime dans un cri porté à l'incandescence (celui du Prométhée de Gide, ou l'invective de Rimbaud contre l'Homme « juste »), mais « l'éclair révèle le regard du poète en cet instant où le ciel vire au blanc et où le paysage se fige. Les mots se dressent immobiles, envoûtés, aux lèvres suspendus. Jamais le monde n'avait été vu de la sorte » [53]. Ainsi, explique-t-il alors, « chez Rimbaud, la démarche poétique suppose même une mise en place du chaos, donc, dans un *a priori* bouleversant, du retournement de toute convention : le principe de négation se métamorphose en style. L'inversion de tout s'épanouit en désordre pour bousculer les regards anciens ; les mots se heurtent pour atteindre l'illumination d'une rencontre hallucinée » [54]. L'illumination elle-même est un éclair sur ce chaos devenu création par la magie du verbe.

IV

Le feu, mais quel feu ? Pour les Africains, par exemple, il existe plusieurs types de feu : le feu matériel, bien sûr, mais un feu mystérieux, lié aux fétiches, un fait qui suscite la peur, sauf dans le poète qui entretient une relation privilégiée avec lui. Je pense au « Chant du feu (chant bantou) » qui figure parmi les poèmes traduits de Senghor [55].

---

53. *Éloge des voleurs de feu*, p. 105.
54. *Ibid.*, p. 109.
55. *Œuvre poétique*, Paris, Éd. du Seuil, 1990, p. 409 :
   « Feu des sorciers, Esprit des eaux inférieures, Esprit des airs supérieurs,
   Fulgore qui brilles, lucide qui illumines le marais,
   Oiseau sans ailes, matière sans corps,
   Esprit de la Force du Feu,
   Écoute ma voix : un homme sans peur t'invoque ».

À l'inverse se situe le feu qu'on peut dire domestiqué. Rimbaud ne l'ignore pas, pour avoir vécu quelque temps dans ce qu'on appelle le « foyer » et pour avoir souffert de son absence après l'avoir quitté, comme les cinq enfants affamés, les « Effarés », regardent le « trou clair », le four éclairé par la flamme, où « le boulanger au gras sourire » fait cuire le pain (*OC*, 277-278). Ce n'est pas un hasard si ce poème de 1870 a été repris par lui en 1871, constituant une exception à cet égard.

Même quand, dans la section d'*Une saison en enfer* intitulée « Mauvais sang » où il évoque les « chers ancêtres autour des feux » (*OC*, 415) il pense à ce regroupement tribal qui ne va pas, il est vrai, chez les enfants de Cham, sans des pratiques rituelles du feu.

Il peut y avoir un usage domestique du feu et une évocation par la poésie de cet usage domestique et tranquille. Mais jamais Rimbaud ne pourrait se contenter du feu très paisible d'un Charles-Ferdinand Ramuz (1878-1947). Feu bucolique ;

AUTOMNE

Les petits bergers font des feux,
ils mettent leurs pommes de terre sous la cendre.
Les vaches broutent, c'est la fin de septembre,
il fait clair et le ciel est bleu.

Pourtant la brume traîne aux pentes des collines,
les fumées des feux rampent par les champs
comme de grosses chenilles grises,
la feuille tombe et on entend le vent.

On sent la fatigue, on s'assied sur les talus,
on regarde ; l'herbe est jaunie.
On pense à tout ce qui n'est plus.
Le cœur a mal et il se replie.

On dit : « Le soleil ne durera pas longtemps,
on va rentrer et fermer les fenêtres. »
On marche, on va le long des haies
et on est bien triste en marchant.

Les petits bergers claquent du fouet,
le vent souffle, les feux font une grande flamme,
l'ombre gagne vers la forêt.
Il a neigé sur la montagne.

feu de la maison dans le village :

CHALEUR

L'ombre du tilleul tourne dans la cour,
la fontaine fait un bruit de tambour.

Un oiseau s'envole du poirier; le mur
brûle : sur le toit brun et rouge,
la fumée d'un feu de bois bouge
contre le ciel tellement bleu qu'il est obscur.

On n'entend pas un bruit dans les champs;
personne n'est en vue sur la route;
seules dans le poulailler, les poules
gloussent encore, de temps en temps.

Puis plus rien qu'un arbre qui penche,
dans l'opacité de ses branches,
avec son ombre, de côté,
comme sous un poids qui l'accable;
et cet autre se laisse aller
en avant, comme un dormeur
qui a les coudes sur la table.
(*Le Petit Village*, 1903).

Ou encore discrète inquiétude du couvre-feu :

LE PAYS

C'est un petit pays qui se cache parmi
ses bois et ses collines;
il est paisible, il va sa vie
sans se presser sous ses noyers;
il a de beaux vergers et de beaux champs de blé,
des champs de trèfle et de luzerne,
roses et jaunes dans les prés,
par grands carrés mal arrangés;
il monte vers les bois, il s'abandonne aux pentes
vers les vallons étroits où coulent des ruisseaux
et, la nuit, leurs musiques d'eau
semblent agrandir encore le silence.

Son ciel est dans les yeux de ses femmes,
la voix des fontaines dans leur voix;

on garde de sa terre aux gros souliers qu'on a
pour s'en aller dans la campagne ;
on s'égare aux sentiers qui ne vont nulle part
et d'où le lac paraît, la montagne, les neiges
et le miroitement des vagues ;
et, quand on s'en revient, le village est blotti
autour de son église,
parmi l'espace d'ombre où hésite et retombe
la cloche inquiète du couvre-feu. [56]

Des voleurs de feu on peut passer aux porteurs de feu. C'est le titre d'un beau livre que Salah Stétié a consacré aux poètes de son pays d'origine, le Liban, à d'autres poètes du monde arabe, mais aussi à Gérard de Nerval, voyageur en Orient, « armé d'une étrange fraîcheur » ou « désarmé de tout ce qui n'est pas cette fraîcheur même » ; « entièrement noué », ajoute-t-il, dans cela que quelqu'un plus tard dira être « l'ange frais de l'œil nu » [57].

La citation est de Paul Valéry, elle est extraite de « Profusion du soir » dans l'*Album de vers anciens,* et le poème mérite d'être cité. Ce « poème abandonné » (c'est le sous-titre) se présente sous forme de fragments, comme le « Narcisse ». Le premier fragment est un sonnet, celui dont, précisément, Salah Stétié cite le dernier tercet :

Du Soleil soutenant la puissante paresse
Qui plane et s'abandonne à l'œil contemplateur,
Regard !... Je bois le vin céleste, et je caresse
Le grain mystérieux de l'extrême hauteur.

Je porte au sein brûlant ma lucide tendresse,
Je joue avec les feux de l'antique inventeur ;
Mais le dieu par degrés qui se désintéresse
Dans la pourpre de l'air s'altère avec lenteur.

Laissant dans le champ pur battre toute l'idée,
Les travaux du couchant dans la sphère vidée
Connaissent sans oiseaux leur entière grandeur.

56. Tous ces exemples sont empruntés à l'anthologie de la poésie française publiée aux Éditions Rencontre.
57. Salah Stétié, *Les Porteurs de feu et autre essais*, Paris, Gallimard, Les Essais CLXXIV, 1972, p. 123 (l'essai s'intitule « Du soleil, et de quelques fantômes »).

L'Ange frais de l'œil nu pressent dans sa pudeur,
Haute nativité d'étoile élucidée,
Un diamant agir qui berce la splendeur... [58]

Les feux du soleil, le soir, sont donc comparés aux feux d'un diamant et si voleur de feu il y a pour Valéry, c'est plutôt un orfèvre, un artiste qui joue, non avec le feu, mais avec les feux de l'ancien inventeur (sans doute le dieu Héphaïstos).

La publication de l'*Album de vers anciens* est contemporaine de celle de *Charmes* et « Le Cimetière marin » s'ouvre splendide- ment sur l'évocation des feux du Soleil à midi sur la mer, comme s'achevait avant ce poème la première partie de *La Mer*, le triptyque symphonique de Claude Debussy (« De l'aube à midi sur la mer ») et déjà, dans les *Illuminations*, l'étonnant poème en prose intitulé « Aube » :

Au réveil, il était Midi. (*OC*, 482)

Valéry passe d'une évocation familière à une élévation divine :

Ce toit tranquille, où marchent des colombes,
Entre les pins palpite, entre les tombes;
Midi le juste y compose de feux
La mer, la mer, toujours recommencée !
Ô récompense après une pensée
Qu'un long regard sur le calme des dieux ! [59]

Mais cette strophe joue sur le pluriel et le singulier, sur une varia- tion continuelle de l'élément en ses manifestations multiples, de la lumière et des illuminations, pourrait-on dire. « Le Cimetière marin » reprend le travail du diamantaire, dans la deuxième strophe, qui fait briller « la scintillation sereine » dans la quatrième, qui brandit les « torches du solstice » dans la septième, et qui évolue, dans la

---

58. Écrit vers 1899, publié dans l'édition de 1926 de l'*Album de vers anciens*, le poème sera en 1942 dédié à Paul Claudel. Il a été repris dans *Œuvres* de Paul Valéry, éd. de Jean Hytier, Paris, Gallimard, Bibliothèque de la Pléiade, 1957, t. I, p. 86.
59. Même édition, p. 147. « Le Cimetière marin » a paru pour la première fois dans *La Nouvelle Revue Française* n° 81, le 1er juin 1920, p. 781-787, puis en plaquette la même année chez Émile-Paul. Il a été repris dans *Charmes* (1922, puis 1926).

dixième, vers le feu pur, le « feu sans matière ». De même, dans l'*Album de vers anciens*, dès le sonnet « Orphée », qui remonte à 1891, « le feu, des cirques purs descend »[60].

Il y a quelque chose de religieux dans les fragments suivants de « Profusion d'un soir » : « d'ardents autels », la ligne de partage entre les dieux, – dans la lumière –, et les ombres parmi lesquelles vit le mortel. L'image de la barque solaire, venue peut-être de la mythologie égyptienne, mais tout aussi bien de l'« Adieu » d'*Une saison en enfer*, est déjà présente dans le dixième fragment. Elle grandit dans le douzième et dernier, qui se présente bien, dès les premiers mots, comme un « Adieu » redoublé avant l'entrée inéluctable dans la Nuit :

> Adieu, Adieu!... Vers vous, ô mes belles images,
> Mes bras tendent toujours l'insatiable port!
> Venez, effarouchés, hérissant vos plumages,
> Voiliers aventureux que talonne la mort!
> Hâtez-vous, hâtez-vous!...La nuit presse!...Tantale
> Va périr! Et la joie éphémère des cieux![61]

L'aller et retour est du brisement à l'unité, conformément au schéma que dessine Salah Stétié quand il parle des poètes qui lui sont chers comme à la fois « hommes du déchirement » et « porteurs de feu », « de ce feu qui soude l'épars et le ressoude »[62]. Mais Rimbaud s'insère dans une grande tradition qu'on peut dire « romantique », au sens large du terme. Comme le rappelle Vincent Vivès dans un ouvrage encore inédit :

> De Gautier à Mallarmé, tous ont dit : je brûle. Flaubert annonce qu'avec sa main brûlée il a acquis le droit de parler de la nature du feu.

De là à la volonté de faire de soi-même un flambeau, il n'y a qu'un pas, « pas gagné » qu'a suggéré en quelque sorte Carlo Michelstaedter, dans *Appendices critiques à la persuasion et la rhétorique*[63]. C'est en fait une suggestion des Évangiles, comme le rappelle le jeune

---

60. Éd. cit., p. 76.
61. Éd. cit., p. 89.
62. Quatrième de couverture des *Porteurs de feu*.
63. Trad. fr. de Tatiana Cescutti, Paris, Éditions de l'Éclat, 1994, Carlo Michelstaedter, *Appendici critiche alla persuasione e la rettorica*, Florence, 1922, p. 87.

philosophe italien qui s'est suicidé au sortir de l'adolescence. Cela correspond pour lui à la puissance (*dunamis*) et à un culte de la force (*energeia*) à travers l'activité vers la paix, – vers une sérénité dont il y a fort à craindre qu'il ne l'ait pas connue.

Peu indulgent pour les sophistes, qui ne seraient que des voleurs médiocres, Michelstaedter est en revanche favorable au vol en philosophie, quand il est représenté par Platon, « voleur en gants blancs qui a élaboré son système non plus pour voler telle ou telle personne au hasard, comme le faisaient les autres, en disant à chacune d'elles : "Je suis un voleur"; mais avec méthode et sérieux, afin de *pouvoir tout voler*, et en disant aux hommes : "je suis celui qui vous protège à jamais des voleurs"[64]. »

La force, ne l'oublions pas, est un mot-clef dans l'œuvre de Rimbaud, du Forgeron qui l'incarne dans un poème de 1870, « le bras sur un marteau gigantesque, effrayant/ D'ivresse et de grandeur » (*OC*, 205) jusqu'au mot final de « Métropolitain », dans les *Illuminations*, triomphe de l'éclat dans un paysage polaire qui pourrait n'être qu'un désert, comme la Scythie, comme le Caucase de Prométhée :

> Le matin où avec elle vous vous débattîtes parmi les éclats de neige, les lèvres vertes, les glaces, les drapeaux noirs et les rayons bleus, et les parfums pourpres du soleil des pôles, – ta force. (*OC*, 489)

Une force grâce à laquelle on lutte, mais une force avec laquelle on lutte. Au temps de la Révolution française, comme pour les « esclaves » modernes, un résidu de force permet à la crapule de lutter contre la condition de forçat. Mais la force qu'on contient en soi est aussi un danger, danger mortel par exemple dans le retournement suicidaire qui n'a été dans le cas de Rimbaud qu'un suicide de la poésie et une entrée dans le silence.

V

Des voleurs de feu, Dominique de Villepin a une conception large. Je voudrais dans cet ensemble proliférant tenter de faire apparaître des groupes, et caractériser, à l'aide d'*Éloge des voleurs de*

---

64. *Ibid.*, p. 88-89.

feu, des vocations correspondant à telle[s] de ces « voix furieuses » dont « les paroles ne restent pas lettre morte, mais fouettent l'imagination » [65].

1. La première grande vocation, telle que je la perçois dans la première partie, « À l'orée du monde », est l'invitation à « quérir le feu pour porter la parole jusqu'à l'incandescence » [66]. Ce serait cela, le mouvement qui conduit à l'illumination et, de manière exemplaire, à l'illumination rimbaldienne. « Ils m'ont appelé l'Obscur et j'habitais l'éclat » : ce vers de Saint-John Perse, dans *Amers* [67], mérite mieux que d'être cité dans une note. Il permet de mieux connaître la raison d'être de ce qu'on appelle l'hermétisme rimbaldien, allant du défi (« Trouvez Hortense », dans « H », lettre et poème emblématiques de cet hermétisme même) à l'invocation (« Ô la face cendrée ») selon le mouvement dessiné plus tard dans un de ses livres par le philosophe Gabriel Marcel.

2. Pourquoi ne pas voir dans cette « face cendrée » celle du poète qui a traversé le feu ? Dans cette même première partie, Dominique de Villepin explique par là le nom des cendres que s'est donné Frédéric Louis Sauser quand il a choisi de devenir Blaise Cendrars, sans doute à la suite de la mort d'Hélène Kleinmann, la jeune fille russe qu'il avait rencontrée en novembre 1906 à Saint-Pétersbourg et qui était morte brûlée vive, d'une lampe à pétrole renversée, le 11 juin 1907 [68]. On peut aussi brûler ce qu'on a adoré, pratiquer dans sa vie et dans son œuvre une manière de technique de la terre brûlée, ou de l'existence brûlée. Jacques Rivière l'avait déjà fait observer. Comme Dominique de Villepin, j'emprunte à René Char cette citation, et très précisément à son poème « Arthur Rimbaud » dans *Recherche de la base et du sommet* :

> En poésie, on n'habite que le lieu que l'on quitte, on ne crée que l'œuvre dont on se détache, on n'obtient la durée qu'en détruisant le temps. [69]

65. *Éloge des voleurs de feu,* p. 15.

66. *Ibid.,* p. 44-45.

67. *Amers,* « Strophe », dans *Œuvres complètes* de Saint-John Perse, Paris, Gallimard, Bibliothèque de la Pléiade, 1972, rééd.1982, p. 283. Cité *ibid.*, p. 45 n. 6.

68. Voir *ibid.*, p. 50 et la note 3.

69. *Œuvres complètes* de Char, Paris, Gallimard, Bibliothèque de la Pléiade, 1982, p. 733. Cité *ibid.*, p. 45, n. 3.

Détruire le temps, tel est le vœu des enfants dans « A une Raison », dans les *Illuminations*, quand l'invocation du poète cède la place à la voix et à l'hymne des enfants dans la fournaise (*OC*, 467). C'est bien une manière de « chant des suppliciés », comme celui auquel Dominique de Villepin fait place dans la deuxième partie de son livre, « Le Sacre du feu »[70]. Et *Une saison en enfer* est une traversée de l'enfer, un passage par le feu, ce que je serais tenté d'appeler une ordalie poétique. Rimbaud, écrit Dominique de Villepin, « s'immole au cœur de la parole, comme dans la chaux vive »[71].

De là encore la force de l'image du brasier, du poème d'Apollinaire dans *Alcools* à celui d'Andrée Chédid, dans *Visage premier*, cité dans *Éloge des voleurs de feu*[72].

3. Mais l'existence de ceux qu'on a appelés, surtout depuis Verlaine, « les poètes maudits » passe bien par un tel brasier. Il en résulte un rapprochement entre « poètes maudits » et « voleurs de feu », avec d'ailleurs un risque de confusion. Marcelin Pleynet a mis en garde, dans un numéro de *L'Infini,* en 2004 et contre cette confusion et contre le message de Dominique de Villepin. Et peut-être en effet glisse-t-on un peu trop facilement du voleur de feu vers le poète maudit dans ces lignes qui viennent conclure le chapitre « La vie en cicatrices » dans la troisième partie intitulée, d'après René Char, « Les alliés substantiels » :

> Vies décousues, couvertes en cicatrices [...] de tous les voleurs de feu, enchanteurs et prophètes, qui ne sauraient se résigner à une existence ordinaire. Vies de réconciliations impossibles, où l'alliance avec soi est engloutie dans le déferlement de la douleur et de la mélancolie, où la blessure reste ouverte.[73]

Ce n'est pas seulement le Dormeur du Val, le soldat blessé à mort, qui « a deux trous rouges au côté droit » (*OC*, 217; le poème est daté d'octobre 1870. Il correspond à une vision traumatisante pour l'adolescent), mais le poète lui-même qui pourrait dire, comme Henri Michaux, « Je suis né troué »[74]. « Percé, incapable de retenir

---

70. *Éloge des voleurs de feu,* p. 83.
71. *Ibid.,* p. 60.
72. *Ibid.,* p. 54-55.
73. *Ibid.,* p. 163.
74. Dans *Ecuador,* repris dans les *Œuvres complètes* d'Henri Michaux, éd. de Raymond Bellour, Paris, Gallimard, Bibliothèque de la Pléiade, t. I, 1998, p. 189. Cité dans *Éloge des voleurs de feu,* p. 175, n. 3.

la vie qui s'enfuit », commente Dominique de Villepin. Soumis aux balles aussi, comme à la fin de « Mauvais sang », dans *Une saison en enfer* [75]. Abattu sur le canon, dans le court poème en prose qui complète ou qui suit « Being Beauteous » dans les *Illuminations* (*OC*, 463). Victime par transposition des coups de la guerre, victime par naissance des coups de l'existence.

4. Il résulte de cette situation de souffrance, – Mallarmé dira même : d'agonie –, une révolte violente, celle qui s'exprime le plus souvent dans les poèmes de Rimbaud datant de l'année 1871, poèmes du sarcasme, de l'amertume, d'une revendication pouvant aller jusqu'au vœu d'un anéantissement du monde. À côté de Rimbaud, Dominique de Villepin place son exact contemporain, Lautréamont, qui fait figure moins du voleur de feu que du cracheur de feu : « C'est un jet brûlant que crachent les *Chants de Maldoror,* un acide qui délite et dissout » [76].

5. Au delà de cette révolte, le poète-voleur de feu voudrait s'employer à « changer la vie ». Rimbaud, écrit Dominique de Villepin, « incarne la liberté même du voleur de feu, parce qu'elle se veut libération, brise les attaches et taille la vie même » [77]. « La vraie vie est absente », lit-on dans « Délires I » (*OC,* 424). C'est-à-dire vrai une parole de la Vierge Folle. Mais elle a souvent été reportée sur Rimbaud lui-même, par André Breton et les surréalistes en particulier. Pour Dominique de Villepin cette volonté de changer la vie est tout à fait prométhéenne et elle devrait aboutir à la « liberté libre » (*OC*, 223), mais à la liberté libre d'un libéré, ce que ne parvient pas à être tout à fait le Bottom des *Illuminations* (*OC*, 502-503). Elle sera exprimée encore par Jean Tardieu dans un poème cité beaucoup plus loin dans le livre :

Foudre rayons météores
dans de l'irréalité

75. *OC*, 419 : « Feu ! feu sur moi ! ». C'est à la fois la crainte de la recrue, du conscrit entraîné malgré lui et dans la carrière des armes et du condamné à mort devant le peloton d'exécution. Dominique de Villepin a repris ce cri « Feu ! » et cette citation dans l'« Envoi » d'*Éloge des voleurs de feu*, p. 777-779. C'était aussi le thème de la conférence qu'il a prononcée à l'Université de Bari en janvier 2002, dans le cadre du colloque organisé par Giovanni Dotoli : « La poésie à l'aube du IIIe millénaire ».
76. *Éloge des voleurs de feu*, p. 157.
77. *Ibid.*, p. 183. Le chapitre est intitulé « L'horizon libre ».

le possible l'impossible
la profonde liberté. [78]

6. Pour cela, le voleur de feu doit se faire « arpenteur de gouffres ». C'est la nouvelle image que nous propose la quatrième partie, « Le vertige du gouffre », dès son prologue lyrique [79]. Rimbaud, représenté cette fois à la manière de Verlaine comme « l'homme aux semelles de vent », « danse sur ses gouffres, hanté par l'enfer des horloges, troquant le temps forçat sur le comptoir des sables » [80]. C'est la « vie abyssine abyssale » dont a parlé Michel Butor dans ses *Improvisations sur Rimbaud* [81]. Mais aussi déjà « les gouffres cataractants » du « Bateau ivre » (OC, 296), le « virement des gouffres » dans « Barbare » (OC, 490). Avec le risque de *désastre obscur* dont j'ai voulu faire, dans mon livre de 1983, un *éclatant désastre* [82]. C'est aussi le Rimbaud du désert, qu'on peut rapprocher du Prométhée d'Albert Camus, poussant son cri dans les déserts de Scythie mais refusant de se laisser décourager [83].

7. Le bouleversement qu'inaugure le poète quand il est *vraiment voleur de feu* est celui d'une langue. Le voleur de feu « doit réinventer la langue à coups de canon », écrit Dominique de Villepin en une formule puissante dans la quatrième partie de son livre [84]. Et il confirme dans la cinquième, celle qui est intitulée « L'Alchimie du verbe » : « le voleur de feu fait parler la langue, pour faire rendre gorge au langage » [85].

78. Jean Tardieu, « Sommeil sans fin », dans *Le Fleuve caché. – Poésies 1938-1961*, Poésie/Gallimard, 1968, p. 99. Et *Éloge des voleurs de feu*, p. 484.
79. *Ibid.*, p. 214 : « Arpenteur de gouffres, conquérant de cimes, des entrailles profondes aux pics de la conscience, le voleur de feu marche guidé par la mémoire de la chute et le désir d'un monde neuf ».
80. *Ibid.*, p. 224.
81. Éd. de la Différence, 1989, p. 198. Cité *ibid.*, p. 225.
82. La première expression empruntée à Mallarmé (« Le Tombeau d'Edgar Poe ») est reprise par D. de Villepin p. 228-236 (le chapitre est intitulé « D'un désastre obscur »). Pierre Brunel, *Arthur Rimbaud ou l'éclatant désastre*, Seyssel, Champ Vallon, 1983.
83. « Prométhée aux enfers », dans *L'Été*, Paris, Gallimard, 1953, rééd. Folio, 1972, p. 119. Cité dans *Éloge des voleurs de feu*, p. 275.
84. *Ibid.*, p. 278.
85. *Ibid.*, p. 345.

8. L'alchimie du verbe est elle-même passée par le feu. Dominique de Villepin glisse d'ailleurs vers une expression qui serait quasi tautologique, « alchimie du feu » [86], revenant d'*Une saison en enfer* aux titres du premier projet, *Livre païen* ou *Livre nègre* (*OC*, 382). Si comme l'a écrit Rimbaud au début de « Délires II » il croyai[t] à tous les enchantements » (*OC*, 428), il a voulu à son tour parvenir au « réenchantement du monde » [87]. C'est le titre d'un chapitre dans cette cinquième partie d'*Éloge des voleurs de feu,* illustrée entre autres par une strophe du « Bateau ivre » disant l'entrée dans un monde où le réel croise le fabuleux, quand il heurte « d'incroyables Florides » [88]. « L'œuvre de Rimbaud tout entière », écrit plus loin Dominique de Villepin, « est tendue vers ce lointain qui s'ouvre dans l'embrasure de la langue ». L'image de l'embrasure vient cette fois de Jacques Dupin, autre poète moderne librement imprégné de Rimbaud. La vie réenchantée est de nouveau illustrée dans la sixième partie, « Le vœu de vérité », par le début de « L'Éternité » :

> Elle est retrouvée
> Quoi ? – L'Éternité.
> C'est la mer allée
> Avec le soleil. (*OC*, 348)

« Ces simples vers », commente Dominique de Villepin, « comme bulles et murmures, rythmes sauvages et racines légères, dispersent une puissance frémissante, écorchures, irisations ou éclaboussures de sens ; frappés d'un halo fragile, ils font éclater le mystère d'une vie réenchantée » [89]. Ce serait la nouvelle alliance, attendue « Après le Déluge » dans ce « nouvel âge » qui donne son titre à la septième partie du livre de Dominique de Villepin. Un nouvel âge à beaucoup d'égards inconnu, à venir, dans un nouvel espace, ou un espace redistribué si se confirme ce qu'écrit Dominique de Villepin pour ouvrir le chapitre « Au seuil de l'Inconnu :

> L'appel de Rimbaud vers l'ailleurs retentit d'autant plus fort aux oreilles des voleurs de feu d'aujourd'hui que le monde semble se prolonger aux marches d'un Occident qui s'épuise. [90]

---

86. *Ibid.*, p. 65.
87. *Ibid.*, p. 361.
88. *OC*, 295-296 ; cité *ibid.*, p. 366.
89. *Ibid.*, p. 453.
90. *Ibid.*, p. 519.

Est-ce le ministre des Affaires étrangères qui fait ce constat ? Est-ce le lecteur de Rimbaud qui, après lui, s'interroge sur la stagnation des « marais occidentaux » (*OC*, 436) et comprend qu'au moment où veut se faire l'Europe, on puisse, comme Rimbaud l'a voulu, quitter « l'Europe aux anciens parapets » au risque de le regretter (*OC*, 297) ?

9. De l'action du feu, du feu de la parole poétique, est attendu un dégagement, donc une parole plus claire, clarifiée par la flamme. C'est celle des « Nouveaux vers et chansons », selon l'appellation aujourd'hui dépassée. D. de Villepin en cite plusieurs exemples, « L'Éternité », « Comédie de la soif », « Fêtes de la faim », quand « la vie entière, sans jamais s'achever, tourne sur son erre, se consume infiniment jusqu'à la plus insignifiante braise » [91]. Insignifiante, et pourtant chargée de tant de signification...

Cette signification, paraît tout entière contenue dans ce mot qui convient parfaitement et à Prométhée et à Rimbaud, donc au voleur de feu et au poète qui s'identifie à lui : la patience. Je rappelais plus haut *Prometheus der Dulder* de Carl Spitteler. Rimbaud, que le professeur Henri Mondor a caractérisé par le « génie impatient » a pourtant écrit des « Fêtes de la patience ». On a conservé le feuillet autographe où ce titre est suivi des quatre titres de poèmes constituant la série :
1. Bannières de mai
2. Chanson de la plus haute tour
3. L'Éternité
4. Âge d'or (*OC*, 343).

Il date de 1872, de l'année où Rimbaud a illustré aussi sa patience par ses soifs et par ses faims. Il est bien alors, parallèle au « Gardeur de troupeaux » de Fernando Pessoa, ou plutôt son hétéronyme Albert Caeiro, « le Gardeur des soifs » qui devient le titre du huitième chapitre de l'*Éloge des voleurs de feu*. Le « Gardien de phare » « aussi » sur la mer en faillite de Christian Dotremont [92]. La patience des « mots patients et sauveurs » d'Yves Bonnefoy, ami de Dotremont, admirateur fervent de Rimbaud dont, après Dominique de Villepin, je voudrais citer ces beaux vers de *Du mouvement et de l'immobilité de Douve* :

---

91. *Ibid.*, p. 94-95.
92. Christian Dotremont, *Œuvres poétiques complètes*, Paris, Mercure de France, 1998, p. 152-153, *Éloge*, p. 602.

La lumière profonde a besoin pour paraître
D'une terre rouée et craquante de nuit.
C'est d'un bois ténébreux que la flamme s'exalte.
Il faut à la parole même une matière
Un inerte rivage au delà de tout chant. [93]

Au-delà des poèmes de 1872, viennent le reniement d'*Une saison en enfer*, l'étincellement des *Illuminations*, puis le silence de Rimbaud. Dominique de Villepin a fait place à la « parole sauvage » dans la huitième partie de son livre, « Le rêve et l'action », – titre plus baudelairien que rimbaldien –, au dernier message, le message d'Aphinar dans le dixième, « Les figures du feu », étonnante alliance d'une impatience dans la patience, d'une parole encore dans le silence.

*
*   *

À la veille de la guerre d'Irak, Dominique de Villepin évoquait, dans l'Épilogue d'*Éloge des voleurs de feu*, la « ville écorchée, face aux vents déchaînés » et il en appelait « aux mots de Rimbaud, d'Artaud ou de Duprey ».

Rimbaud est encore placé en tête dans les paragraphes finaux et qui donnent le ton de ce livre, ardent, noble et exigeant. La boucle se referme donc sur la citation initiale : « Donc le poète est vraiment voleur de feu ». Il s'agissait bien de « rendre [l'homme] à son état primitif de fils du Soleil », donc de lui faire retrouver l'étincelle première.

Dominique de Villepin a conscience de la gravité de l'enjeu, et pas seulement de la gravité de l'heure qui le rappelle. Faire l'éloge des voleurs de feu, ce n'est pas vouloir créer de « nouveaux hommes », comme il est arrivé à Rimbaud de la souhaiter (« À une Raison », dans les *Illuminations*) ; c'est les réveiller, et pour cela leur faire prendre conscience de ce qu'il y a de plus vivant et de plus fort en eux.

On comprend dès lors que deux séries d'écrivains et de poètes soient convoquées dans *Éloge des voleurs de feu*, sans être disjointes, mais comme si elles étaient complémentaires. Celle des poètes maudits, pour reprendre le titre de Verlaine, et des six articles dont le deuxième fut consacré à Arthur Rimbaud (*Lutèce*, 5-12 octobre

---

93. *Poème*, Poésie/Gallimard, 1982, p. 74, « Derniers gestes » ; cité p. 359.

1883). Mais aussi celle des poètes qui, sans se brûler au feu, ont fait briller plus que jamais la vive flamme du génie dans l'homme. Rilke est donc là, et Saint-John Perse, et Paul Valéry, et avant eux, Ronsard ou Victor Hugo. Rimbaud d'ailleurs, dans son long catalogue des voyants avant lui, avait fait place à l'auteur des *Châtiments*, qu'il ne tenait nullement dans le mépris que l'on a parfois cru.

Ce vibrant *Éloge des voleurs de feu* permet de découvrir des figures pré-rimbaldiennes et surtout post-rimbaldiennes. Il fallait un homme à la vaste culture et ayant le culte de l'exception, comme Dominique de Villepin, doublé d'un fin collectionneur de manuscrits, pour que soit accordée la juste place qui leur revient à des poètes comme Christian Dotremont (qui vint passer une nuit sur le tombeau de Rimbaud à Charleville) ou comme Jean-Pierre Duprey, nourri de Rimbaud dès les années passées au lycée de Rouen et dans un établissement voisin. Leur destin tragique pourrait nous accabler. Mais un éclat les environne, qui est celui de ce feu qu'à leur tour ils ont cherché à voler. Redécouvrir leur œuvre, publiée l'une au Mercure de France (avec une très belle préface d'Yves Bonnefoy), l'autre chez Christian Bourgois puis dans un volume de la collection Poésie/Gallimard, sera une source de joie pour ceux qui, comme Dominique de Villepin, ont la passion de la poésie et qui croient en elle.

Éloge des voleurs de feu est l'œuvre d'un poète, et on y retrouve ce brasier d'images qui flamboie dans son art d'écrire, en vers comme en prose. C'est un immense panorama de la poésie française, et même universelle : un professeur de littérature comparée ne peut que se réjouir de voir la place faite à Jorge Luis Borges, à Maïakovski, à T. S. Eliot, et même à l'œuvre de Rutebeuf et à celle de Charles d'Orléans, « le prince *au cœur vêtu de noir*, [qui] jette sa lumière mélancolique *vers le pays de France* ». Le cortège va jusqu'aux grands poètes d'aujourd'hui, Yves Bonnefoy, Pierre Oster, Salah Stétié, Michel Deguy, même les plus récents et parfois les plus déconcertants, ceux qui figurent dans l'anthologie de Jean-Michel Espitallier, *Pièces détachées*, 2000.

Une somme de poésie, le titre du grand recueil de Patrice de La Tour du Pin, achevé en 1946, conviendrait à ce nouveau grand livre, paru dans la même collection blanche des éditions Gallimard. C'est le livre de toute une vie, même si son auteur n'avait pas encore cinquante ans quand il l'a publié. Il prend ses racines dans l'enfance, dans l'amour d'une mère, dans le deuil qui a suivi la mort d'un frère aîné. Ce « livre de nuit » est avant tout un livre de lumière, qui conduit vers un avenir d'espérance malgré les ombres, comme le flambeau qui, au début de l'*Agamemnon* d'Eschyle, vient, de relais en relais, apporter aux Grecs la nouvelle de la fin de la guerre de Troie. C'est un livre de paix extérieure et intérieure, mais et le ministre et le poète savent à quel prix et avec combien d'efforts, combien de souffrances, une telle paix peut être conquise. L'un et l'autre sont « au point du monde », cette « vigie » toujours en état d'alerte. « Dans ce rôle », écrit Dominique de Villepin, « toujours au sommet du mât, la naissance des vagues et des terres nouvelles, (les voleurs de feu) assouvissent leur goût de magie et leur recherche du sens. Mais cette soif d'absolu n'est pas seulement de tête, rivalité de titans ou *gourmandise* de Dieu, comme ironise Rimbaud »[94]. Elle est aussi, elle est surtout de cœur, dans un livre qui est déjà pour nous, et pas seulement pour nous rimbaldiens, un livre de vie.

Pierre BRUNEL

94. « J'attends Dieu avec gourmandise », dans *Une saison en enfer*, « Mauvais sang ».

Éditer Rimbaud

Nous avons longtemps hésité avant d'oser éditer Rimbaud : le travail que nous avons fini par entreprendre a résulté d'une série de zigzags dans une recherche consacrée avant tout au versant historique de l'œuvre. Notre intérêt pour la question de l'édition s'expliquait avant tout par une certaine insatisfaction : les ambitions des « meilleures » éditions ou du moins les plus prestigieuses, comme la Pléiade d'Antoine Adam, nous paraissaient assez modestes d'un point de vue philologique et nous avions été déconcerté par la relative indifférence de beaucoup d'éditeurs devant l'œuvre versifiée, digne, croyions-nous, d'un traitement plus sérieux. Cette insatisfaction s'est exprimée notamment dans une recension de la révision par André Guyaux de l'édition de Suzanne Bernard [1] (l'une des meilleures éditions et en tout cas une édition qui, pour 1960, était ambitieuse et très scrupuleuse) ; du côté positif et constructeur, nous avons pu exhumer quelques documents oubliés (personne ne savait que la bibliothèque municipale de Charleville disposait d'une photographie de la version Izambard de *Venus Anadyomène*, la photographie étant mentionnée dans le catalogue sans que personne n'ait vérifié de quelle version il s'agissait ; on avait oublié la reproduction de la version Berès « La rivière de cassis [...] » dans un article de Louis Thibaux) ou inaccessibles (dans des détritus tombés derrière les rayons de la Grande Réserve du fonds Rimbaud, nous avons

---

1. Révision publiée dans la célèbre collection « Classiques Garnier » en 1981. Notre recension a été publiée dans *Rimbaud vivant*, n° 22, 1983.

trouvé deux pages poussiéreuses, inédites en fac-similé, de la lettre de mai 1873 à Delahaye). Mais nous résistions à l'idée d'éditer ces documents et Jean-Pierre Chambon nous objectait à l'époque, avec raison, que le geste éditorial était indispensable : il ne suffisait pas de proposer des documents.

Or lorsque nous commencions nos recherches, à la fin des années 1970, nous avons été profondément influencé par le retour à la philologie opéré avec le succès que l'on sait par André Guyaux[2], puis par un livre qui nous semble avoir eu une influence au moins aussi décisive pour l'édition de l'œuvre de Rimbaud, *Rimbaud, projets et réalisations* de Pierre Brunel[3]. André Guyaux a montré tout ce que l'on pouvait tirer d'une analyse philologique et codicologique attentive des manuscrits des *Illuminations*, mais aussi des brouillons d'*Une saison en enfer* et des proses dites évangéliques ; Pierre Brunel a proposé une vision d'ensemble du parcours poétique de Rimbaud, véritable programme pour des travaux d'édition raisonnés, comme ceux de Jean-Luc Steinmetz[4], ceux de Pierre Brunel lui-même[5], et ceux que nous avons fini par (ou... commencé à) publier[6].

Si nous avons admis la nécessité de ce « geste éditorial », c'est surtout que nous ressentions amèrement l'absence de deux instruments de travail indispensables pour notre propre recherche, absence qui nous paraissait passablement surprenante : il n'existait aucun volume regroupant les reproductions des manuscrits de Rimbaud ; on ne trouvait aucune édition rassemblant toutes les versions de chaque poème en vers du poète. Lorsque nous avons proposé aux éditions Honoré Champion de combler ces lacunes, la réponse était positive, mais à condition d'éditer les œuvres complètes, projet que nous n'avons pas encore mené à terme et qui exigeait certaines compétences que nous ne possédions pas, ce qui explique que nous ayons demandé à George Hugo Tucker de nous aider en annotant et en traduisant les textes latins, à Danielle Bandelier de s'occuper de *Charles d'Orléans à Louis XI*, sans parler d'autres collaborateurs dont les connaissances nous ont été précieuses, en particulier Christophe Bataillé et Jean-Jacques Lefrère...

---

2. *Poétique du fragment, essai sur les* Illuminations *de Rimbaud* et édition critique des *Illuminations*, Neuchâtel, La Baconnière, 1985.
3. Champion, 1983.
4. Garnier-Flammarion, 1989, 3 volumes.
5. Pochothèque, 1999.
6. Champion, t. 1, 1999, t. 4, 2002.

Dans les pages qui suivent, nous essayerons de revenir sur un certain nombre de problèmes d'édition importants, en en passant forcément sous silence d'autres, comme le traitement de la disposition graphique des vers polymétriques ou « libres ». Il s'agira parfois de montrer qu'on a mal choisi mais dans bien des cas, nous voudrions plutôt rappeler qu'aucun choix ne s'impose et que l'éditeur se trouvera obligé de trancher, faute de pouvoir proposer simultanément plusieurs solutions (choix qui est cependant envisageable si l'on accepte d'abandonner le support papier en faveur d'une solution électronique).

Nous tenons à rappeler une évidence que certaines formulations influentes ont pu occulter : il n'existe aucune frontière nette entre la philologie comme science technique – on serait tenté d'ajouter : « dure » – et l'interprétation, considérée moins comme une science molle que comme une démarche indéfectiblement subjective, happée par le parti-pris idéologique, l'arbitraire, le Mythe. La philologie ne peut se passer d'actes d'interprétation portant sur des leçons imprimées ou manuscrites obscures, bien au contraire, et inversement, l'interprétation historique et lexicale peut aboutir dans certaines conditions à des conclusions imparables. Pour cette raison, nous tenterons de montrer à quel point les deux démarches peuvent entrer en interférence, ou au contraire se compléter et s'alimenter.

Choix ponctuels : déchiffrer, corriger

Il faut d'abord déchiffrer des manuscrits. Plutôt que d'aborder les brouillons d'*Une saison en enfer*, pour lesquels les différences entre les éditions sont énormes, nous nous limiterons à des textes qui ne sont que localement illisibles, ou dont certains passages ont pu être mal lus.

Pour *Les Poètes de sept ans*, nous avions été depuis longtemps frappé par le vers donné par les éditions : « Forêts, soleils, *rives*, savanes ! – Il s'aidait » (c'est nous qui soulignons). Comme l'avait montré Benoît de Cornulier [7], il s'agissait du seul vers de Rimbaud avant les poèmes de 1872(-1873 ?) à comporter un *e* féminin avant la césure, « césure lyrique » isolée et, somme toute, étrange. Du coup, en ayant l'occasion de consulter une reproduction du manuscrit lors de sa mise en vente en 1998, nous avons tout de suite vérifié

7. *Théorie du vers : Rimbaud, Verlaine, Mallarmé*, Éditions du Seuil, 1982.

ce vers, pour trouver qu'il présentait la leçon « Forêts, soleils, *rios, savanes* ! – Il s'aidait ». Bref, ce manuscrit contrôlé à plusieurs reprises avait été mal lu, alors qu'un métricien aurait immédiatement vérifié cet endroit du poème, tant la conformation interne du vers était atypique.

Dans toutes les éditions avant la nôtre, on trouve pour *Le Bateau ivre* la leçon « Dévorant les azurs *verts* », ce qui suppose une équivoque chromatique, un peu comme lorsque Rimbaud évoque « l'azur qui est du noir » [8] ou « l'azur noir » (*Ce qu'on dit au Poète à propos de fleurs*). Or le manuscrit comporte la leçon « Dévorant les azurs *vers* ». Leçon certes plus étrange (pourtant on ferait fausse route si l'on s'attendait uniquement au convenu chez Rimbaud !), mais cette dévoration d'une mer (mère ?) lactescente, reflet assez freudien de la Voie lactée, se fait dans « le Poème/De la Mer » qui, en tant que poème, peut contenir des vers. D'autant que la césure « azurs + vers » peut attirer l'attention sur l'équivalence entre ces « vers » et l'azur qu'est la poésie, comme lorsque Rimbaud, ironisant sur *Les Glaneuses* de Demeny, imagine de vendre l'exemplaire d'Izambard puisque quelques collégiens pourraient s'amuser à « bricoler dans ces azurs-là ». On n'ignore du reste pas l'expression « prendre un bain d'azur », qui veut dire se livrer à l'inspiration poétique, comme le fait le sujet lyrique du poème. Objectera-t-on que cette césure entre deux substantifs ferait désordre ? Peut-être, mais dans *Les Douaniers* on trouve la césure « l'azur + frontière », d'autant plus percutante que la césure est justement ici une *frontière* agressée symboliquement par la versification rimbaldienne [9]. Mais pour la plupart des éditeurs, il ne peut s'agir que d'une erreur et, pour une fois, ils adoptent une leçon fournie par *Les Poètes maudits*, alors qu'en général ils postulent le caractère aléatoire des textes imprimés par Verlaine (on y reviendra). On n'a cependant pas trouvé d'exemples d'erreurs grossières d'ordre sémantique dans les transcriptions de Verlaine, les principales difficultés affectant l'emploi de consonnes doubles (le seul exemple vraiment important sémantiquement étant le choix éditorial entre *souffraient* ou *soufraient* dans *Les Premières Communions*).

Parfois, les éditeurs offrent une leçon qui est tout à fait exclue par le manuscrit abordé, comme lorsqu'on propose, aujourd'hui

8. Éd. Brunel, citée, p. 432.
9. Le mot *frontière* fait partie des métaphores courantes à l'époque pour désigner les fonctions de la césure, comme dans les discours des métriciens d'aujourd'hui.

encore, après la publication d'un fac-similé, l'expression « chinois à bedaines » pour *L'homme juste*. Cette solution est cependant graphologiquement impossible. Le manuscrit, autographe, mutilé de ses vingt premiers vers, se termine sur deux quintils ajoutés par Rimbaud dans une écriture que nous qualifierions de cacographique, avec un certain nombre d'inadvertances, le vers litigieux se lisant ainsi, avec un passage illisible indiqué ici par des crochets : « – J'exèxre [*sic*] tous ces ces [*sic*] yeux de chinois [...]aines ». Moment de fureur de Rimbaud, crachant son fiel en pensant à la conduite de Hugo après la Semaine sanglante ? C'est possible, mais bien que la Bibliothèque nationale de France n'ait pas encore autorisé une expertise portant sur d'éventuelles traces d'absinthe dont le manuscrit serait imprégné, nous serions tenté de penser que Rimbaud était éméché en les inscrivant. En attendant de trouver d'autres documents (vœu utopique ?) ou que quelque chercheur trouve une solution, il paraît plus raisonnable de ne donner aucune leçon que de proposer *bedaines* ou *fredaines* en se prévalant de leur possible justesse contextuelle : ce sont des lectures que l'on pourrait certes justifier sémantiquement, mais lorsqu'on consulte le manuscrit, on est obligé de les écarter.

En explorant l'histoire des éditions rimbaldiennes, on tombe parfois sur des comportements curieux. Il est assez étonnant de trouver en 2004 la leçon « Tibet/ D'eau propre » dans un « coppée » de l'*Album zutique*. L'histoire de cette leçon est simple. En publiant le poème pour la première fois, Pascal Pia n'a pu lui-même collationner le texte, n'ayant accès qu'à une transcription faite par le propriétaire du document. Suzanne Bernard, lors de la publication de son édition dans la collection « Classiques Garnier », en 1960, a dû se contenter du même texte. Peu après, Pascal Pia a publié son édition fac-similaire de l'*Album zutique* et il a pu corriger l'erreur puisque la leçon graphologiquement indiscutable est « Filet/ D'eau propre ». Tous les éditeurs sérieux ont opéré cette modification qui correspondait à la logique coppéenne de la parodie, à l'exception d'André Guyaux dans sa révision, en 1981, vraisemblablement par inadvertance puisque sa révision faisait montre d'un intérêt médiocre pour l'établissement du texte des poèmes zutiques. Quoi qu'il en soit, après notre recension qui critiquait ces imperfections de l'édition, André Guyaux sortait une édition révisée avec l'indication « D'aucuns lisent *Filet*, à tort je crois » (1983), indication abrégée dans une troisième version (1987) « D'aucuns lisent *Filet* » (formulation maintenue dans la quatrième en 1991) ; dans la cinquième version révisée (2000), la note a disparu entièrement, enlevant toute possibilité pour le lecteur non prévenu de découvrir qu'il se trouvait devant une leçon aberrante.

Ce même phénomène apparaît pour un trait de ponctuation dans *Enfance* (*Les Illuminations*), où la leçon habituelle « enfantes et géantes, superbes noires dans la mousse vert-de-gris » devient dans la même édition Garnier « enfantes et géantes, superbes, noires dans la mousse vert-de-gris » ; l'expression « superbes noires » est modifiée d'une façon significative. En 1981 comme en 1983, aucune note ne signale cette modification qui restera donc invisible pour bien des lecteurs. Dans son édition critique de 1985, André Guyaux indique : « Il faut peut-être une virgule après *superbes* : en fin de ligne, arrivant au bord du feuillet, le mot s'abrège et le *s* et la virgule ne sont plus qu'une vague courbe liée au *e* » – formulation qui après avoir envisagé l'éventuelle absence de virgule, tend à en supposer la présence. Dans le tirage de 1987 de l'édition Garnier, André Guyaux revient en arrière, dans ce qu'on ne peut pour autant interpréter comme une répudiation de son propre ajout de cette virgule toute virtuelle : « Pas de virgule après *superbes*, en fin de ligne ; il n'est pas sûr qu'il faille la suppléer », formulation qui peut laisser penser que d'autres éditeurs, moins scrupuleux, suppléaient imprudemment cette virgule. Mais que dire de la version de 1991, maintenue en 2000, sinon que l'éditeur réécrit l'histoire de cette leçon pour s'en dédouaner : « Faut-il, *comme le font la plupart des éditeurs*, ajouter une virgule après *superbes*? » (nous soulignons). Non seulement la plupart des éditeurs ne l'ont pas fait, mais ce sont précisément ceux qui ont suivi docilement le texte qu'André Guyaux avait lui-même établi qui ajoutaient cette virgule, dont il avait été, si l'on peut dire, l'inventeur. Nous n'envisagerons pas ici les « corrections » proposées pour des passages de *Villes* (« L'acropole officielle [...] »), *Métropolitain* et *Soir historique*, dans la mesure où l'éditeur a fini par abandonner deux de ces modifications arbitraires et que l'autre, la plus étonnante, déforme le texte d'une manière trop évidente pour que l'on ait besoin d'y insister [10].

Mais que faut-il faire pour l'orthographe rimbaldienne et, surtout, verlainienne? On hésite souvent, offrant à la fois, dans bien des éditions, les orthographes *rythmes* et *rhythmes*, alors que seule la seconde orthographe est employée par les deux poètes. Dans bien des cas, les emplois atypiques de consonnes doubles ou simples (*abatis, ribote, gifflés, tremblotte...*) se trouvent chez bien d'autres poètes de l'époque, comme Baudelaire, Mallarmé, Corbière, Laforgue ou

---

10. La troisième, qui a été maintenu, et que défendait Albert Henry, a été réfutée à plusieurs reprises, notamment par Roger Little, Antoine Fongaro et Benoît de Cornulier.

même Pierquin, la notion de « fautes » d'orthographe étant à nuancer compte tenu de l'usage effectif de l'époque, y compris chez des poètes sérieux, et des divergences entre les consignes fournies par les principaux dictionnaires contemporains. Nous avons préféré, dans notre édition, respecter autant qu'il était possible les orthographes de départ, mais il s'agit d'une question délicate et entre l'édition critique qui « corrige » tout et l'édition diplomatique qui « conserve » tout, nous avons adopté une route sans doute plus capricante, et probablement moins scientifique...

Versions

Parmi les problèmes auxquels doit s'affronter tout éditeur de Rimbaud, l'un des plus épineux est le choix des versions qu'il convient de présenter au lecteur. Jusqu'à une date récente, la tradition consistait à ne donner qu'une version de chaque poème, la seule exception étant que l'on avait l'habitude de donner certains poèmes à la fois en recourant à une version manuscrite de 1872 et en utilisant la version imprimée l'année suivante dans *Une saison en enfer*. L'édition de Jean-Luc Steinmetz et surtout celle de Pierre Brunel ont considérablement augmenté le nombre de versions fournies [11]. Pour notre part, nous avons essayé de donner pour la première fois toutes les versions connues des poèmes en vers [12]. Cette décision n'allait pas de soi, certains éditeurs estimant qu'une version sélectionnée en vertu de critères philologiques, avec une provision de variantes, était non seulement suffisante, mais philologiquement préférable. Et dans certaines recensions de notre volume, l'utilité et la nouveauté de cette démarche n'ont guère été admises. Il n'empêche que dès lors que l'on espère explorer l'évolution des stratégies poétiques de Rimbaud, la possibilité de lire les versions intégrales permet de repérer des différences décisives qui passaient inaperçues pour le chercheur qui s'en tenait aux éditions « universionnelles », et de se faire une idée plus juste des différentes étapes de l'œuvre. En général, les éditeurs ne travaillent pas librement, les maisons d'édition leur imposant des contraintes spécifiques quant à la provision de variantes et s'opposant à l'impression de plus d'une version d'un poème [13].

11. Éditions citées.
12. Édition citée, t. I.
13. Précisons cependant que grâce à la grande ouverture d'esprit scientifique de Monsieur Claude Blum, nous avons pu travailler dans une très grande liberté pour notre édition.

Aucun éditeur n'a su fournir toutes les variantes de toutes les versions des textes : Frédéric Eigeldinger et Gérald Schaeffer avaient accompli un geste décisif en essayant d'y parvenir [14], mais leur recherche, ambitieuse et féconde, a été en partie compromise par le fait qu'aucune recherche de fond n'avait été consacrée à l'identification du nombre de versions autonomes des poèmes en vers depuis les recherches d'Henry de Bouillane de Lacoste et Pierre Petitfils [15], lesquels avaient abouti à des conclusions philologiques erronées (pour Bouillane de Lacoste, les erreurs reposaient souvent sur l'idée suivant laquelle Verlaine avait reconstitué de mémoire des versions; pour Pierre Petitfils, le travail sur les manuscrits a été amené d'une manière historique et biographique, mais sans véritable travail de comparaison philologique, d'où quelques erreurs importantes). Avant de revenir sur les difficultés de ce repérage préalable des versions qu'il fallait prendre en compte, on peut noter que dans l'édition si minutieuse d'Eigeldinger et Schaeffer, dont nous avons plus d'une fois vanté les mérites, certaines pages sont si remplies de variantes que leur perception devient problématique. Pour des textes comme *Les Effarés* ou *Comédie de la Soif*, le lecteur est incapable de se créer mentalement une image globale des versions non reproduites, ou plutôt reproduites de manière fragmentaire, avec ce paradoxe : plus l'éditeur fournit de variantes, moins son lecteur ne sera en mesure de percevoir les versions non reproduites, tant sa perception sera encombrée de détails privés de leur cadre.

Il faut insister sur l'interférence des critères philologiques : souvent, on n'a pas vraiment de raison de privilégier une version face aux autres. On choisit tantôt *Le Cœur du pitre*, dernière version autographe, tantôt *Le Cœur volé*, dernière version, mais connue par un allographe, en l'occurrence une copie par Verlaine. Pour les poèmes de 1872(-1873?), on donne généralement les versions que Rimbaud a données ou confiées à Forain et à Richepin, plutôt que leurs homologues qui ont appartenu à Verlaine, parce que celles-ci sont majoritairement inaccessibles en reproduction, se trouvant dans la collection Pierre Berès. Mais maintenant que *Patience* (version plus tardive du poème mieux connu sous le titre *Bannières de mai*) est disponible en fac-similé, comme les versions Berès de « La rivière

---

14. Arthur Rimbaud, *Poésies 1869-1872*, La Baconnière, 1981.
15. H. de Bouillane de Lacoste, éditions critiques de *Poésies* et des *Illuminations*, Mercure de France, 1939 et 1949 respectivement; P. Petitfils, « Les manuscrits de Rimbaud », *Études rimbaldiennes*, 2, 1970.

de cassis... » et « Loin des oiseaux... », ce sont les dernières versions autographes accessibles que la critique risque de privilégier.

Mais en vérité, il fallait bien qu'il existe au moins une édition présentant toutes les versions. Cette option, qui ne semble pas avoir été jugée opportune par certains commentateurs, nous l'avons dit, est cependant indispensable et Claude Pichois et Jacques Dupont ont entrepris de mener à bien une opération du même type, mais bien plus ambitieuse compte tenu de l'importance du corpus et du nombre des versions, pour *Les Fleurs du Mal* (à paraître également aux éditions Honoré Champion). Cela permet d'effectuer des comparaisons exhaustives entre les versions et de procéder à la datation justement comparative des versions (ce qui n'est pas chose facile pour des poèmes comme *Ophélie* ou *Première soirée* où l'ordre des trois versions suppose une analyse détaillée des divergences textuelles). Les enjeux de ces comparaisons peuvent être stylistiques (on notera par exemple l'évolution de certains poèmes de 1870 où les premières versions sont très exclamatives, les moutures plus tardives atténuant cette tendance ; une année plus tard, les deux versions du *Bateau ivre* s'écartent considérablement sur ce plan) et cette démarche permet souvent de porter un regard nouveau sur la versification de Rimbaud (le brouillon d'« Ô saisons, ô châteaux... », montre que Rimbaud a d'abord pensé donner un poème isométrique, en vers de 7 syllabes uniquement, avant de trouver, presque par accident peut-être – « serendipity »... – la formule « Ô saisons, ô châteaux... » qui semble lui avoir tant plu qu'il en a tiré une nouvelle version, profondément modifiée, pour donner à ces mots un statut de refrain) ou sur l'évolution de ses convictions politiques (pour *À la Musique*, la version Izambard présente un portrait satirique des habitants bourgeois de Charleville écoutant la musique des valses – danse allemande – et fumant la pipe allemande, tout en dessinant dans le sable des cartes montrant la victoire rapide que la France impériale est censée remporter contre la Prusse ; la version Demeny, après la déclaration de la République, transforme l'enjeu des frontières, le rapport avec l'Allemagne étant remplacé par des allusions à la Belgique et à la contrebande : défaitiste tant que la guerre opposait l'Empire à la Prusse, Rimbaud préconise la résistance militaire dès que la Prusse menace de renverser la République). Il faut sans doute insister sur un fait que la critique génétique a mis amplement en évidence : on ne peut simplement présupposer la « supériorité » de la dernière version d'un texte, ne serait-ce que parce que les modifications peuvent parfois découler non pas d'« améliorations » expressives, mais de refontes dues à des considérations pragmatiques (comme c'est en partie le cas pour *À la*

Musique, on vient de le voir). D'autre part, la notion même de « version définitive » se révèle souvent inopérante devant cette œuvre laissée à l'état de vestiges, où nous ne disposons sans doute pas de la dernière version d'un nombre considérable de poèmes. Chez Rimbaud, chaque stade d'un texte a son intérêt esthétique et il s'agit généralement de textes « provisoirement définitifs » puisqu'on possède, pour son œuvre, peu de brouillons.

Il a fallu procéder à une véritable enquête policière pour identifier certaines versions ; nous avons essayé de fournir toutes les informations accessibles concernant la transmission des manuscrits (et un certain nombre de renseignements inédits, grâce à des recherches dans des catalogues de vente, des entretiens avec des collectionneurs, etc.), puis de montrer la relation entre les manuscrits connus et leurs états imprimés, ce qui a permis parfois de montrer que tel autographe ou allographe considéré comme la source d'une version imprimée était inaccessible au moment de sa publication, le texte reposant donc sur une source distincte. Pour l'essentiel, – l'exception étant évidemment la découverte retentissante d'une version de *Mémoire* intitulée *Famille maudite* – on n'a pas découvert de nouvelles versions de poèmes depuis longtemps ; dans beaucoup de cas, des versions authentiques ont pu cependant être déconsidérées. Il fallait à tout prix donner une vision claire des versions, de leurs localisations, de leurs états imprimés et, le cas échéant, des filiations en quelque sorte des versions.

Avant d'aborder cet oubli de versions importantes, soulevons cependant la question des versions apocryphes. Lors de la même vente où l'on a dévoilé l'existence de l'autographe authentique de *Famille maudite,* on a présenté une copie par Verlaine d'*Oraison du soir...* qui n'était en réalité qu'un décalque à partir du volume de fac-similés publiés par l'éditeur Albert Messein en 1919, comme nous l'avons fait remarquer à l'expert, M. Alain Nicolas, qui a été très étonné de cette démonstration, deux chercheurs expérimentés ayant certifié l'authenticité du document concerné sans témoigner de la moindre hésitation ; le manuscrit a été retiré de la vente. Dans le même ordre d'idées (mais l'affaire était autrement complexe), on a pu pendant longtemps tenir pour authentique un manuscrit de *Fêtes de la faim* conservé à la Fondation Martin Bodmer, à Cologny, lequel avait appartenu au collectionneur Henri Matarasso, mais nous avons pu établir, sur la base d'un raisonnement philologique, qu'il s'agissait d'un faux ; nous avions terminé la rédaction d'un article à ce sujet lorsque Gérard Martin nous a informé de la prochaine mise en vente d'un manuscrit du même poème. Nous avons conclu à l'authenticité du document et le Musée-Bibliothèque

Arthur Rimbaud de Charleville-Mézières l'a acheté, ce qui a permis de montrer que les modifications visibles dans la photographie Messein de 1919 étaient bel et bien autographes et nullement l'invention d'un faussaire ou des interventions aléatoires comme on le croyait[16]. On mentionnera aussi, mais pour les écarter péremptoirement, les versions de *Première soirée* et de *Bal des pendus* alléguées par Alain Borer et Claude Jeancolas respectivement, versions qui ne s'expliquent que par une reproduction imparfaite des versions autographes du recueil Demeny de ces deux poèmes[17].

Rodolphe Darzens parlait déjà en 1889 de non moins de trois versions différentes des *Effarés*. Nous avons pu en présenter six, dont certaines étaient généralement passées sous silence par les éditeurs. Par chance, nous avons pu consulter une copie par Verlaine qui n'avait jamais été mentionnée. D'autre part, nous avons tenu à inclure la version très étrange intitulée *Petits Pauvres* publiée en Angleterre dans *The Gentleman's Magazine* en 1878. On avait toujours vu dans cette version un texte expurgé pour le rendre plus édifiant, mais si vraiment on avait voulu censurer le poème, on s'y serait pris autrement, sans laisser subsister des éléments scabreux explicites. En l'absence d'une explication pleinement convaincante des caractéristiques de cette version, il paraissait donc prudent de rendre le texte accessible au lecteur. Mais nous avons également donné la version des *Effarés* imprimée par Verlaine dans *Les Poètes maudits*. Version moins étonnante certes que la précédente, mais la revue *Lutèce* fournissait une version disposée non pas en série de tercets appariés rimiquement, mais en série de sizains. Bien que certaines éditions aient fourni quelques variantes de cette version, notre décision pouvait paraître contestable. Nous avons argumenté en faveur de la plausibilité métrique de ce formatage graphique en sizains. D'autre part, il nous paraissait certain que tous les poèmes de Rimbaud imprimés intégralement par Verlaine dans *Les Poètes maudits* reposaient sur des autographes. Bouillane de Lacoste avait cru le contraire, pariant sur la reconstitution de mémoire de ces poèmes, avant de devoir nuancer cette explication devant la découverte des autographes de *Voyelles* et d'*Oraison du soir* ayant appartenu respectivement à Blémont et à Valade. Depuis la publication de notre édition, deux découvertes ont eu lieu qui ne manquent pas de

16. Voir notre article « L'autographe et son double : *Fêtes de la faim* de Rimbaud », *Travaux de Littérature*, XI, 1998, p. 293-314
17. Voir l'édition Borer, Arthur Rimbaud, *L'Œuvre-vie*, Arléa, 1991 et le coffret Rimbaud, *L'Œuvre intégrale manuscrite*, Textuel, 1996.

conforter notre analyse : d'une part, Jean-Didier Wagneur a trouvé un article où au cours de ses réminiscences au sujet des Vilains Bonshommes, et plus spécifiquement de Rimbaud, Armand Silvestre reproduit à quelques menues variantes près la version des *Poètes maudits* en indiquant qu'il se sert d'une version « manuscrite » du poème ; d'autre part, on a trouvé dans une collection américaine un manuscrit allographe du poème, d'une écriture qu'on n'a pour l'instant pas su identifier, disposé en sizains qui a peut-être été conservé précisément parce qu'il s'agissait d'un vieux manuscrit appartenant à Silvestre [18]. Mais il faut aller bien plus loin : dans le même chapitre anthologique de Verlaine, on trouve des versions des *Assis* et du *Bateau ivre*, versions peut-être éditées imparfaitement, mais à partir sans aucun doute de manuscrits qui ne pouvaient être ceux des transcriptions de Verlaine connues aujourd'hui. Pour *Le Bateau ivre* (ou *Bateau ivre* dans cette version), la stratégie de ponctuation est tout à fait différente, et fort intéressante, ce qui confirme l'autonomie de la version. Disposer de deux versions du *Bateau ivre*, ce n'est pas rien, même si la variance sémantique est très limitée, mais la plupart des éditions ne laissent pas soupçonner une autre version que la copie verlainienne célèbre. On ajoutera que la version de *Tête de faune* publiée dans le chapitre « Pauvre Lelian » semble bien être une version authentique, en tout état de cause antérieure à la copie de Verlaine dans son recueil de fin 1871-début 1872 [19]. Les deux strophes du *Cœur volé* dévoilées par le même chapitre ne peuvent remonter aux trois manuscrits connus du poème : il s'agit d'une version distincte, ou plutôt de ce qui en reste. Notons enfin que les deux strophes des *Chercheuses de poux* reproduites par Félicien Champsaur dans son roman à clefs *Dinah Samuel* (1882) sont sûrement fondées sur un manuscrit réel, et peut-être sur le manuscrit qui manque au recueil Verlaine ; pour ce poème, on a en revanche parfaitement admis la valeur du texte des *Poètes maudits*, faute d'autographe ou de version allographe manuscrite permettant de le déconsidérer…

---

18. J.-D. Wagneur, « Les "Vilains Bonshommes" : un témoignage d'Armand Silvestre », *Revue Verlaine*, 9, 2004, p. 238-240 et Jean-Jacques Lefrère, Steve Murphy, Michel Pierssens et Pierre Leroy, « Nouveaux documents sur Rimbaud », *Histoires littéraires*, plaquette hors série, 2001.
19. Notre hypothèse de l'authenticité de cette version a été fortement corroborée par Marc Dominicy dans son étude « *Tête de faune* ou les règles d'une exception », *Parade sauvage*, 15, 1998, p. 109-188.

Le domaine du paratextuel

Dans la poésie en général, la zone « paratextuelle » est marquée souvent par des manœuvres pragmatiques de l'auteur : titres, sous-titres, dédicaces et épigraphes, localisations et datations, signatures, bref tout un ensemble de données que l'éditeur doit prendre en considération, mais qu'il a souvent du mal à présenter au lecteur de manière cohérente.

C'est le cas en particulier pour les « dédicaces ». Dans la plupart des éditions, on trouve deux poèmes pourvus de dédicaces, *Ce qu'on dit au Poète à propos de fleurs* et *Les Poètes de sept ans*, le premier étant dédié à Banville, le second à Demeny. Il existe aussi une version des *Effarés* dédiée à Jean Aicard, mais peu d'éditions la fournissent. Alors cependant que la dédicace à Aicard va de soi, nous avons cru devoir relever le caractère incertain des dédicaces à Banville et à Demeny. Or dans la plupart des manuscrits de poèmes dédiés, la dédicace se trouve après le titre et avant le premier vers, comme c'est le cas pour la dédicace vraisemblablement opportuniste (et programmée comme phénomène très provisoire!) à Aicard, tandis que pour Banville et Demeny, les prétendues dédicaces sont placées avant le titre. En réalité, il s'agit de poèmes situés au début de deux lettres, sans qu'il y ait de « cadre » épistolaire avant l'inclusion des poèmes en question et Rimbaud commence généralement sur une formule de ce type, sans que cette entrée en matière ne débouche sur un poème. Pour *Ce qu'on dit au Poète...*, le manuscrit était depuis longtemps accessible ; pour *Les Poètes de sept ans*, nous avons relevé cette difficulté en nous fiant à des notes portant sur le manuscrit prises par Alfred Saffrey, l'accès au document confirmant plus récemment que la question se posait dans les mêmes termes pour les deux poèmes. Nous serions cependant loin d'écarter péremptoirement la valeur potentielle de dédicaces de ces inscriptions puisqu'il nous semble, au contraire, que Rimbaud a volontairement joué ici sur l'ambiguïté de son geste. Le destinataire peut très bien se dire que le poème lui est dédicacé ; le destinateur peut non moins commodément reconnaître une telle intention ou au contraire la nier. Dans les deux cas, les lettres de Rimbaud attestent une relation ambivalente au poète qu'il juge digne et indigne à la fois de l'envoi de ses poèmes, les deux textes ayant un rapport virtuellement négatif à leurs « bénéficiaires » : Demeny n'avait sans doute jamais été un « poète de sept ans » (ni même un poète, aux yeux de Rimbaud, du moins sa lettre à Izambard de juillet 1871 permet une telle supposition pour cette période, quoi qu'il en ait pensé en septembre-octobre 1870) ; Banville est gratifié de ce don d'un poème d'une manière d'autant plus équivoque que la formulation « *À Monsieur Théodore de Banville* » est suivie immédiatement par un autre « datif », *Ce qu'on dit au Poète à propos de fleurs*, le poème et le discours étant tous deux des cadeaux empoisonnés.

Pour les signatures du poète, on pourrait penser que le problème était somme toute négligeable. En réalité, on peut trouver au moins un poème qui assigne un rôle ludique à la signature, même si cet aspect du poème n'était sans doute pas destiné à être conservé dans une version publiée du poème. Dans *Le Châtiment de Tartufe*, en effet, la reprise d'un scénario des *Châtiments* de Hugo, montrant que Tartufe n'est pas le personnage de Molière mais l'empereur Napoléon III, et que le Méchant est Hugo (les « mots affreux » sont ceux des *Châtiments*, précisément, mot mis en vedette dans le titre comme au début du premier tercet, moment crucial dans un sonnet), est confirmée par un acrostiche (imparfait, les trois premiers et les trois derniers vers n'étant pas utilisés), les lettres capitales en attaque des vers 4-11 donnant les majuscules JULES CES, complétées par les initiales de Rimbaud : AR ; JULES CESAR (voir *Rages de Césars*, portant justement sur Napoléon III) est un autre déguisement de l'Empereur, la citation de Molière « Tartufe était nu du haut jusques en bas » révélant ainsi sa portée métatextuelle, l'acrostiche mettant un nom à nu verticalement, *du haut jusques en bas* (même s'il s'agit en fait d'un nouveau déguisement... transparent) [20]. Nous approuvons donc la démarche de ceux qui, comme Pierre Brunel, reproduisent les signatures de Rimbaud, même si la démarche inverse reste tout à fait compréhensible et justifiable.

On doit ajouter une troisième catégorie, celle des titres, sous-titres et surtitres. Pour *Ma Bohême (Fantaisie)*, il est déjà difficile de définir le statut de « (Fantaisie) », de même que pour *L'éclatante victoire de Sarrebrück*, la frontière entre titre et sous-titre est indécise (on peut même se demander si Rimbaud concevait en ces termes cette disposition) ; pour *Au Cabaret-Vert, cinq heures du soir*, l'indication temporelle nous semble avoir été ajoutée pour désigner un moment et un lieu, privilégiés dans un seul et même geste, l'ensemble constituant un titre et non un titre suivi d'un sous-titre. Dans le cas de *Patience*, la reproduction du manuscrit montre que la mention « D'un été » ne fait pas partie du titre, encore que son statut demeure énigmatique. Mais il faut également tenir compte de surtitres. Dans l'*Album zutique*, ce phénomène apparaît à deux

---

20. Nous avons fourni une analyse plus complète de ce sonnet dans *Rimbaud et la ménagerie impériale*, CNRS/Presses Universitaires de Lyon, 1991.

reprises lorsque Rimbaud désigne les titres de recueils avec lesquels ses propres poèmes entretiennent une relation parodique, *L'Idole* (pour le *Sonnet du Trou du Cul*) et *Les Lèvres closes* (pour *Vu à Rome*). Dans les deux cas, Rimbaud a inscrit ces surtitres en caractères plus petits que les titres qui les suivent ; les éditeurs, souvent, accomplissent la démarche typographique inverse, mettant les surtitres en caractères plus gros, leur analyse les ayant incité à voir dans ces surtitres les vrais titres du poème, à tort. Nous pensons que c'est un phénomène très proche qui explique les deux indications « d'Edgar Poe » et « Famille maudite », la seconde mention étant le vrai titre, un trait de séparation soulignant cette distinction entre deux statuts paratextuels. Il faudrait aussi évoquer, ne serait-ce que brièvement, la question du titre *Illuminations* que l'on trouve dans la plupart des éditions, généralement privé des sous-titres « painted plates » ou « coloured plates » invoqués par Verlaine. Or le recueil a été publié sous le titre *Les Illuminations*, Bouillane de Lacoste ayant par la suite supprimé l'article défini en se prévalant du recours de Rimbaud à un mot anglais. Nous penchant récemment sur les arguments en faveur de cette suppression, et principalement sur celles d'André Guyaux, nous avons été amené à inférer que la logique des attestations (*La Vogue*, Verlaine...) imposait que l'on restitue l'article défini pour revenir au titre initial : *Les Illuminations*[21].

Questions de datation

Pour parvenir à une vision juste de l'évolution poétique de Rimbaud, on a besoin de faire avancer la connaissance des dates de composition des textes de Rimbaud, question qui a donné lieu à d'âpres débats, en particulier en ce qui concerne *Les Illuminations*.

Le problème se pose avec une acuité particulière pour les poèmes en vers, puisque la tradition éditoriale a consisté jusqu'à une date récente à les publier selon un ordre (censément) chronologique.

Pour les poèmes du recueil Demeny, le débat a été très tôt faussé par la publication en 1919 d'un recueil de fac-similés, le volume Messein déjà mentionné, publié avec une préface de Paterne Berrichon. Le recueil Demeny se trouvait scindé en deux sections et à l'exception de « Morts de quatre-vingt-douze... », tous les textes datés se trouvaient rangés dans leur ordre chronologique. Cet ordre

---

21. Voir notre article « *Illuminations* ou *Les Illuminations* », *Parade sauvage*, 20, 2004.

a été interprété comme la preuve de l'organisation chronologique, précisément, du recueil, l'exception s'expliquant, croyait-on, par la nature symbolique de la datation de « Morts de quatre-vingt-douze... », le 3 septembre, à Mazas, inscrivant Rimbaud dans une situation de prisonnier politique symbolique, dénonçant la débâcle du régime impérial à Sedan, la veille, et annonçant l'avènement de la République, le lendemain. En réalité, cet ordre n'était pas celui du recueil, mais un agencement concocté par Berrichon en fonction de datations effectives de certains de ces documents, mais aussi de simples hypothèses, celles principalement de Delahaye et à un moindre degré d'Izambard ; à défaut de documents ou de témoignages, Berrichon se fiait à ses propres intuitions. Ignorant ce fondement aléatoire du traitement des manuscrits, la critique a vite fait de déduire la datation de poèmes de leur emplacement dans le volume. On a ainsi reconnu dans *Le Châtiment de Tartufe* et *Bal des pendus* des poèmes scolaires, datant sans doute du printemps de l'année 1870, leurs positions respectives dans le recueil semblant confirmer les hypothèses traditionnelles fondées sur leur intertextualité voyante, alors que c'était cette intertextualité qui expliquait la place donnée aux poèmes par Berrichon. Participant allégrement à ce va-et-vient tautologique, les exégètes rimbaldiens n'ont pas manqué de faire des deux poèmes de simples exercices scolaires, ce qui les a incités à les lire d'une manière superficielle, puisqu'il s'agissait en principe d'œuvres de l'immaturité poétique de Rimbaud. On a ainsi raté les suggestions obscènes assez manifestes des deux poèmes, ainsi que leurs rapports avec la caricature et la parole polémique républicaines. Et les formes ludiques de l'intertextualité de ces poèmes a été elle-même complètement méconnue, la critique se montrant insensible aux écarts significatifs des textes rimbaldiens face aux leurs intertextes (Tartufe, chez Rimbaud, diverge en effet tant du Tartuffe de Molière que cette différence appelle l'interprétation ; les pendus, chez Rimbaud, ne sont pas des pauvres comme chez Villon et Banville, mais des paladins, de même que les orphelins des *Étrennes des orphelins* étaient dans le poème de fin 1869 les enfants d'une famille bourgeoise et non les enfants de *Pauvres Gens* selon la logique de l'intertexte hugolien, implicitement parodié).

Dans le corpus des poèmes dits de 1871, la prudence s'impose à nouveau. Combien de fois n'a-t-on pas daté *Voyelles* du printemps ou de l'été 1871, en affirmant que le sonnet datait d'avant la rencontre avec Verlaine ? Pourtant, non seulement on n'en sait rien, mais il serait fort tentant de penser que ce poème où douze vers sur quatorze comportent des rimes féminines date précisément d'après cette rencontre, Verlaine étant un vieux routier de ces ruptures d'alternance en genre, alors qu'on ne possède aucun texte datant certainement d'avant leur rencontre qui opère de telles infractions ; dans l'*Album zutique*, probablement dès octobre-novembre 1871, Rimbaud s'y livre à plusieurs reprises. Les relations entre *Voyelles* et « L'étoile a pleuré rose… » (ou *Madrigal*) sont si fortes (malgré les dénégations d'Yves Reboul, qui ne semble pas imaginer que l'on puisse théoriser d'autres relations qu'analogiques et chromatiques entre les deux textes, alors qu'on peut avancer une hypothèse référentielle pour *Voyelles* identique à celle, concernant la Semaine sanglante, qu'il a d'une manière très persuasive proposée pour le quatrain[22]) qu'il n'est guère impossible qu'ils datent, en gros, de la même période. Pour *Oraison du soir* et *Les Douaniers*, on prétexte des contenus référentiels ardennais alors que rien n'empêche Rimbaud de faire des « blagues » potachiques de cet acabit à Paris (pour preuve, l'album précité), les « physionomies » poétiques portant sur les douaniers et leurs « tripotages » de jeunes personnes étant traditionnelles (Corbière s'y est livré avec brio dans *Les Amours jaunes*). On passe sous silence trop souvent la date inscrite par Verlaine en bas du manuscrit « ambidextre » des *Mains de Jeanne-Marie* (un autographe avec des ajouts de la main de Verlaine) : « Fév. 72 ». On l'oublie pour deux raisons : d'une part parce qu'une chronologie traditionnelle, parfaitement arbitraire, a fait du *Bateau ivre* le dernier poème des « Poésies », datant de l'été 1871, le recueil constitué par Verlaine étant censé dater de septembre-octobre 1871, d'autre part parce qu'on s'est complu à affirmer que Rimbaud avait perdu toute sympathie pour la Commune avant même l'automne 1871, affirmation saugrenue et parfois teintée d'un lourd désir de neutralisation idéologique. N'oublions cependant pas un poème qui effectue une autre révolution, *Tête de faune*. Ce poème a pu être daté de 1870 en fonction de sa thématique prototypiquement parnassienne (mais les romantiques avaient déjà une prédilection pour les faunes, satyres et autres silènes…), ce qui revient à ignorer le fait, mis en évidence par Benoît de Cornulier, que le poème constitue, dans l'œuvre de Rimbaud mais aussi dans la poésie française, le premier qui s'attaque frontalement à la versification traditionnelle, faisant l'économie de toute périodicité spontanément perceptible (Philippe Rocher a parlé à cet égard de « subversification », mot-valise très approprié). Si l'on ajoute que

---

22. « Quelques mots sur "L'étoile a pleuré rose…" », *Rimbaud vivant*, 40, 2001. L'hypothèse pour *Voyelles* a été proposée par David Ducoffre, « Consonnes », *Parade sauvage*, 19, 2003.

nous avons trouvé un intertexte essentiel de ce poème dans un poème intitulé *Sous bois* publié dans le volume pornographique (pour l'époque) des *Joyeusetés galantes* de Glatigny, volume dont la première édition (1866) offre en page de garde une tête précisément de faune et qui était vraisemblablement plus difficile à trouver à Charleville qu'à Paris, on obtient la forte probabilité d'une composition entre septembre 1871 et les premiers mois de 1872. La métrique déréglée (de manière raisonnée) du poème, de loin la plus audacieuse avant les textes datés de mai 1872, inciterait à pencher pour une datation assez tardive. On voit, après ces quelques lignes, que l'idée d'un « trou » dans la création rimbaldienne correspondant au séjour à Paris est une illusion d'optique découlant de datations traditionnelles aujourd'hui peu plausibles (et cela, sans même parler des textes perdus qui ont pu être composés à cette époque).

Pour les poèmes dits de 1872, nous avons insisté sur l'incertitude concernant les dates de composition de plusieurs des poèmes, et non des moindres, des arguments pouvant être avancés en faveur de 1873 pour certains (principalement *Honte*, avec sa référence à Roche, que Rimbaud ne semble pas avoir visité entre 1870 et 1872 et « Ô saisons... » à cause du brouillon qui pourrait suggérer que le poème a été composé pour être inséré dans *Une saison en enfer*; les deux hypothèses restent forcément d'une valeur incertaine). On a cependant pu avancer pour ces textes. Notre démonstration du statut de faux du manuscrit de *Fêtes de la faim* de la Fondation Bodmer, et du caractère authentique au contraire du manuscrit de Charleville, a permis de rétablir la date « août 1972 » que la critique avait généralement répudiée. Pour *Famille maudite*, contrairement à l'hypothèse formulée par André Guyaux[23], nous espérons avoir montré que la version est antérieure à *Mémoire*[24]), comme le montrent notamment sa transmission, l'emploi de majuscules en début de chaque vers, la comparaison graphologique, mais aussi, ce qui est peut-être plus décisif, les différences dans l'organisation allégorique du poème, qui deviendra plus opaque mais aussi peut-

23. Voir Valérie Duponchelle, « Arthur Rimbaud, le chaînon manquant », *Le Figaro*, 21 mai 2004, qui rapporte les réactions d'André Guyaux au sujet de ce nouveau manuscrit.
24. « Enquête préliminaire sur une *Famille maudite* », *Parade sauvage*, 20, 2004 et *Stratégies de Rimbaud*, Champion, 2004. Claude Jeancolas, sur ce point, sombre dans les plus grossières contradictions dans sa version révisée de son coffret de fac-similés des manuscrits. Nous nous référons au nouveau tirage, révisé, de son coffret de fac-similés précité, Textuel, 2004.

être plus puissante dans sa cohérence dans *Mémoire*. On peut désormais affirmer que le poème ne peut avoir été écrit après le 7 juillet 1872, jour où Rimbaud et Verlaine ont quitté Paris, laissant le manuscrit rue Nicolet, chez la famille de Mathilde Verlaine... Dernier exemple, si Yves Reboul inférait la possibilité d'une date de composition assez précoce pour *Michel et Christine* en se fondant sur l'absence de rapports intertextuels avec les *Romances sans paroles* de Verlaine, nous avons pu démontrer que le poème est au contraire une parodie de *Malines*, poème des *Romances sans paroles* dont le manuscrit est daté d'août 1872 par Verlaine; le poème semblant avoir été composé précisément en tant que parodie, il doit dater au plus tôt d'août 1872[25].

On doit aussi tenir compte d'indices graphologiques, souvent en les mettant en relation avec d'autres indices.

Pour *Un cœur sous une soutane*, Izambard indiquait que Rimbaud lui avait donné le manuscrit début juillet 1870, mais on a pu hasarder des datations nettement postérieures, en fonction notamment des rapports intertextuels avec *Le Cœur supplicié*, certains n'hésitant pas à pousser jusqu'en 1872 la date de composition. En réalité, la référence périphrastique à son titre dans *Le Châtiment de Tartufe* (« Tisonnant, tisonnant son *cœur* amoureux *sous*/ Sa *chaste robe noire* », « chaste robe noire » étant une périphrase de « soutane ») permet de confirmer que le texte date de 1870. Reste alors à déterminer si Rimbaud a donné la nouvelle à Izambard en juin-juillet ou bien lors de leurs rencontres de septembre-octobre. En fait, la forme des *r* en fin de mots change chez Rimbaud en septembre, comme le confirme la comparaison des manuscrits qui datent de cette période, ce qui permet de trancher, sans la moindre hésitation, en faveur du témoignage d'Izambard.

Afin d'explorer la date de composition possible des *Chercheuses de poux*, que l'on date parfois de 1870 mais plus généralement de 1871, on peut noter une relation intertextuelle entre ce poème (« Promènent leurs doigts fins ») et un sonnet de Verlaine (« Promène ses doigts fins »). Le sonnet en question, exhumé par André Vial[26], n'a sans doute jamais été publié par Verlaine (à moins qu'il ne l'ait publié quelque part de manière anonyme ou pseudonyme). *César Borgia* (à ne pas confondre avec le texte du même titre publié dans

25. Voir Yves Reboul, « Lecture de *Michel et Christine* », dans *Rimbaud « à la loupe »*, *Parade sauvage*, 1990 et notre édition des *Romances sans paroles* de Verlaine, Champion, 2003, p. 40-45.

26. *Verlaine et les siens, heures retrouvées*, Nizet, 1975.

les *Poëmes saturniens*) est sans doute le premier volet (et non pas le second, comme le pensait Vial) d'un diptyque de sonnets homosexuels, à rimes significativement masculines (en outre, l'autre sonnet, *Henri III*, est un sonnet renversé...). Graphologiquement, la comparaison entre les manuscrits de Verlaine de 1866 à 1874 permet de déduire que le sonnet de Verlaine a été composé avant qu'il ne rencontre Rimbaud (le mot « l'Ami » du sonnet laisse entrevoir un rapport de complémentarité masculine avec les sonnets féminins, saphiques, des *Amies*), ce qui peut très bien montrer que le poème de Rimbaud date au plus tôt de septembre 1871 (mais on pourrait aussi suggérer qu'il s'agit d'un poème déjà composé, modifié pour inclure cette allusion)[27].

La question la plus brûlante est cependant celle touchant la datation relative d'*Une saison en enfer* et des *Illuminations*. Un consensus récent consiste, suivant en cela André Guyaux, à supposer non pas la consécutivité des projets (*Les Illuminations* avant la *Saison* pour Isabelle, après pour Bouillane de Lacoste) mais leur chevauchement, certaines illuminations pouvant être antérieures, d'autres synchroniques et postérieures. Pour étayer cette hypothèse (car c'en est une, et elle ne nous paraît pas la plus plausible), André Guyaux a essayé de mettre en cause les comparaisons graphologiques de Bouillane de Lacoste, montrant, à partir de quelques manuscrits des *Illuminations* (*Scènes*, *Bottom* et *H*) et de la transcription par Rimbaud de *Crimen Amoris* de Verlaine, que Bouillane falsifiait l'analyse en ne tenant pas compte de ce que montre la comparaison entre les mots qui se trouvent à la fois dans la copie de *Crimen Amoris* et dans certaines des *illuminations* : les différences entre les graphies de ces *illuminations* seraient aussi grandes, ou parfois plus grandes, qu'entre ces *illuminations* envisagées collectivement et la transcription de 1873[28]. Chemin faisant, le critique a fourni à ses lecteurs une vision très contestable des données, notamment en isolant quelques traits de *Crimen Amoris* au lieu de fournir, comme l'avait fait Bouillane de Lacoste, une page entière du manuscrit. Car ce qui importe, pour une analyse scientifique de formes graphiques, c'est de repérer des formes distinctives qui se rattachent à des périodes précises, sinon on finit par mettre en évidence des ressemblances et divergences qui n'ont aucune relation avec l'évolution graphique de l'auteur, ce qui permet à André

---

27. Steve Murphy, *Marges du premier Verlaine*, Champion, 2003, p. 181-189 et 204-207.
28. André Guyaux, *Poétique du fragment. Essai sur les* Illuminations *de Rimbaud*, La Baconnière, 1985, p. 35-36.

Guyaux de produire des comparaisons dépourvues de la moindre valeur argumentative mais susceptibles de convaincre des lecteurs qui ne connaissent pas le détail des raisonnements de Bouillane de Lacoste. Ce dernier avait répété à de nombreuses reprises, notamment dans son analyse des trois *illuminations* concernées (où l'emploi d'italiques insiste sur l'importance qu'il attribue à ce détail [29]), que deux lettres avaient un intérêt particulier pour comparer les manuscrits des *Illuminations* avec tous les manuscrits datables avec certitude de 1873, à savoir le *d* minuscule et, davantage encore, le *f* minuscule. André Guyaux mentionne ailleurs dans sa thèse ces conclusions, et cite le graphologue Delamain qui insiste sur ces traits [30], mais en opérant la comparaison entre *Crimen Amoris* et les trois *illuminations*, il passe sous silence cette argumentation. Pourtant, la comparaison est formelle, et tout lecteur peut l'accomplir en quelques secondes, ce qui lui permettra de confirmer la justesse des conclusions formulées par Bouillane : tous les *f* des *Illuminations* (y compris dans *Génie* et *Soir historique*, que nous avons pu publier récemment grâce à M. Pierre Berès et à Mme Emmanuelle Toulet du Musée Condé[31]) sont bouclés par le bas, aucun de ceux de *Crimen Amoris*, de *L'Impénitence finale* (dont nous avons montré que la transcription de la Bibliothèque littéraire Jacques Doucet est de la main de Rimbaud [32]), voire de *Don Juan pipé* (dont André Guyaux a montré que la version récemment mise en vente est aussi une transcription de Rimbaud) [33]. Il s'agit, pour *Les Illuminations*, de transcriptions, qui ne prouvent pas la date de composition des textes, mais du point de vue graphologique, on ne peut que supposer un écart entre ces documents et ceux datant de 1873, le rapprochement chronologique proposé par André Guyaux étant fondé sur la suppression de l'argument principal de

---

29. H. de Bouillane de Lacoste, *Rimbaud et le problème des* Illuminations, Mercure de France, 1949, p. 168.

30. *Poétique du fragment, op. cit.*, p. 63-64.

31 Nous renvoyons au catalogue de l'exposition *Livres du cabinet de Pierre Berès*, éd. Emmanuelle Toulet, Musée Condé, Château de Chantilly, 2003 et à notre article « Trois autographes de Rimbaud », *Histoires littéraires*, 17, 2004.

32. « Rimbaud copiste de Verlaine : *L'impénitence finale* », *Parade sauvage*, 9, 1994.

33. Notre analyse graphologique a trouvé un prolongement dans celle, plus précise à bien des égards, de Christophe Bataillé, *Les Enseignements du manuscrit des* Déserts de l'Amour *d'Arthur Rimbaud, étude codicologique*, mémoire de DEA, Paris IV, 2003.

ce critique auquel il reprochait l'oubli intéressé de certaines données manuscrites.

Ordres

Au moment où parut l'édition en trois volumes de Jean-Luc Steinmetz, en 1989, on pouvait parler d'un véritable consensus quant à l'architecture globale de l'œuvre que l'on devait présenter aux lecteurs. Il faut cependant remonter à 1983 pour trouver une première mise en cause résolue de tout ce que cette unanimité comportait d'arbitraire. C'est en effet avec le livre de Pierre Brunel, *Rimbaud, projets et réalisations*, que l'on revient pour la première fois depuis de longues années sur l'agencement global de l'œuvre. Ce regard lucide jeté sur le « Rimbaud portatif » et « aseptisé » présenté aux lecteurs a eu comme premier geste fondateur, comme l'annonce le titre du livre, la décision d'examiner avec précision les différentes étapes de l'œuvre en termes de projets et de réalisations. Grâce à cette opération d'une importance considérable, qui étudie à nouveau la périodisation de l'œuvre, il s'agissait d'un ouvrage décisif où les remarques précises mais aussi les perspectives d'ensemble nouvelles proliféraient, le livre étant devenu un véritable programme pour l'élaboration de nouvelles stratégies éditoriales. L'importance du recueil Demeny en tant que tel n'avait jamais été bien mise en évidence par les éditeurs, qui le supprimaient au profit d'une approche (en principe) chronologique. On avait rarement compris qu'il était utile de présenter les lettres de Rimbaud sans les séparer des poèmes qu'elles contiennent, puisque pour certaines et notamment celle dite du Voyant à Demeny du 15 mai 1871, le poète présentait une véritable argumentation dont les poèmes constituaient des maillons essentiels. Jean-Luc Steinmetz a été le premier à procéder à ce type de révision raisonnée, son édition en trois volumes contenant en outre des préfaces et une annotation qui constituent un nouvel apport décisif aux débats de fond. Ni Pierre Brunel ni Jean-Luc Steinmetz n'ont cependant pu à cette époque consulter le recueil Demeny, que nous avons retrouvé à la British Library à Londres, et nous avons pu montrer grâce à l'accès aux manuscrits que l'ordre des documents était celui présenté par le *Reliquaire* de Darzens et Genonceaux en 1891, plutôt que celui des fac-similés Messein de 1919 [34]. Plus tard, la vente de la collection

---

34. « Autour des "cahiers Demeny" de Rimbaud », *Studi francesi*, 103, 1991.

Jean Hugues a permis à Jean-Jacques Lefrère de publier une lettre de Demeny à Darzens de 1888 donnant un ordre différent pour la fin du recueil, ordre qu'il faut probablement privilégier (mais Demeny a oublié d'indiquer l'emplacement du *Dormeur du Val*) [35]. D'autre part, Pierre Brunel n'a pu accéder au recueil constitué par Verlaine, avec l'aide de Rimbaud ou même sur ses instructions à notre avis, entré dans les collections de la Bibliothèque nationale deux ans plus tard [36]. Nous avons pensé depuis longtemps que quoiqu'incomplet, ce recueil était aussi important que le recueil Demeny, et nous avons incité Mario Richter à le présenter en tant que tel dans sa version italienne de la Pléiade d'Antoine Adam, ce qu'il a fait (l'édition concernée représente une intervention philologique importante et sous-estimée par ceux qui croient, à tort, que les éditions étrangères manquent de sérieux philologique, ce qui serait bien la dernière chose dont on pourrait accuser Mario Richter [37]). Les ventes Hugues et Guérin ont ajouté de nouvelles reproductions de documents inaccessibles, comme l'a fait récemment la vente Tajan avec *Famille maudite*; on a pu aussi profiter de la vente du manuscrit Berès de « Loin des oiseaux... » et surtout du catalogue de l'exposition consacrée à la bibliothèque de Pierre Berès au Musée Condé, où sont présentés les manuscrits de *Patience*, *Soir historique* et *Génie*. Du coup, peu de manuscrits connus n'ont pas été reproduits, *Dévotion* et *Démocratie* dans *Les Illuminations* ont disparu (mais ils se trouvent probablement dans quelque collection inconnue), *Le Forgeron* (il s'agit de la version incomplète d'Izambard qui avait appartenu à Jacques Guérin) et surtout une série de manuscrits de 1872-1873 (appartenant à la collection de Pierre Berès). On peut ainsi avancer plus loin que ne le pouvait Pierre Brunel en 1983, et significativement c'est Pierre Brunel lui-même qui a été l'un des principaux artisans de ce progrès.

Pour les textes de 1872, on est loin de pouvoir parvenir à un ordre précis. Nous avons critiqué avec une certaine virulence l'existence d'une catégorie des « derniers vers », ou « vers nouveaux et chansons », en observant que cette catégorie servait initialement (et toujours, dans une mesure certaine) à séparer les « Poésies » (subversives) des textes de 1872 que l'on pouvait récupérer pour une lec-

35. Jean-Jacques Lefrère, *Arthur Rimbaud*, Fayard, 2001.
36. Voir Roger Pierrot, « Verlaine copiste de Rimbaud : les enseignements du manuscrit Barthou à la Bibliothèque nationale », *Revue d'Histoire littéraire de la France*, mars-avril 1987.
37. Arthur Rimbaud, *Opere complete*, Paris, Einaudi-Gallimard, 1992.

ture mystique (à l'état sauvage ou à l'état platement catholique)[38]. Nous continuons à estimer dangereuse toute répartition des poèmes en vers en deux catégories, mais pour des raisons de versification comme de datation, la catégorie même nous paraît aujourd'hui d'une pertinence évidente. Alors que les textes du recueil de 1871-début 1872 sont très proches du projet de Verlaine d'un recueil révolutionnaire, *Les Vaincus*, ceux de 1872-début 1873 se rapprochent des *Romances sans paroles*, chronologiquement, formellement mais aussi en ce qui concerne certaines procédures sémantiques. Les chiffres au verso du manuscrit autographe de *Fêtes de la faim* semblent bien montrer, sinon la construction d'un recueil, du moins des velléités d'organisation qui auraient pu y aboutir, avec certaines constantes comme l'ordre des quatre poèmes intitulés globalement « Fêtes de la patience » dans les manuscrits donnés à Jean Richepin. La catégorie est donc indispensable, mais à condition d'une part de ne pas l'opposer aux « Poésies », recueil factice qui fausse la perception de l'œuvre par une opposition binaire qui travestit la multiplicité des projets de Rimbaud et d'autre part de ne pas simplement y voir des textes naïfs ensuite critiqués lucidement dans *Alchimie du verbe*, ce qui méconnaît la duplicité d'*Une saison en enfer*, qui est, comme l'avait pressenti André Guyaux[39], une forme d'anthologie déguisée, mais aussi des vers de 1872-1873, qui ont inversement une composante critique souvent méconnue dans les représentations d'ensemble de cette section de l'œuvre.

Nous n'avons pas évoqué jusqu'ici une édition qui a rompu de façon spectaculaire avec le consensus éditorial : l'édition des *Illuminations* d'André Guyaux[40]. Se fondant sur une argumentation fournie dans sa thèse[41], l'éditeur a redistribué les textes selon un ordre tout à fait nouveau, s'autorisant d'un éventail de critères philologiques. À part dans la concordance aux *Illuminations* publiée chez le même éditeur, cet ordre n'a jamais été repris, et cela pour diverses raisons. D'abord, peut-être, parce que l'habitude éditoriale opposait une sourde résistance à toute transformation du recueil. Mais à côté de ce réflexe en soi négatif, il existe de bonnes raisons de récuser cette organisation nouvelle, ne serait-ce que parce qu'elle résulte de critères philologiques hétérogènes, comme l'a fait remarquer Pierre-

---

38. « Contre les Derniers Vers », dans *Arthur Rimbaud : Poesia et Avventura*, Colloque de Grosseto, éd. Mario Matucci, Pacini, 1987.
39. *Duplicités de Rimbaud*, Champion, 1991.
40. Éd. citée, La Baconnière, 1985.
41. *Poétique du fragment, op. cit.*

Georges Castex [42], ces opérations complexes paraissant arbitraires, voire aléatoires. On peut penser que cet ordre, qui commence sur des enchaînements de textes pour ensuite se fragmenter en quelque sorte devant les yeux du lecteur, a été produit en partie pour mimer le mouvement du « poème en prose » vers le « fragment » théorisé par André Guyaux. Une organisation, donc, à thèse. Il a fallu en particulier faire abstraction des enchaînements de textes que l'organisation des manuscrits rendait certains, souvent en invoquant des arguments génétiques intéressants, mais qui ne résistaient pas à l'examen. L'élément capital dans ce raisonnement consistait à imputer à Félix Fénéon la foliotation des vingt-quatre premières pages inscrites du manuscrit (idée ancienne en soi, mais insoutenable). Nous pensons avoir prouvé, d'une façon mathématique, que ces numérotations ne peuvent qu'être auctoriales [43]. Les conséquences de cette inférence sont décisives, à notre sens. D'une part, la thèse du fragment a eu des répercussions dans les éditions, en particulier pour *Phrases* et pour les deux poèmes intitulés *Villes*, où l'on a accepté bien trop vite des hypothèses certes séduisantes, mais bien plus fragiles qu'on ne l'a cru (c'est bien Rimbaud qui a rapproché deux séries de « phrases » au départ sans doute séparées et non Fénéon ; Nouveau a inscrit *Villes* (« Ce sont des villes ! ») à l'endroit prévu par Rimbaud, au lieu de commettre une erreur). D'autre part, après une période où l'on a pu privilégier l'idée de devoir lire les poèmes du recueil séparément, on est revenu à l'idée de possibles enchaînements volontaires des textes, ce qui a permis à Michel Murat, qui récuse l'idée du fragment, de formuler de nouvelles hypothèses concernant le mouvement général des *Illuminations* (il s'arrête cependant au moment où s'arrête la pagination, ce qui nous semble problématique ; les « derniers poèmes » non paginés nous semblent comporter des éléments communs particulièrement frappants) [44]. On ne peut savoir sur quel poème Rimbaud pensait terminer son recueil, mais désormais il paraît acquis que le poème liminaire était bien *Après le Déluge*, alors qu'André Guyaux ironisait précisément sur ceux qui « brodaient » sur ce statut liminaire [45].

---

42. « Rimbaud en 1986. Une année capitale », *L'Information littéraire*, 1986, p. 148-157.
43. « Les *Illuminations* manuscrites », *Histoires littéraires*, 1, 2000.
44. *L'Art de Rimbaud*, José Corti, 2002.
45. « Les trois *Veillées* de Rimbaud », *Studi francesi*, 65-66, 1978, p. 312.

Conclusions

Nous espérons avoir montré à quel point le travail de l'éditeur affecte en profondeur la lecture des textes et la compréhension globale de l'œuvre. On a pu déplorer l'apparente zizanie des éditions récentes – les grosses différences qui existent entre celles, par exemple, de Louis Forestier, Jean-Luc Steinmetz, Pierre Brunel, sans parler de la nôtre. Il faudrait plutôt s'en réjouir : cette situation met en évidence l'arbitraire insurmontable de l'édition d'une œuvre abandonnée, dont les vestiges ne peuvent être perçus comme une œuvre finie et connaissable, ce qui ne veut pas dire que nous plaidons en faveur d'une anarchie débridée comme celle qui a présidé à la confection de l'édition Arléa, dite « édition du Centenaire », véritable cours du roi Pétaud sur le plan philologique, ou que nous puissions applaudir des deux mains à des entreprises aussi opportunistes et mal informées, bardées de publicités mensongères, que celles menées par Claude Jeancolas, serial pilleur des études rimbaldiennes [46]. Nous rejoignons Pierre Brunel dans l'idée que dans cette réfection d'édition interminable, le plus important est de savoir profiter modestement des erreurs de la critique, c'est-à-dire aussi de ses propres erreurs, pour faire avancer la réflexion. Aucune édition n'est parfaitement fiable et les nôtres pas plus, bien entendu, que les autres. Il faut donc toujours essayer de repenser l'édition et d'accéder à de nouveaux documents. Notre propre édition étant chère et complexe, nous conseillerions vivement l'utilisation comme édition de référence de celle de Pierre Brunel, qui tient compte des derniers acquis de la critique rimbaldienne, qui comporte une annotation judicieuse et qui fournit un ordre à notre avis particulièrement logique et utile pour de futures recherches (l'édition de Louis Forestier chez « Bouquins », révisée de façon très scrupuleuse en 2004, possède également les deux premières qualités, mais recourt à un ordre plus conventionnel).

Nous espérons que ce travail collectif permettra de continuer ce « long immense et raisonné dérèglement » de toutes les éditions. Car l'inertie dans le regard que l'on porte sur cette œuvre ne peut que contribuer à l'idée fausse d'une œuvre dont l'organisation serait naturelle, allant de soi, ce qui bloquerait les nécessaires expérimen-

---

46. La quatrième de couverture de son coffret, version révisée en 2004, annonce fièrement « 44 pages de fac-similés jamais publiés jusqu'ici ». En réalité, le coffret ne contient pas une seule page inédite et sur ces 44 pages, nous avons personnellement publié pour la première fois plus de la moitié...

tations des chercheurs et de tout lecteur qui sait qu'en quittant la poésie, Rimbaud n'avait pas comme principal souci de faciliter le travail des philologues. Poètes maudits, certes, mais n'oublions pas les éditeurs, maudits eux aussi à leur manière puisqu'ils mettent généralement bien plus de temps à préparer leurs éditions des *Illuminations* que l'auteur a mis à les composer !

Steve MURPHY

Deuxième partie

Char – Rimbaud

Je tiens d'abord à remercier Monsieur Hitoshi Usami d'avoir permis à un enseignant de FLE, de fermer le livre du *devoir* et de « sortir sa journée du mois » (Michaux), afin de pouvoir « mettre quelques moments en liberté » (Char), ici, à Kyôtô, et avec la poésie.

Le poème n'a d'autres raisons que d'être [1], écrit Char, au sujet de Rimbaud, justement. Et de ce point de vue on ne peut l'*atteindre* : ni voler à sa hauteur, ni (vraiment) lui faire du mal [2]. Je suis, de plus, loin d'être sûr de pouvoir dire *du nouveau* sur Rimbaud ou sur Char. Plus loin de moi encore la prétention de tenir un discours *scientifique* (?) sur eux. Tout cela en somme un peu décourageant et en même temps rassurant. Mais toute prise de parole implique quand même bien un risque. Ce risque, je le formulerai de la façon suivante. Ce que je voudrais faire, c'est essayer de rendre plus *présents* quelques poèmes de Char – poète qui l'est trop peu au Japon, mais qui est quand même bien là, dans la langue japonaise, grâce surtout à Motoko Yoshimoto [3], qui a traduit l'ensemble de ses poèmes –, et aussi, bien sûr, de rendre plus *présents* quelques poèmes de Rimbaud, qui est à l'honneur aujourd'hui. C'est là, je crois, un programme déjà très ambitieux.

---

1. *Recherche de la base et du sommet*, Paris, Gallimard, Bibliothèque de la Pléiade, p. 729.
2. Pierre Brunel dans « La voix de Rimbaud chez René Char », dans *Arthur Rimbaud. Cahiers de l'Herne*, 1993, dit quelque chose de semblable.
3. Yoshimoto Motoko, *René Char zenshû*, Éditions Seidosha, 1999.

Rêverie à partir de deux textes de Michaux

Pour tenter de trouver le *ton*, pour orienter mon exposé et indiquer quelques éléments dont j'aurai besoin, je commencerai de façon indirecte – par une sorte de faux départ – en citant deux textes de Michaux (encore lui, comme si, lui aussi, si peu présent au Japon, frappait à la porte et demandait qu'on ne l'oublie pas), qui se sont rêveusement associés à la relecture – à l'occasion de ce colloque – des poèmes de Rimbaud. Je donne les deux textes. Dans le premier il est question du *temps de l'Enfant*, dans le deuxième des *22 plis* avec lesquels il naît.

> Le Temps de l'enfant, ce Temps si spécial, Temps physiologique créé par une autre combustion, par un autre rythme sanguin et respiratoire, par une autre vitesse de cicatrisation, nous est complètement perdu [...] Regards de l'enfance [...], regards qui ne sont pas encore liés, denses de tout ce qui leur échappe, étoffés par l'encore indéchiffré. Regards de l'étranger, car il arrive en étranger dans son corps. [...] [4]

> L'enfant, l'enfant du chef, l'enfant du malade, l'enfant du laboureur, l'enfant du sot, l'enfant du Mage, l'enfant naît avec 22 plis. Il s'agit de les déplier. La vie de l'homme alors est complète. Sous cette forme il meurt. Il ne lui reste aucun pli à défaire.
> Rarement un homme meurt sans avoir encore quelques plis à défaire. Mais c'est arrivé. Parallèlement à cette opération l'homme forme un noyau. Les races inférieures, comme la race blanche, voient plus le noyau que le dépli. Le Mage voit plutôt le dépli.
> Le dépli seul est important. Le reste n'est qu'épiphénomène. [5]

Il ne s'agit évidemment pas de dire que Rimbaud est un enfant, même si sa poésie a bien à voir avec l'enfance, même si, comme le rappelle Émilie Noulet [6], avec humour et à-propos, Rimbaud est, de fin 1870 à fin 1871 en train de grandir à toute vitesse – 17 cm, rapporte Delahaye –, mais le passage d'un poème à l'autre

---

4. Henri Michaux, *Enfants*, dans *Passages*, Paris, Gallimard, Bibliothèque de la Pléiade, t. II, p. 301.
5. Henri Michaux, *Au pays de la magie*, dans *Ailleurs*, Paris, Gallimard, Bibliothèque de la Pléiade, t. II, p. 69.
6. *Le Ton poétique*, Paris, José Corti, 1971.

(*Sensation*, *Les Réparties de Nina*, *Les poètes de sept ans...*) ou encore la traversée d'un même poème restituent pour nous cette « combustion, ces regards de l'enfance non encore liés, denses de tout ce qui leur échappe, étoffés par l'encore indéchiffré », que Michaux dit être perdus pour l'adulte et avec lesquels Rimbaud nous remet en contact : rage, empressement, désirs, contradictions, exaltation, éblouissements. Puis re-rage, re-chute.

Et pour citer un poème, j'en citerai un, justement de cette période, *Les poètes de sept ans*[7], texte, on le dit souvent, programmatif pour l'œuvre entière. Je rappellerai seulement les premiers vers.

> Et la Mère, fermant le livre du devoir,
> S'en allait satisfaite et très fière, sans voir,
> Dans les yeux bleus et sous le front plein d'éminences
> L'âme de son enfant livrée aux répugnances.

> Tout le jour il suait d'obéissance ;

Suivons-en maintenant *la ligne de vol*[8], en dégageant les forces qui le soulèvent jusqu'à ce qu'il prenne son essor pour rechuter à nouveau.

Rage – *les deux poings à l'aine* – contre *la mère* et *le livre du devoir*, goût pour *les latrines* où il livre *ses narines*, *œil* que l'enragé *écrase* pour avoir des visions, tendresse, comme en contrepoint, pour les enfants pauvres. Déploiement d'un espace – une *maison*, avec *porte, lampe, rampe, toit*, un *jardinet derrière* –, habité par des possédés. Un poème en somme très pris dans la prose du roman ou du drame, et qui raisonne. Puis soudain le poème se dégage avec des mots, qui sont autant d'*appels* à la terre comme chaos et allégresse – *Forêts, soleils, rios, savanes !* – qui rendraient nul le maigrichon jardinet qui *Derrière la maison, en hiver, s'illunait*. Pures nominations, purs appels, certes conventionnels d'une certaine manière et même livresques, dit le poète lui-même, mais pris dans une exaltation de la langue, dans un *égarement* qui fait passer ces mots *étoffés par l'encore indéchiffré*, dans l'intensif pur – assonances, allitéra-

---

7. Nous utilisons l'édition établie par Pierre Brunel : Rimbaud, *Œuvres complètes*, La Pochothèque.
8. René Char, *Fureur et Mystère*, Paris, Gallimard, Bibliothèque de la Pléiade, p. 199.

tions, chiasmes sonores – jusqu'à ce qu'ils ne mènent plus que *la vie vague des couleurs et des sons*[9].

> À sept ans, il faisait des romans, sur la vie
> Du grand désert, où luit la liberté ravie,
> Forêts, soleils, rios, savanes ! – Il s'aidait
> De journaux illustrés où, rouge, il regardait
> Des Espagnoles rire et des Italiennes.

Mouvement d'exaltation suivi d'une rechute dans le noir, dans ce corps où Rimbaud est arrivé *en étranger*. Et avec elle, remontée de la prose : *la fille des ouvriers d'à côté, .../ les blafards dimanches .../* la lecture de la *Bible à la tranche vert-chou* ... Jusqu'à un nouvel essor, une nouvelle élévation dans le délié souverain, modulé par une variation du registre lexical et des sonorités.

> – Il rêvait la prairie amoureuse, où des houles
> Lumineuses, parfums sains, pubescence d'or,
> Font leur remuement calme et prennent leur essor !

Puis toujours selon la même loi, retour une nouvelle fois dans le noir et l'humide de la chambre, mais comme choisis cette fois pour trouer ces *blafards dimanches*, par une troisième variation de son appel au chaos de la terre, variation, ici aussi, qui joue sur de nouvelles ressources lexicales et sonores et qui gagne encore en abstraction par rapport aux deux précédentes.

> Plein de lourds ciels ocreux et de forêts noyées,
> De fleurs de chair aux bois sidérals déployés,
> Vertige, écroulements, déroutes et pitié !

Et toute l'œuvre de Rimbaud nous semble ainsi marquée, sur un fond de prose, par ces formidables élans que permettent ces regards, très jeunes, non « encore liés et denses de tout ce qui leur échappe », comme cette lueur *de la liberté ravie* qui deviendra plus tard *l'étincelle d'or de la lumière nature*, ou peut-être ce *désert* qui attend Rimbaud. Tandis que, par un mouvement inverse, d'autres puissances tirent irrémédiablement vers le bas : vers les *latrines*, ou, comme dans d'autres poèmes, vers la *flache noire*, ou la *boue* ...

---

9. Pour reprendre la belle expression de Merleau-Ponty, dans *Signes*, Folio, p. 73.

C'est dans ce double mouvement, nous semble-t-il, que se déplient les 22 plis dont parle Michaux, les 22 plis d'un corps dans lequel Rimbaud est arrivé *en étranger* : Rimbaud le Voyou, Rimbaud l'enragé, Rimbaud le Voyant, Rimbaud le grand désirant, Rimbaud étincelle d'or et Rimbaud de l'Éden noir, Rimbaud le frère des ouvriers, Rimbaud le grand marcheur, etc. Et, peut-être, en ces quelques années (1870-1873), Rimbaud a-t-il déplié tous ses plis, jusqu'au dernier. Ce qui serait une explication de son départ et de son silence.

Connaît le sang, ignore le céleste

Dans un texte consacré au deuxième par le premier nous trouvons cette phrase : « Il n'a rien manqué à Rimbaud, probablement rien. Jusqu'à la dernière goutte de sang hurlé, et jusqu'au sel de la splendeur » [10]. Et le critique Jean-Claude Mathieu [11] a fort justement retourné vers Char ces formules « évoquant le hurlement du sang et la cristallisation de la beauté qui bouleversent un langage, et le qualifient ». C'est de là que nous partirons – *pour de bon*, donc – en mettant des poèmes de Char dans *les voisinages* de la poésie de Rimbaud.

Même si Char n'avait jamais parlé de Rimbaud, ni écrit sur lui, un lecteur de Char ne peut pas ne pas sentir que sa poésie se situe dans ses voisinages. Ce qui les rapproche : l'aspect solaire, l'empressement, le goût pour le désordre (« Celui qui n'apporte pas son désordre ne mérite pas notre attention »), pour le mal fantasque (« le mal, non dépravé, inspiré, fantasque est utile » [12]), le privilège accordé à « l'essaim, l'éclair et l'anathème » (« trois obliques d'un même sommet » [13]), à la sensation par laquelle le *je deviens* (deviens *un autre, toutes les formes de l'humanité* et *les animaux même*) et quelque chose du monde *arrive* en dessaisissant le *je* de lui-même. Ou en d'autres termes le privilège accordé, chez l'un et chez l'autre, au corps qui, comme l'Ange, « connaît le sang, ignore le céleste » [14],

10. Char, *En 1871*, dans *Recherche de la base et du sommet*, Paris, Gallimard, Bibliothèque de la Pléiade, p. 726.
11. Jean-Claude Mathieu, *La Poésie de René Char – ou le sel de la splendeur*, Paris, José Corti, 1985.
12. Char, *Fureur et Mystère*, Paris, Gallimard, Bibliothèque de la Pléiade, p. 217.
13. Char, *Les Matinaux*, Paris, Gallimard, Bibliothèque de la Pléiade, p. 333.
14 Char, *Fureur et Mystère*, op. cit., p. 179.

à l'exploration de ses étendues *immenses* par les fêtes de la patience (et de l'impatience), par la fatigue, la faim, l'insomnie, la rêverie, la marche, le dérèglement des sens. Privilège accordé au présent du corps comme chance pour rencontrer l'*inconnu* : moment du soulèvement – et donc aussi de la chute et de la rupture –, de l'exaltation, auquel répond un élan de la langue, moment où la matière devient « matière-émotion » et où les signes se remettent à faire signe, à vivre et se rechargent de « l'intimité des choses »[15], comme cette *liberté*, dans le poème de Rimbaud, qui n'est plus lettre morte, mais *liberté* – qui *luit*, – *ravie*. Langue que l'élan, la poussée, l'exaltation du réel a disloquée, laissant le concret et l'abstrait se saisir mutuellement (*liberté* – *luire*, *liberté* – *ravie*) et les signes établir entre eux un nouveau commerce (*il* – *luit* – *liberté/la vie* – *ravie*) et libérer une réalité plus immatérielle, plus aérienne comme dans un *dégagement rêvé*. En un mot privilège accordé à la beauté.

Je cite Char. Et d'abord un poème qui dit, à son tour, « une autre combustion », « un autre rythme sanguin et respiratoire », celui de Char enfant, lui aussi à la fois « enchâssé » dans le territoire et dissocié de lui, avec ses regards « pas encore liés », « denses de tout ce qui leur échappe » et « étoffés par l'encore indéchiffré », comme ce mot « cœur » qui deviendra toujours plus important pour Char, qui, tout en *regrettant* ses connotations sentimentales, l'emploie dans ses corrélations à la foudre, au sang et à l'éclair de la connaissance.

> DÉCLARER SON NOM
>
> J'avais dix ans. La Sorgue m'enchâssait. Le soleil chantait les heures sur le sage cadran des eaux. L'insouciance et la douleur avaient scellé le coq de fer sur le toit des maisons et se supportaient ensemble. Mais quelle roue dans le cœur de l'enfant aux aguets tournait plus fort, tournait plus vite que celle du moulin dans son incendie blanc ?[16]

Le mot cœur, encore plié en lui-même et étoffé par l'indéchiffré se dépliera plus tard, par un hasard de l'histoire, en mai 1968.

> Dans la nuit du 3 au 4 mai 1968 la foudre que j'avais si souvent regardée avec envie dans le ciel éclata dans ma tête, m'offrant

---

15. Jean-Claude Mathieu, *op. cit.*, p. 274.
16. René Char, *La Parole en archipel*, Paris, Gallimard, Bibliothèque de la Pléiade, p. 401.

sur un fond de ténèbres propres à moi le visage aérien de l'éclair emprunté à l'orage le plus matériel qui fût. Je crus que la mort venait, mais une mort où, comblé par une compréhension sans exemple, j'aurais encore un pas à faire avant de m'endormir, d'être éparpillé à l'univers pour toujours. Le chien de cœur n'avait pas geint.
La foudre et le sang, je l'appris sont un. [17]

Ou encore, pour illustrer ce que j'ai dit précédemment ces quelques aphorismes, ou poèmes du poème, qui pourraient aussi se dire de la vie et de la poésie de Rimbaud.

> Nous sommes ingouvernables. Le seul maître qui nous soit propice, c'est l'Éclair, qui tantôt nous illumine et tantôt nous pourfend. [18]

> Il faut s'établir à l'extérieur de soi, au bord des larmes et dans l'orbite des famines, si nous voulons que quelque chose hors du commun se produise, qui n'était que pour nous. [19]

> La poésie est à la fois parole et provocation et silencieuse, désespérée de notre être-exigeant pour la venue d'une réalité qui sera sans concurrente. [...] Telle est la beauté, la beauté hauturière, apparue dès les premiers temps de notre cœur, tantôt dérisoirement conscient, tantôt lumineusement averti. [20]

Je suspendrai ici le plaisir de citer. Ce que j'ai dit jusqu'ici peut paraître trop général et sembler pouvoir se dire d'autres poètes. C'est vrai – Rimbaud *étant* (c'est Char qui le dit) la poésie même. Mais s'il est vrai que Saint-John Perse ou Michaux, par exemple et pour s'en tenir à des contemporains de Char, ne sont pas loin, la configuration esquissée plus haut : le poète tourné vers le corps et la poésie conçue comme force d'ascension, essor, pulvérisation en poussière lumineuse, – « la finitude du poème est lumière, apport de

.

17. René Char, *Le Nu perdu*, Paris, Gallimard, Bibliothèque de la Pléiade, p. 463.
18. René Char, *La Parole en archipel*, *op. cit.*, p. 381.
19. *Ibid.*, p. 409.
20. *Ibid.*, p. 411.

l'être à la vie »[21] – dit Char, ou comme *épiphanie de la blancheur*[22] (on pense, en particulier à *Mémoire*, et à *Génie*, de Rimbaud), me semblent propres à la constellation Char-Rimbaud. Ce qui ne veut pas dire non plus que je les confonde : nous le verrons ensuite, ils sont bien *différents* et il est même possible de retourner Rimbaud contre Char. Tout dépend peut-être des *plis* que l'on considère ou de l'intensité avec laquelle on lit l'un et l'autre.

Mais d'abord essayons de *dire plus* sur ce qui les rapproche, en abordant les textes de Char sur Rimbaud, dans *Recherche de la base et du sommet*.

Grands astreignants...

Char a consacré plusieurs textes à Rimbaud : texte de 1947 – *Tu as bien fait de partir Arthur Rimbaud –*, d'autres de 1951, de 1956, repris dans *Recherche de la base et du sommet*. Mais une chose retient notre attention : certains de ces textes sont comme pris dans une autre *conversation* (*conversation souveraine?* ou, si l'on suit le philosophe, Lacoue-Labarthe[23], « pitoyable »?), celle que Char eut dans les années 1950, 1960... avec Heidegger. En nous référant notamment à une conférence de ce dernier, à laquelle il est fait allusion dans *Questions IV*, nous essaierons de dégager ce qui est en jeu dans ces *Réponses interrogatives à une question de Martin Heidegger.*

Oui, *l'heure nouvelle est au moins très sévère*, car en plus de Char, et de Rimbaud, – ce qui fait déjà beaucoup – il nous faut aussi parler de Heidegger et cela sans avoir tous les documents nécessaires à son sujet. Deux textes toutefois peuvent nous aider :
– celui du philosophe Jean Beaufret : *L'Entretien sous le marronnier*[24]
– le rapport d'un séminaire de 1962, qui suivit la conférence *Temps et être*, résumé dans *Questions IV*, et dans lequel il est question d'*Enfance* de Rimbaud, ou plutôt de l'expression *il y a,* dans ce poème.

---

21. *Ibid.*, p. 378.
22. Alain Badiou, « La méthode de Rimbaud-l'interruption », dans *Conditions*, Paris, Seuil, 1992.
23. Philippe Lacoue-Labarthe, *Heidegger. La politique du poème*, Paris, Galilée, 2002, p. 99.
24. Texte de 1955, repris dans l'édition de la Pléiade de Char, p. 1169 *sqq.*

Selon Lacoue-Labarthe, il existerait un écrit de Heidegger sur Rimbaud, seul écrit du philosophe sur un poète d'une langue autre que la langue allemande ou grecque. Affaire à suivre, donc, sur laquelle la publication à venir (?) de la correspondance entre Char et Heidegger devrait également apporter une nouvelle lumière.

Les textes de Char en réponse à Heidegger sont datés de 1966. Un autre texte, non daté est présenté à l'intérieur d'un même texte, *Aisé à porter*, dont la première partie dit, de façon laconique, la mort de Heidegger, le 26 mai 1976.

Essayons d'expliquer ce dont il s'agit.

Heidegger, en 1955, a fait un voyage en France et a demandé, par l'intermédiaire de Jean Beaufret à rencontrer Char. Rencontre dont il est question dans *L'Entretien sous le marronnier*.

Pourquoi cette rencontre? En simplifiant à l'extrême, je rappellerai qu'Heidegger se détourna de la philosophie en tant qu'elle était devenue une expression soit du positivisme soit du politique. Et dans le même mouvement il critiqua la métaphysique comme étant oubli de l'être, comme voilement et retrait de l'être, ou plutôt comme oubli de cet oubli, pour lui opposer la poésie qu'il considérait comme *une pensée plus pensante*, faisant entrer la pensée dans *l'avènement* auquel appartient l'être. « Le destin du monde, dit Heidegger, s'annonce dans l'œuvre des poètes sans qu'il soit déjà manifeste comme histoire de l'être. »[25]

Ces termes d'*avènement*, de *pensée plus pensante*, pensée misosophique qui *accroche la pensée et qui tire*, qui va en avant et pousse dans l'inconnu, pensée non pas claire et distincte, mais obscure et distincte et qui fait advenir le présent dans la présence, concernent effectivement, et au plus haut point, la poésie de Char. Le poète écrit :

> L'intensité est silencieuse. Son image ne l'est pas. (J'aime qui m'éblouit puis accentue l'obscur à l'intérieur de moi)[26]

Ou encore, dans un poème écrit à partir d'Héraclite : « Ce qui est éclosion se plaît au retrait »[27]. Ébranlement de ce qui advient tout en gardant sa part d'inconnu. Comme ces mots *étoffés par l'encore indéchiffré*, ces mots qui sont bien du sens, de la venue à l'être, mais

---

25. Dans *Lettre sur l'humanisme*, cité par Jean Baufret, dans *L'Entretien sous le marronnier*.

26. Dans *Les Matinaux*, *op. cit.*, p. 330.

27. René Char, cité par Jean Baufret, dans *L'Entretien sous le marronnier*.

qui sont plus que ce sens et en débordent l'économie, pour mener *la vie vague des couleurs*, ou des sons, et devenir pure intensité, ou bien encore comme ces abstractions résumantes – mots abstraits et mots concrets ou termes contraires qui se saisissent mutuellement – que l'on rencontre fréquemment dans l'œuvre de l'un et de l'autre et qui ont l'*hermétisme* pour autre nom.

Mais nous savons aussi que les choses se sont compliquées et que, pour Char aussi, l'heure allait *devenir très sévère*. Car Heidegger a pensé que cet avènement de l'être, c'était dans la poésie allemande, dans la langue allemande qu'il avait lieu, notamment, chez Hölderlin, poète des poètes et poète des Allemands. Et c'est justement dans ces textes où il est question de poésie, que Heidegger retombe ainsi dans le politique. De même qu'il retombe à la fois dans l'historicisme et dans le positivisme quand il en vient à faire de la technique une chance pour l'avènement de l'être. D'où, au fur et à mesure que le parcours de Heidegger fut redécouvert, de navrantes polémiques qui affligèrent René Char [28] et vis-à-vis desquelles il garda ses distances, mais qui tentent de le rattraper lui aussi, comme le montre récemment ce terme de « pitoyable » employé à son sujet par un philosophe de renom.

Mais revenons à Rimbaud. Heidegger et Char ont donc parlé de poésie et de Rimbaud en particulier. La poésie comme étant « en avant » de l'histoire du monde, et des propositions comme « nous ne pensons pas encore » ou « l'homme habite la terre en poète » ont dues être au centre de ces *conversations*. Au sujet de Rimbaud, un texte de *Recherche de la base et du sommet*, intitulé *Réponses interrogatives à une question de Martin Heidegger*, porte exclusivement sur Rimbaud. Reste à savoir quelle a été cette question. Peut-être aurons-nous bientôt des publications à ce sujet. Du moins pouvons-nous conjecturer qu'il fut sans doute question, entre autres, du dire de l'Être – *il y a* et *il est* – dans le poème, dont un texte de *Questions IV* propose un développement.

Le poème de Rimbaud dont part Heidegger dans ce texte, est un passage d'*Enfance*.

> Au bois il y a un oiseau, son chant vous arrête et vous fait rougir.
> Il y a une horloge qui ne sonne pas.
> Il y a une fondrière avec un nid de bêtes blanches.

---

28. Voir notamment l'ouvrage de Jean Pénard, *Rencontres avec René Char*, Paris, José Corti, 1991.

> Il y a une cathédrale qui descend et un lac qui monte.
> Il y a une petite voiture abandonnée dans le taillis, ou qui descend le sentier en courant, enrhubannée.
> Il y a une troupe de petits comédiens en costumes, aperçus sur la route à travers la lisière du bois.
> Il y a enfin, quand l'on a faim et soif, quelqu'un qui vous chasse.

Que dit Heidegger de ce texte ? Il dit ceci : Ce *il y a* (« *Es gibt* » en allemand) n'est pas le *il y a* usuel, celui de : *Il y a des truites dans le ruisseau*, qui n'est pas un pur constat d'existence mais qui spécifie la rivière. Le *il y a* usuel dit donc l'être en tant qu'il est disponible pour l'homme. Mais, continue Heidegger, le *il y a* de Rimbaud serait plutôt un « *Es ist* » (« Il est ») qui, pas plus que « il y a » (« *Es gibt* »), n'établit l'existence de quelque chose. Je cite : « [...] il ne nomme pas l'être disponible de ce qu'il y a, mais il désigne ce qui s'approche comme un inquiétant, le démonique. Ainsi dans le "Il est" (*Es ist*) est inclus le rapport à l'homme et ceci de manière bien plus aiguë que dans le "Il y a" courant » [29].

La réflexion de Heidegger a de quoi retenir l'attention et elle ne devait pas laisser Char indifférent, mais elle semble laisser entendre – ou je me trompe, et j'espère me tromper – que le « *Es ist* » allemand serait « plus aigu » et plus propre à dire l'avènement de l'Être. Ce qui serait quand même inquiétant et difficilement recevable !

Passons maintenant aux réponses (interrogatives) de Char à *une question* qui reste donc à mieux déterminer. Cette réponse est : *la poésie ne rythmera plus l'action. Elle sera en avant* (Rimbaud).

> Elle songe l'action et, grâce à son matériau, construit la Maison, mais jamais une fois pour toutes.
> – La poésie est le moi en avant de l'en soi, « le poète étant chargé de l'Humanité » (Rimbaud)
> – La poésie serait de « la pensée chantée ». Elle serait l'œuvre en avant de l'action...

Et Char tire délibérément la nappe à lui en soulignant que si la poésie est bien liée à un peuple, il ne peut s'agir – et il ne saurait être question de se tromper – que d'un peuple à venir.

---

29. Heidegger, *Questions IV*, Paris, Gallimard.

– Dans l'optique de Rimbaud et de la Commune, la poésie ne servira plus la bourgeoisie, ne la rythmera plus...

Pour Char, la poésie de Rimbaud pose donc bien la question d'une pensée à venir, d'une pensée plus pensante, d'une pensée qui *accroche et qui tire*, où – et ici je me répéterai – le *je*, comme c'est le cas dans la sensation, *devient* (devient *un autre, toutes les formes de l'humanité* et *les animaux même*) et quelque chose du monde *arrive* en dessaisissant le *je* de lui-même. Devenir qui implique un débordement de la création – « habiter en poète » – et donc aussi un débordement de l'ordre social et, en l'occurrence, de l'ordre social établi par la bourgeoisie.

Pas un mot en revanche sur des questions comme celle de l'Être – *il y a / il est* – qui ne constituent sans doute pas un problème pour Char, pas plus que celle, mallarméenne, du Néant. La question étant pour lui plutôt celle de « l'impersonnelle plénitude » [30]. Comment en effet suffirait-il de dire « il y a » ou « il est », même avec un « il est » plus aigu, comme celui de l'allemand, et en supposant qu'il existe, pour dire l'avènement ou le rayonnement du monde – comme dans ce vers de Trakl, que cite Beaufret : « Là rayonne en pure lumière/ Sur la table, le pain et le vin ? » N'est-ce plutôt en mettant, pour reprendre encore une fois l'exemple de Rimbaud, cité au début de note texte, « la liberté », terme abstrait, dans le voisinage de « luire », qui dit un phénomène concret et « ravi » qui est d'ordre psychologique et en les faisant chanter à travers ce *nouveau* commerce entre eux, en leur faisant prendre un nouveau départ dans *l'affection et le bruit neufs*, qu'il y a *avènement* ?

C'est en gardant cette question à l'esprit que je voudrais reprendre notre lecture des textes de Char sur Rimbaud, en en développant certains aspects.

L'essaim, l'éclair et l'anathème

Au sujet de Rimbaud, donc, Char écrit, dans un texte de *Recherche de la base et du sommet*, texte qui a été repris comme préface pour l'édition Poésie/ Gallimard de Rimbaud : « Sa découverte, sa date incendiaire, c'est la rapidité. L'empressement de sa parole, son étendue épousent et couvrent une surface que le verbe

---

30. Jean Roudaut, *Introduction* à l'édition Pléiade de Char.

jusqu'à lui n'avait jamais atteint ni occupée. » *Vitesse, étendue* de sa parole. Ce sont là, pour Char, les propriétés définitoires de la manière dont le poète Rimbaud, – mais elles concernent éminemment Char lui-même – habite le monde et la langue. De son style – tout en ellipses, bonds dans l'abstraction qui résume, ruptures. Comme, toujours dans *Les poètes de sept ans* et vers la fin du poème, cette fois, cette accélération que marque l'énumération de quatre termes abstraits en un vers – le dernier de notre citation – vers qui, pour reprendre une expression de Char, *vit d'une vie poétique autonome*[31] :

> Il lisait son roman sans cesse médité,
> Plein de lourds cieux ocreux et de forêts noyées,
> De fleurs de chair aux bois sidérals déployées,
> Vertige, écroulements, déroutes et pitié !

Termes abstraits qui créent une rupture avec les vers précédents et qui, tout en convoquant des notions d'ordre différent et qui couvrent donc un champ sémantique très large, se juxtaposent en un raccourci fulgurant. Raccourci qui dit peut-être l'innommable matière du réel opposée à « la beauté blafarde et endimanchée » du foyer familial, vécue comme « réalité amputée et décharnée »[32].

Ou encore, toujours pour les ruptures, le début de *Mémoire*, que le philosophe Alain Badiou[33] – qui a écrit un beau texte sur les « rien », « assez », « mais », « non » qui résilient l'épiphanie, selon une *interruption* qui caractérise le poème rimbaldien – poème, donc, que le philosophe qualifie, justement, de proprement sublime.

Citons le début de ce poème, *Mémoire* :

> L'eau claire ; comme le sel des larmes d'enfance,
> L'assaut au soleil des blancheurs des corps de femmes ;
> la soie, en foule et de lys pur, des oriflammes
> sous les murs dont quelque pucelle eut la défense ;
>
> l'ébat des anges ; – Non … le courant d'or en marche.
> meut ses bras, noirs et lourds, et frais surtout, d'herbe. Elle

31. Char, *La Recherche de la base et du sommet*, *op. cit.*, p. 733.
32. Christian Prigent, *Ceux qui merdRent*, Paris, POL, 1991.
33. Alain Badiou, *op. cit.*, p. 132.

sombre, avant le Ciel bleu pour ciel-de-lit, appelle
pour rideaux l'ombre de la colline et de l'arche.

« – Non... » qui, continue Badiou, « résilie l'épiphanie de la
blancheur au profit d'une pesante et somptueuse donation terrestre ». Vers dont le ton, le somptueux choix lexical ne sont pas sans
rappeler, à nous lecteurs d'aujourd'hui, la poésie de Char.

Et si ces vers signifient bien quelque chose, s'ils sont l'*avènement* de l'être dans la parole, son *éclosion*, d'abord sous la forme de
purs « appels », et comme hors syntaxe, ils en sont aussi le *retrait*
car les mots, ici encore, débordent leur sens, et retrouvent ce que
nous avons appelé avec Merleau-Ponty, *la vie vague des couleurs*,
l'intensité pure, et cela tout en captant en eux l'intimité de ces choses qu'ils disent, avec leur part de silence et d'encore indéchiffré :
ombre, *colline*, *arche* qui « sont » ou « y sont » et qui *rayonnent*
comme jamais ils ne le pourront dans la langue quotidienne.

Et cette *eau*, ce *ciel bleu pour ciel-de-lit*, ces *rideaux*, ces *ombres*,
cette *colline* et cette *arche*, illustreront la belle réflexion de Char,
qui fait directement allusion, entre autres, à deux poèmes des
Illuminations, *Aube* et *Fleurs*, sur la présence de la nature – *de nouveau active* – dans l'œuvre de Rimbaud.

> Fait rare dans la poésie française et insolite en cette seconde
> moitié du XXᵉ siècle, la nature chez Rimbaud a une part pré-
> pondérante. Nature non statique, peu appréciée pour sa beauté
> convenue ou ses productions, mais associée au courant du
> poème où elle intervient avec fréquence comme matière, fond
> lumineux, force créatrice, support de démarches inspirées ou
> pessimistes, grâce. De nouveau elle agit. Voilà ce qui succède
> à Baudelaire. de nouveau, nous la palpons, nous respirons ses
> étrangetés minuscules. L'apercevons-nous en repos que déjà un
> cataclysme la secoue. Et Rimbaud va du doux traversin d'herbe
> où la tête oublieuse des fatigues du corps devient une eau de
> source, à quelque chasse entre possédés au sommet d'une falaise
> qui crache le déluge et la tempête. Rimbaud se hâte de l'un à
> l'autre, de l'enfance à l'enfer. [34]

34. René Char, *Recherche de la base et du sommet*, *op. cit.*, p. 730, 731.

Nature active, qui s'associe au poème et y *intervient comme fond lumineux* et dont nous *palpons* et *respirons* les *étrangetés minuscules* : cela est vrai aussi de la poésie de Char lui-même. Je ne citerai que deux exemples, choisis parmi tant d'autres. Le premier laisse entrevoir, de façon comme toujours très laconique, un peu du magnifique bestiaire qui se déploie dans la poésie de Char, autre poète qui s'est *chargé de l'humanité, des animaux même*. Ce texte qui, comme tout texte réussi, « fait exister par soi un moment du monde », agence en une fabulation ce que Gilles Deleuze [35] appelle un *percept* – ici celui du mouvement, de la couleur et du chant d'un être de la nature, *le coucou*, mais aussi bien, selon une « zone d'indiscernabilité », celui du mouvement, de la non-couleur et du cri rentré du réfractaire – et un *affect* – celui du réfractaire qui s'ouvre au monde par et dans la sensation, tout en restant tenu par la peur – pour saisir ce percept et cet affect l'un dans l'autre en un bloc déformant, que fait résonner le matériau des mots – *affinité, furtifs, frisson*.

> Une si étroite affinité existe entre le coucou et les êtres furtifs que nous sommes devenus, que cet oiseau si peu visible, ou qui revêt un grisâtre anonymat lorsqu'il traverse la vue, en écho à son chant écartelant, nous arrache un long frisson. [36]

Le deuxième poème est « Le bois de l'epte », qui fait partie de *La Parole en archipel*. Le poète dit et fait exister ce « moment du monde » que peuvent être une marche et l'impersonnelle plénitude – *je n'étais que deux jambes, le nul au centre du visage* –, tandis que les *entreprises* qui relèvent des éléments de la nature, tous, notons-le, sujets de verbes d'action, et celles du marcheur entrent à leur tour dans une « zone d'indiscernabilité » qui fait songer au fameux *Aube* de Rimbaud.

> Venus du mur d'angle d'une ruine laissée jadis par l'incendie,
> Plongèrent soudain dans l'eau grise
> Deux rosiers sauvages plein d'une douce et inflexible volonté.
> Il s'y devinait comme un commerce d'êtres disparus, à la veille de s'annoncer encore.

35. Gilles Deleuze, Felix Guattari, *Qu'est-ce que la philosophie ?*, Paris, Minuit, 1991, p. 158.
36. René Char, *Fureur et Mystère, op. cit.*, p. 214.

> Le rauque incarnat d'une rose, en frappant l'eau,
> Rétablit la face première du ciel avec l'ivresse des questions,
> Éveilla au milieu des paroles amoureuses la terre,
> Me poussa dans l'avenir comme un outil affamé et fiévreux.[37]

Et, comme nous l'avons dit précédemment, ce ne sont pas seulement les forces de la nature qui sont associées au poème, mais aussi les forces sociales qu'il capte. Le « nul au centre du visage », le « je », place vide que traversent les forces sociales et les forces de la « nature » – de nouveau – « active », devenant ainsi, sur le mode de l'unité ou de la séparation, le lieu « de la libre disposition de la totalité des choses entre elles » [38]. Il nous paraît important de mettre ici en parallèle la présence des « Ouvriers » chez Rimbaud, « poète révolutionnaire contemporain de la Commune de Paris » (*Le Forgeron, Les poètes de sept ans, Bonne pensée du matin...*) et les *transparents* ou encore les *braconniers* de Char, « le réfractaire » : ils sont les emblèmes de ce fond de *révolte* – qui, comme on le dit pour un feu, alimente l'œuvre. Pour, encore une fois, nous en tenir au *Poètes de sept ans*, nous citerons les lignes suivantes :

> Il n'aimait pas Dieu ; mais les hommes, qu'au soir fauve,
> Noirs, en blouse, il voyait rentrer dans le faubourg
> Où les crieurs, en trois roulements de tambour,
> Font autour des édits rire et gronder les foules.

Et pour les *braconniers* de Char, nous nous référerons à ce texte dans lequel le poète, responsable d'un groupe de Résistants, parle de ses compagnons de lutte auxquels il associe le thème rimbaldien de la chaussure – les fameuses *semelles de vent* – et le retour des dieux, qui font ici leur apparition dans la poésie de Char, mais encore comme « sur la pointe des pieds », selon la jolie formule de Jean-Claude Mathieu.

> Je remercie la chance qui a permis que les braconniers de Provence se battent dans notre camp. La mémoire sylvestre de ces primitifs, leur aptitude pour le calcul, leur flair aigu par tous

---

37. René Char, *La Parole en archipel, op. cit.*, p. 371.
38. René Char, *Fureur et Mystère, op. cit.*, p. 160.

les temps, je serais surpris qu'une défaillance survînt de ce côté.
Je veillerai à ce qu'ils soient chaussés comme des dieux ! [39]

Il serait encore possible de rapprocher les deux poètes en évoquant les déclarations de Char en faveur du mauvais vouloir, de la désobéissance, du mal fantasque, autant de contre-valeurs partout présentes également chez Rimbaud. Mais il est temps de clore cette partie et pour cela je reprendrai un aphorisme de Char déjà cité qui résume poétiquement ce que nous sentons être la constellation Char-Rimbaud :

> L'essaim, l'éclair et l'anathème, trois obliques d'un même sommet. [40]

L'essaim (la sensation, le captage des forces de la nature et celui des forces sociales qui impersonnalisent et font du *je* un *je* pluriel), *l'éclair* (l'exaltation par et dans les signes de la « matière-émotion ») et *l'anathème* (le rejet des croyances qui sont du confort et de l'ordre établi : *d'aucune paroisse*, comme le vipereau) : trois obliques, donc, d'*un même sommet*.

Dissonances

« L'heure nouvelle est au moins très sévère » pour Char, et l'est aussi, mais pas de la même manière, pour Rimbaud.

Sévère pour Char, comme nous l'avons vu quand nous avons parlé de sa « conversation souveraine » avec Heidegger, que le philosophe Lacoue-Labarthe qualifie, lui, de « pitoyable ». Mais ce n'est pas tout. C'est sa poésie elle-même qui est critiquée par certains, avec plus ou moins de nuances, comme relevant trop de la « pose » du « grand penseur ». Ou pour sa langue qui n'investit que ce qui est déjà codé comme poétique. Ou encore pour sa pensée humaniste qui ne parle le plus souvent qu'en termes de *justice, justesse, avenir de l'homme.* Pour sa sacralisation de la poésie – « le mot poème, le mot poète plein la bouche » – dit Christian Prigent. Pour ses partis pris : « hauteurs (de vues), grandeur (morale), luxe (lexical) » [41].

39. *Ibid.*, p. 194.
40. René Char, *Les Matinaux, op. cit.*, p. 333.
41. Christian Prigent, *op. cit.*, p. 71.

D'où la conclusion : « Char ne nous concerne plus guère, ne nous concerne plus *tout entier*, parce que la poésie, chez lui, s'assimile trop évidemment à la « poésie », qu'il manque en elle ce *non-sens de la poésie* dont George Bataille nous disait qu'il était nécessaire pour que la poésie soit autre chose, que, simplement, *la belle poésie*. » [42]

Je ne suis personnellement pas indifférent à l'argumentation de Prigent et la relecture – trop rapide et trop partielle – de Char, en le mettant, à l'occasion de ce colloque, dans les voisinages de Rimbaud, m'a *aussi* fait sentir quelque chose comme cela, qui serait, ceci dit en passant, encore plus vrai de la lecture de Saint-John Perse. Et de ce point de vue, il est possible et peut-être éclairant de retourner Rimbaud contre Char.

Heure *sévère* aussi pour Rimbaud si, comme le dit Alain Badiou, ce n'est plus tant lui qu'il nous faut que Mallarmé : c'est-à-dire une poésie qui s'est *dégagée* du rêve de posséder *la vérité dans une âme et dans un corps* – la vérité qui changerait la vie et qui serait « coextensive à la situation tout entière » [43]–, pour avancer, par un patient travail de soustraction, par une « action restreinte », vers le jeu suprême de la fiction qui nous livre l'Idée.

C'est sur ces dissonances, que je voudrais non pas conclure, bien sûr, mais « interrompre » mon exposé.

Sur la deuxième de ces dissonances, *Mallarmé*, donc, *plutôt que Rimbaud* (et que Char), nous reviendrons une autre fois, à travers notamment une lecture de *Mémoire* et des fabulations que le poème opère, pour les mettre à côté des fabulations mallarméennes.

Quant à la première, je citerai une nouvelle fois Christian Prigent : « l'illuminante merveille sublimée des derniers poèmes en prose s'arrache (d'un) fond obscène et trivial qu'elle ne dénie jamais. Sa force est à la mesure de l'enfoncement salopé dont elle est, d'une certaine manière, le retournement, la conversion, la dialectisation. » [44] *Les poètes de sept ans* nous a donné une idée de ce fond obscène, de cet Éden noir, comme on dit : latrines où le poète renifle l'odeur de l'« être » (Artaud), hommes « noirs » aux habits « puant la foire », « fesses » d'une fille d'ouvrier que le poète de sept ans mord et dont il emporte les « saveurs » dans sa chambre etc.

Et c'est ou ce serait ce fond obscène et trivial *jamais dénié* – qu'évoque aussi Badiou et que, dit le philosophe, on sent aussi chez Proust ou Beckett, par exemple – qui serait occulté chez Char,

---

42. Christian Prigent, *op. cit.*, p. 76.
43. Alain Badiou, *op. cit.*, p. 150.
44. Christian Prigent, *op. cit.*, p. 314.

lui interdisant l'essor complet de la poésie et avec lui le dépli de tous ses plis.

Le jugement est sévère. D'autant plus que la poésie de Char, et Prigent le reconnaît, est traversée, nous l'avons vu, par le *négatif – le malaise*. On pourrait dire aussi que ce jugement reste captif des mots du christianisme, alors que la poésie de Char, elle, ne l'est pas. Ou encore que ce jugement est l'expression d'une baisse d'intensité dans la lecture de la poésie de Char. Mais, du moins, a-t-il l'avantage de dire effectivement quelque chose de ce qui fait la grandeur de Rimbaud, dont les poèmes sont, écrit le poète et critique, « boulversants parce qu'ils maintiennent à la fois le mouvement révolté, sensuel, sexuellement déchiré, salopeur et encrapulé d'où vient l'œuvre et le sacrifice de ce mouvement dans le délié souverain et l'expression *égarée au possible* » [45].

Olivier BIRMANN

45. *Ibid.*, p. 321.

Roubaud sur Rimbaud : rimbaldisme, rupture métrique et monstration poétique

Quelle influence Rimbaud a-t-il exercée sur la poésie contemporaine – du moins celle qui se fait aujourd'hui, dans les années 2000 ? La question est légitime, car dans une certaine poésie, celle du début de ce siècle, l'influence de Rimbaud s'avère peu perceptible, en tout cas non revendiquée. Pierre Alferi par exemple cite comme modèle Pétrarque, ou la poésie objectiviste américaine. Anne Portugal cite Apollinaire. Rimbaud est rarement donné comme référence.

Un poète contemporain d'importance a néanmoins parlé de Rimbaud, de façon parfois provocatrice au demeurant, c'est Jacques Roubaud. À part l'homophonie de leurs noms, Roubaud/Rimbaud, ces deux poètes n'ont pas grand-chose en commun, on le verra. Roubaud analyse toutefois longuement l'influence de Rimbaud dans son essai sur la théorie du vers, *La Vieillesse d'Alexandre*[1], et il le cite également dans un autre essai, *Poésie, etc. : ménage*[2].

Il s'agit là d'essais théoriques : il faudrait aussi relever s'il existe d'autres traces de Rimbaud (conscientes ou non) chez Roubaud, non plus dans ses essais mais dans sa poésie même. La question mérite d'être posée, nous y reviendrons.

Cet article se base sur un document inédit – quatre pages de remarques très serrées – compilé par Roubaud à l'intention des

---

1. Paris, Ramsay, 1988.
2. Paris, Stock, 1995.

participants du colloque de Kyoto en 2004, et qui s'intitule : « À propos de Rimbaud : divers extraits des remarques numérotées que j'accumule sur la poétique depuis beaucoup d'années ».

Ces remarques, numérotées selon leur ordre de rédaction, étaient éparses, parfois répétitives ou digressives ; elles ont été classées, en en modifiant un peu l'ordre chronologique, pour les regrouper selon trois thèmes essentiels qui constituent les trois rubriques de cet article. Et qui développent la thèse suivante : l'influence de Rimbaud a été importante jusqu'au surréalisme, mais peu notable aujourd'hui, affirme Roubaud. Mais par-delà le rimbaldisme, mythe qui tend à occulter l'œuvre, demeurent les traces d'une rupture métrique majeure et d'une monstration poétique souvent magistrale, *via* l'impact de l'image.

Ce document témoigne quoi qu'il en soit de deux choses : Roubaud est un grand lecteur de Rimbaud ; et même si c'est un lecteur critique, voire féroce, cette lecture est précise, approfondie, elle s'étend sur des années, et elle n'a jamais cessé.

Il suffira donc de commenter ces commentaires – qui nous offrent, en version résumée, condensée en quelque sorte, le regard d'un poète contemporain sur Rimbaud aujourd'hui.

À propos de Rimbaud : divers extraits des remarques numérotées que j'accumule sur la poétique depuis beaucoup d'années
Jacques Roubaud

Remarques additionnelles (avril 2004) :
peu d'influence de Rimbaud sur les poètes les plus contemporains. Il a été en fait absorbé par le rimbaldisme : les responsables sont les surréalistes qui ont été obnubilés par le « cas Rimbaud ». Le renoncement du génie précoce etc., d'où des tas de « petits rimbaud » dans les années trente à cinquante.

L'influence de Rimbaud se serait donc arrêtée au surréalisme, ou du moins elle se serait exercée à travers le filtre du surréalisme et de sa lecture de Rimbaud. Ce n'est pas une opinion propre à Roubaud, elle apparaît souvent partagée. Interrogé, le jeune poète Pierre Alferi offre une analyse identique, bien qu'il dise relire de temps en temps *Les Illuminations*, œuvre importante selon lui par son refus de distinguer entre grand art et art mineur, sa défense du naïf et du populaire.

À noter toutefois que la critique porte ici non sur Rimbaud mais sur ce que Roubaud appelle le rimbaldisme, c'est-à-dire l'occultation de l'œuvre au profit du mythe, de la légende : mythe qui se voulait au départ anti-académique, et qu'on pourrait qualifier aussi de romantique. C'est la formule « on n'est pas sérieux quand on a 17 ans », qui permet aux adolescents qui commencent à écrire de se voir en génies précoces et révoltés, en « petits rimbaud ». Ce mythe, c'est ce que l'écrivain Pierre Michon nomme la Vulgate, qui s'est constituée autour du personnage Rimbaud, et qu'il dénonce dans son livre *Rimbaud le Fils* [3].

> j'ai lu avec beaucoup d'intérêt la monumentale précise exacte biographie de Rimbaud par Jean-Jacques Lefrère qui démolit toutes les légendes accumulées sur cet individu extrêmement antipathique.

Le ton ici se fait plus polémique (« cet individu extrêmement antipathique »), mais il faut remarquer d'une part qu'il s'agit encore et toujours de la dénonciation de la « légende » (« toutes les légendes accumulées ») et d'autre part que Roubaud, malgré ses réserves, s'avère un lecteur informé et intéressé des études rimbaldiennes (« j'ai lu avec beaucoup d'intérêt... »).

Précisons qu'il ne s'agit pas ici de défendre Roubaud, et Rimbaud pas davantage ; ni l'un ni l'autre n'ont besoin qu'on les défende, et notre commentaire ici se voudra aussi distancié et objectif que possible.

La première série de remarques, regroupées sous la rubrique « rimbaldisme », réfute donc d'abord une certaine lecture de Rimbaud, surréaliste et borerienne.

Rimbaldisme

1. l'œuvre-vie

2110   La notion même d'œuvre-vie est une négation de la poésie (cf. Alain Borer, l'œuvre vie.)

2109   La critique borerienne des éditions antérieures, principalement celle de la Pléiade, qui reconstituent facticement des œuvres, est juste. Mais si on veut s'en tenir à ce que Rimbaud a fait effectivement, si on veut suivre ses « intentions », on ne devrait pas oublier ceci : la lettre contenant le poème n'est pas le poème.

3. Paris, Gallimard, 1992.

2111   Ce qu'a écrit Rimbaud vaut en ce que ses « écritures » sont poésie, tout le reste est « documentaire »

2114   Les poèmes d'un poète sont sa vie, pas telle qu'elle peut intéresser ses proches, mais telle qu'elle peut intéresser les lecteurs de
poésie.

2115   Si l'œuvre-vie comprend la vie, on s'étonnera, y rencontrant
beaucoup Verlaine, de n'y voir pour ainsi dire jamais Verlaine
poète, ni Cros, ni Nouveau qui sont, pour entendre la voix
poétique de Rimbaud, plus significatifs que Verlaine. Mais on
n'y entend pas non plus Corbière, ni Lautréamont, qu'il n'a
pas connus « personnellement », ni Laforgue, ni Baudelaire, ni
Mallarmé. Ni Banville. Voilà des « correspondants » directs ou
indirects dont le « sens » pour la vie de l'œuvre, est bien aussi
important que des centaines de pages de lettres futiles.

2123   « Trouver le lieu et la formule » dit Rimbaud : pas besoin de
louer un autobus et de partir au Harrar. Lieu et formule sont là,
dans les poèmes.

2125   « Posséder la vérité dans une âme et dans un corps » dit encore
Rimbaud : le souffle de la parole de poésie est dans le corps des
lettres, des mots et des vers.

L'opposition est posée ici très clairement entre deux conceptions
conflictuelles de l'œuvre : l'œuvre comme « geste », qui renvoie à et
reflète la vie; ou au contraire l'œuvre enclose dans les poèmes, seuls
garants ultimes de sa vérité. On retrouve Proust contre Sainte Beuve,
le je qui écrit n'est pas le je de la vie, mais après tout le fameux « Je
est un autre » de Rimbaud pourrait se lire aussi ainsi.

Il y a toutefois une remarque qui semble aller plus loin, en abyme
de la précédente, c'est la remarque 2115, sur les autres poètes absents.
Cette absence, cet individualisme professé par Rimbaud étonne
Roubaud, lui semble intenable, puisqu'on écrit toujours avec les mots
des autres. On entend ici en écho la phrase de Roubaud « les mots
des poètes sont ma vie », en exergue de son livre *Autobiographie chapitre dix* [4], recueil composé entièrement à partir des poèmes d'autres
poètes, surréalistes essentiellement; pour Roubaud en effet la lecture
des poètes qui l'ont précédé fait partie de son autobiographie, c'est
un chapitre de sa vie, ici son chapitre 10... Le poète même dans la
rupture est toujours, qu'il le veuille ou non, dans une filiation. « Je
n'invente rien » dit Roubaud, « je suis dans la tradition » [5].

---

4. Paris, Gallimard, 1977.
5. Entretien avec Georges Perec, *La Quinzaine littéraire*, 1er-15 janvier 1968.

Voilà pourquoi le mythe de la table rase pour Roubaud est impossible et illusoire, d'où les remarques suivantes :

2. la destruction/le renoncement

2116   Quel est le sens de la démarche ? faire comme si le renoncement à la poésie était la poésie ; renversement qui va contre le sens même du geste.

2117   Le Rimbaud de l'œuvre-vie est au bout de la lecture surréaliste de son « geste ».

2118   Disons ceci : Rimbaud est un ouvrier du vers, un des plus remarquables du moment de la première modernité, un des paradigmes du geste moderniste (destruction de la tradition). Mais pas plus.

2119   Si toute tradition poétique est vouée à sombrer dans le ressassement et la répétition, le geste moderniste de destruction est encore plus vite répétitif, plus vite voué au ressassement.

2120   Il était indispensable que le geste moderniste ait eu lieu. Il aura lieu de nouveau ; mais autrement, pas comme psittacisme, pas fantomatiquement : lutte du même contre le même.

2121   Le geste moderniste n'a de sens que dans le moment de la destruction. Il est difficile de faire sauter deux fois la même maison.

2122   Il est vrai que la « Saison » est poésie engagée, didactique, est une étape importante dans la négation de l'activité de poésie.

cf. poésie etc ménage : L'aboutissement naturel du geste avant-gardiste, en fait, est le silence.

2124   La poésie est impossible, n'existe pas, est essentielle ; à la langue, à chacun.

Il faut signaler que la plupart de ces remarques apparaissent déjà dans le chapitre 62 de *Poésie, etc. : ménage*.

On pourrait toutefois objecter que la notion de renoncement semble beaucoup plus admirable à Roubaud lorsqu'elle vient par exemple du poète Denis Roche. La remarque 2124 « la poésie est impossible » fait écho à « la poésie est inadmissible », la phrase provocatrice de Denis Roche dans *Le Mécrit*[6], après laquelle il a cessé définitivement d'écrire, en 1972. Roubaud a consacré à ce geste un chapitre élogieux et très admiratif dans *Poésie, etc. : ménage*.

La question lui donc été posée : en quoi ce geste de refus, de renoncement total, délibéré est-il plus admirable chez Roche que chez Rimbaud ?

6. Denis Roche, *Œuvres poétiques complètes*, Paris, Éd. du Seuil, Fictions & cie, 1995.

La réponse de Jacques Roubaud n'est pas très claire : le geste de Roche dit Roubaud est un geste avant-gardiste, mais conséquent, à la Duchamp. C'est un geste qu'on ne répète pas. C'est surtout un geste allègre, insolent, maîtrisé, sans effort. Son œuvre n'est pas une œuvre-vie, c'est une œuvre tout court. Son but : la destruction du vers libre surréaliste. Ce but une fois atteint, Roche se tait. Et surtout cette fin, cet arrêt ne sont pas encombrés de tout le discours pseudo-mystique dont ses commentateurs accompagnent le silence de Rimbaud. On retrouve ici la critique du rimbaldisme plus que de Rimbaud lui-même.

Dernier mythe enfin à réfuter, celui de la jeunesse ; Roubaud prend pour exemple le génie mathématique Évariste Galois, mort très jeune. Référence compréhensible lorsqu'on se souvient que Roubaud est poète mais aussi mathématicien, tout comme son ami Pierre Lusson avec qui il a conçu une théorie du rythme abstrait, applicable à la poésie – théorie par ailleurs inachevée.

> 3. le mythe de la jeunesse
>
> 2474   écrits en 1830, les quelques textes de Galois sont géniaux ; ils n'apparaîtraient évidemment pas ainsi aujourd'hui. Écrits vers 1830 par un vieillard de 99 ans, ils n'auraient pas été moins géniaux. L'âge ne fait rien à l'affaire (mathématique). (L'âge ne fait rien à l'affaire (poétique), non plus.)
>
> 2478   Beaucoup de poètes ont-ils dit, paraphrasant Pierre Lusson à 23 ans (« à mon âge, Galois était déjà mort ») : « à mon âge, Rimbaud s'était déjà tu » ?

Rupture métrique

Il faut se reporter ici au premier chapitre de *La Vieillesse d'Alexandre* de Jacques Roubaud, sous-titré *Essai sur quelques états récents du vers français*. Le livre se donne comme un roman formel, le roman de l'alexandrin, de sa naissance au XIIe siècle jusqu'à son évolution et sa mort, ou en tout cas son vieillissement. Au profit aujourd'hui de ce que Roubaud nomme le vers libre standard.

Ce premier chapitre est consacré à Rimbaud. Jacques Roubaud y souligne l'importance majeure selon lui de la rupture rimbaldienne du point de vue formel (c'est-à-dire métrique), touchant à l'alexandrin. Il affirme la portée cruciale de cette rupture qui anticipe le XXe siècle.

Le chapitre commence ainsi : « autour de 1870, le processus de changement de forme de la métrique française traditionnelle, rencontre une *catastrophe*. On peut presque *marquer* le moment de cette catastrophe par un poème, composé quelques mois sans doute après la chute de la Commune de Paris. C'est le poème de Rimbaud qui suit ».

Est cité alors le poème de Rimbaud qui commence par « Qu'est-ce pour nous mon cœur, que les nappes de sang/ et de braise, et mille meurtres, et les longs cris... », suivi de l'analyse attentive, extrêmement précise et technique par Roubaud de ce « brouillage métrique » innovant, introuvable à l'époque sinon dans quelques poèmes de Mallarmé. L'analyse porte sur la place de la sixième syllabe, la violation des frontières d'hémistiche, des frontières de vers, etc., tous indices d'une violente rupture métrique (en parallèle avec une revendication sociale, puisque le poème a pour sujet la révolte de la Commune). S'ensuivra chez Rimbaud la renonciation apparente au vers, à « la vieillerie poétique », en faveur de la prose dans les *Illuminations*.

Roubaud conclut en soulignant l'aspect prophétique de ce choix du poème en prose, plus novateur que celui de Baudelaire, Mallarmé ou Isidore Ducasse, parce qu'il s'agit déjà, très *en avant* dit-il « *de prose de vers* », à partir d'un vers libre qui n'existe pas encore : « C'est la dernière solution de Rimbaud, déjà toute proche d'Apollinaire, Cendrars et Reverdy. »

Monstration poétique

Le terme coiffant cette dernière rubrique est celui utilisé par Roubaud, et c'est là qu'il manifeste une admiration plus affirmée, un aquiescement explicite, et qui touche cette fois à l'impact novateur de l'image chez Rimbaud.

2491   Plusieurs Rimbaud : – le « Jules Verne » (Bateau ivre) (mais aussi : « De vos forêts et de vos prés / Ô très paisibles photographes / La Flore est diverse à peu près / Comme des bouchons de carafe / »). – le « réaliste « (Au Cabaret-vert ; ironie métrique : « Au Cabaret-Vert je demandai des tartines / de beurre... »). – le « Baudelaire « (celui de « Avec de lourds cheveux roulés dans des quittances ») ; mais toujours en même temps « zutique » (comme Charles Cros : « Enclavé dans les rails, engraissé de scories / ... ». Tous Rimbaud ironiques.

[2492   Le Rimbaud « Papillon-Lasphrise » – Un sonnet de Papillon s'achève par le vers : « Maniant l'honneur blond de ton petit tonneau », juxtapose l'image noble et l'image triviale, rencontre qui n'est pas un mélange à des fins parodiques ou dérisoires de deux registres de langue (l'expression « l'honneur blond » reste troublante), mais est un rare état de poésie. Ce Rimbaud-là est dans <u>Oraison du soir</u> : « Doux comme le Seigneur du cèdre et des hysopes / Je pisse vers les cieux bruns, très haut et très loin / Avec l'assentiment des grands héliotropes / ».]

2493   Il y a du Hugo là, celui de la transposition du Cantique des Cantiques dans *La Fin de Satan*.

2494   Il y a plusieurs Hugos chez Rimbaud.

Voici donc retrouvée la filiation absente sur laquelle s'interrogeait Roubaud un peu plus tôt...

2495   « Cieux bruns » : des cieux couleur de bière, en somme, par une de ces « déductions » dont la poésie est coutumière (voir les « trente à quarante chopes » du premier tercet).

2496   La ligne de la *Saison* et des *Illuminations* a été beaucoup suivie, usée. Pas les « Derniers vers ».

2498   Ligne rimbaldienne précieuse, en ironie : « C'est trop beau ! trop ! gardons notre silence ! ».

Enfin, plus affirmatif et admiratif encore :

2499   « Mémoire » est le sommet absolu de Rimbaud.

2501   Pourquoi « mémoire » et les poèmes semblables ? à cause de l'extrême intensité-véridicité « ostensive » d'un fragment quelconque, vu, vu très proche du monde : monde des espèces naturelles (« *natural kinds* »); ces choses du monde dont est fait, pour moi, le monde possible de la poésie.

2503   Force des évidences poétiques montrées : c'est <u>cela</u>; c'est <u>ainsi</u>. Elles sont rares (Rimbaud, Hopkins).

Voici donc l'explication : la monstration poétique, ce serait l'*haecceitas*, la présence immédiate, convaincante, ostensive du monde, rendue flagrante par l'image poétique, et ces instances fortes sont rares. Roubaud ne cite ici que deux poètes : Rimbaud, et Gerard Manley Hopkins, qui évoquait « *the thingness of things* », la prégnance des choses, et ce qu'il appelait dans le poème les « *inscapes* » : moment de surgissement, instantanéité où la réalité à la fois ordinaire et singulière des choses vous envahit comme une révélation.

« *Natural kinds* » est une catégorie traditionnelle de la philosophie anglo-saxonne, et il est intéressant de noter que ce monde des espèces naturelles est justement ce que Roubaud a cru retrouver dans la poésie japonaise ancienne, et ce qui l'attire dans son étude des *Anthologies Impériales japonaises*, qui sont pour lui des modèles de poésie : une poésie, dit-il, où les espèces du monde « coïncident miraculeusement avec leurs syllabes » [7].

2504   Vérité de la « monstration » poétique : « œil d'eau morne ». (Mémoire)

2505   Vérité de la « monstration » poétique (que le monde n'est pas beau) : « Sous l'affreuse crème, / près des bois flottants / ».

Cette deuxième image, extraite de la *Comédie de la soif*, est particulièrement significative. Nous y reviendrons.

À cette ostension du monde s'ajoute une dimension supplémentaire : celle de l'ironie. À la fois la présence du monde et sa mise à distance : et c'est dans cette tension paradoxale que se tient le génie novateur de Rimbaud.

2506   D'ailleurs, si quelque chose du monde est beau, ce n'est pas accessible : « Ni l'une / ni l'autre fleur » « ... bras trop courts... » (Mémoire).

Il faut citer ici la strophe 5 du poème à laquelle Roubaud fait allusion :

> Jouet de cet œil d'eau morne, je n'y puis prendre
> Ô canot immobile ! oh bras trop courts ! ni l'une
> Ni l'autre fleur, ni la jaune qui m'importune
> Ni la bleue, amie à l'eau couleur de cendre

Roubaud évoque ensuite Kierkegaard et sa définition de l'ironie, pour conclure à la remarque 2511 :

2507   D'ailleurs, si c'est beau et si par hasard c'est saisissable, ce n'est pas transmissible aux autres : « c'est trop beau ! trop ! gardons notre silence ! » (autre lecture ; cf. rem. 2498).

2508   Ironie de Rimbaud, en quel sens ? (Kierkegaard) : « L'ironie est la voie, comme le négatif : non pas la vérité, mais la voie... Dès que l'ironie intervient, elle indique le chemin, mais pas le

---

7. « La première poésie lyrique japonaise », *Action Poétique*, n° 36, 1968.

chemin par lequel celui qui s'imagine avoir le résultat parvient à le posséder : elle indique le chemin par où le résultat nous quitte ».

2509   Selon l'ironie kierkegaardienne, les deux lectures de « c'est trop beau !... » (rem. 2507, 2498) s'accordent.

2511   C'est par l'ostension et l'ironie, toutes deux absolues, que <u>Mémoire</u> est sommet de la trajectoire poétique de Rimbaud.

Ce n'est pas un hasard si le poème de Rimbaud que Roubaud retient comme un sommet absolu s'intitule justement « Mémoire » : on sait que la mémoire est le thème-clé, essentiel, présent au cœur de toute l'œuvre de Jacques Roubaud. On connaît ses axiomes, sans cesse développés et repris : la poésie est mémoire de la langue, l'image poétique est effecteur de mémoire, la langue est privée et collective, autobiographie de personne et de tout le monde.

2512   La mémoire, c'est dire : c'était cela, c'est cela ; et cela nous quitte.

2513   la mémoire poétique (Rimbaud) est celle des « lieux arbitraires ».

2514   <u>Mémoire</u>, mémorable, par l'association des fragments de mémoire offrant l'évidence du monde en lieux arbitraires, au moyen du lieu arbitraire par excellence dans la langue, le vers.

Et enfin, dernière remarque :

2515   <u>Mémoire</u> est le poème où le vers de Rimbaud est le plus complexe, le plus novateur, presque sans descendants.

On a donc vu que de rubrique en rubrique, le ton change : Jacques Roubaud passe du négatif au positif ; d'une critique, mais qui porte plus sur le rimbaldisme que sur l'œuvre, à une appréciation du rôle novateur de Rimbaud. Mais il faudrait sans doute aller plus loin : envisager pour clore cette réflexion, non plus l'appréciation consciente et raisonnée d'un poète par un autre, mais l'impact inconscient du premier sur le deuxième, de Rimbaud sur Roubaud, ses traces éventuelles dans l'œuvre de ce dernier.

Or il existe curieusement une image rimbaldienne, une surtout, qui revient de façon insistante, comme une sorte d'emblème, un indice fort – mais de quoi ? – chez Jacques Roubaud, c'est la citation rencontrée plus haut « Et l'affreuse crème/ Près des bois flottants », empruntée au poème de Rimbaud « Les amis », dans *La Comédie de la soif* (1872). Citons la strophe entière :

> Qu'est l'ivresse, mes amis ?
> J'aime autant mieux même
> Pourrir dans l'étang
> Sous l'affreuse crème
> Près des bois flottants

Cette image tronquée, réduite à ses deux derniers vers, apparaît à deux reprises chez Jacques Roubaud :

Dans le recueil *Trente et un au cube*[8] (p. 64) en exergue à un poème d'amour mais aussi de séparation, on trouve :

> Et l'affreuse crème
> Près des bois flottants

Et dans *Quelque chose noir*[9], recueil de deuil consacré à la mort de la jeune femme de Roubaud, on lit (p. 28) « je pense : et l'affreuse crème/ Près des bois flottants »

Pourquoi cette image particulièrement, et de façon répétitive ?

Interrogé sur ce choix, Roubaud évoque l'enfance : petit je lisais Rimbaud, dit-il, Corbière, Cros, et ma mère me lisait *Les Illuminations*. L'image appartient à ces poèmes où la notation concrète est très nette, très forte (la monstration poétique, donc), et dont la poésie n'a pas beaucoup d'exemples. (On pense à Mallarmé, dans *Le tombeau de Verlaine*, et au vers resté célèbre « un peu profond ruisseau calomnié la mort ».)

Image empruntée à Rimbaud et qui demeure donc des lectures de l'enfance, certes, mais on pourrait l'interroger encore : cette image est clairement associée, chez Jacques Roubaud, à la mort, au deuil, et plus encore, au désespoir et à la tentation du suicide. Son contexte originel l'éclaire rétrospectivement : « J'aime autant mieux même/ *pourrir* dans l'étang/ sous l'affreuse crème/ près des bois flottants ».

Quelque chose noir est un livre de deuil, mais l'œuvre entière de Jacques Roubaud est placée sous le signe du deuil : « J'écris entre deux morts » dit-il : non seulement la mort de sa femme, Alix Cléo Roubaud, mais celle volontaire du frère aîné, Jean-René. C'est ce suicide qui est au départ de ce que Jacques Roubaud a appelé le Projet, projet gigantesque, de prose et de poésie, encore inachevé, auquel il a consacré sa vie.

---

8. Paris, Gallimard, 1973
9. Paris, Gallimard, 1986

Image qui date de l'enfance donc, mais réactualisée dans le présent du poème, un présent violent.

Il faudrait bien sûr analyser davantage le contexte de cette citation, se pencher sur les poèmes de plus près, mais ceci suffit à montrer que bien que Jacques Roubaud s'en défende, et qu'il élève des réserves souvent véhémentes, Rimbaud a peut-être exercé sur lui, dans un registre poétique particulier, celui du deuil, un impact plus souterrain, plus intime qu'il ne veut le laisser paraître, et dont les traces se prolongent et affleurent, obliquement, dans le présent de l'écriture.

Agnès DISSON

NB. Autres références à Rimbaud relevées dans le corpus roubaldien :

La plus grande marche en lisant un album de BD/ Peut-être un nouvel épisode de Babar :/ « Paul et ce coquin d'Arthur »/ Verlaine et Rimbaud ont chacun une « villa »/
Mais c'est au métro Danube :/ Deux impasses.
La forme d'une ville change plus vite, hélas, que le cœur des humains, p. 72, Gallimard, 1999

un rouen de plomb passe la tête à travers le vert-chou et les enclumes
Signe d'appartenance, p. 79, Poésie Gallimard, 1967
Cf. Un hydrolat lacrymal lave/ Les cieux vert-chou
(Mes petites amoureuses)

œil d'eau morne (Mémoire) in *La bibliothèque de Warburg*
p. 60, Gallimard, 2002

Rimbaud et Sakutarô
– Destination de leurs « Trains de nuit » –

Introduction

Les vies d'Arthur Rimbaud (1854-1891) et de Hagiwara Sakutarô (1886-1942) suivent chacune parallèlement le développement du réseau ferroviaire dans leur pays. Est-ce un hasard si chacun d'eux, nés en province, a consacré dans sa jeunesse un poème au train de nuit – Rimbaud avec « Rêvé pour l'hiver », Sakutarô avec « Train de nuit » ? Le but de notre communication est de creuser cette coïncidence en voyant dans ces poèmes quelle était la formation de leur première poétique. Pour répondre à cette question, nous donnerons d'abord un aperçu de l'histoire des débuts du chemin de fer en France et au Japon pour y situer la vie de nos deux poètes (« Développement du réseau ferroviaire en France et au Japon »); nous rappellerons ensuite brièvement la poésie inspirée par le train à leur époque (« La Poésie du train »); enfin, nous examinerons de plus près deux de leurs poèmes « Rêvé pour l'hiver » de Rimbaud et « Train de nuit » de Sakutarô (« Destination de leurs "Trains de nuit" »).

Développement du réseau ferroviaire en France et au Japon

C'est sous la monarchie de juillet, que la France, soucieuse de rattraper son retard sur l'Angleterre, a accéléré la construction de voies ferrées. Elle avait cependant plusieurs obstacles à surmonter :

sur le plan moral, il existait des groupes opposés à l'essor du chemin de fer – les catholiques et les anti-saint-simoniens, pour qui le train représentait un symbole de l'industrialisme; sur le plan économique et politique, le débat autour de la spéculation étatique n'était pas terminé. Il faut signaler le rôle de Lamartine au Parlement qui dans de très beaux discours a pris nettement parti pour le progrès et insisté sur la nécessité de l'intervention de l'État sans laquelle le chemin de fer, remis aux compagnies privées, n'aurait été qu'un moyen de spéculation.

La ligne Paris-Saint-Germain fut inaugurée en 1837, avec un grand succès, mais l'ambiance de fête fut assombrie, en 1842, par un accident sur la ligne Paris-Versailles qui fit plusieurs centaines de victimes, dont cinquante-cinq brûlées vives, et plus d'une centaine de blessés graves. Cet accident suscita l'effroi général, et l'idée que le chemin de fer était synonyme d'accidents atroces se répandit. Ce n'est qu'à la fin du règne de Louis-Philippe que l'installation des voies ferrées trouva son rythme.

Au début du Second Empire le rail a atteint plusieurs villes importantes plus ou moins proches de la région parisienne : Le Havre, Dieppe, Boulogne, Lille, Bar-le-Duc, Chalon-sur-Saône, Nevers, Châteauroux, Poitiers et Nantes. Le réseau en exploitation s'accroît rapidement : de 3 000 kilomètres en 1850, il passe à 9 000 kilomètres en 1853 et à 10 500 kilomètres en 1855, alors qu'en 1842, il n'existait pas une seule grande ligne [1].

Arthur Rimbaud est né à Charleville en 1854.

Au Japon, il en est allé tout autrement. Le Japon ne s'est ouvert aux étrangers qu'en 1868. Il a donc commencé la construction de son chemin de fer, avec un grand retard par rapport à l'Europe. Pour le Japon de cette époque, le train, réalisé avec l'aide d'ingénieurs européens, était une preuve de son occidentalisation – pour lui, l'occidentalisation était synonyme de progrès. La première ligne a été mise en service assez tôt, en 1872, entre Tokyo et Yokohama. Pourtant, en 1880, on ne comptait encore que quatre courtes lignes. C'est principalement dans le courant des années 1880-1890 qu'on voit l'expansion du réseau dans le pays.

Hagiwara Sakutarô est né à Maebashi en 1886.

---

1. Marc Baroli, *Le Train dans la littérature française*, thèse pour le Doctorat ès lettres, 1963, p. 100-101.

Les deux poètes ont ainsi en commun d'être nés tous deux à l'époque des débuts du chemin de fer et leurs vies suivent parallèlement le développement du réseau dans leur pays respectif. Dans ce sens, on peut dire qu'ils sont des fils du chemin de fer.

La Poésie du train

L'avènement du chemin de fer a eu des conséquences économiques, avec le transport de matériaux et de marchandises, et politiques, en accentuant le centralisme parisien et en favorisant le développement des villes situées sur son trajet. Mais ces changements économiques ne touchaient qu'une partie de la population, et l'effet politique ne s'est réalisé que progressivement.

Le train a surtout transformé le paysage. Les voies et, avec elles, les trains, traversant les champs, apportaient de l'artifice au milieu de la nature. Les gares propulsaient un nouvel espace dans les villes. Contrairement à d'autres produits apportés par l'industrialisation et limités à la manipulation de spécialistes, le train passait devant les yeux de tous. Il était accessible à tous, pourvu qu'on s'acquitte du prix d'un billet. Les gens s'extasiaient devant la puissance des locomotives, et voyager en train permettait d'éprouver dans son propre corps l'expérience de la vitesse.

Ceux qui faisaient profession d'écrire notaient leurs impressions. Journalistes, vaudevillistes, littérateurs ont traité, chacun à sa manière, du chemin de fer. Les poètes n'ont pas fait exception. Nombreux sont ceux qui ont chanté la force de la vapeur et les locomotives. Signe des temps : l'Académie française, en 1844, a proposé comme sujet de concours de poésie « La découverte de la vapeur »[2]. À ses débuts, la poésie du train a eu une forte tendance à rimer avec paix et progrès, ou à se lamenter sur l'accident catastrophique de 1842.

La poésie didactique a ainsi connu une période de stagnation qui s'est prolongée jusqu'à l'échec des *Chants Modernes* de Maxime Du Camp (en 1855), au terme de laquelle la poésie trouvera ses propres voies : les poètes vont s'efforcer de transcrire la force de la locomotive, en recourant à la métaphore, ils vont décrire le paysage filé et déformé par la vitesse tel qu'on l'aperçoit depuis la fenêtre du train. Ils cessent de chanter la paix et le progrès pour se tourner vers des détails plus concrets.

2. Cf. Marc Baroli, *Le Train dans la littérature française*, *op. cit.*, p. 78-79.

Les poètes représentatifs du romantisme et familiers à Rimbaud n'ont pas manqué de se manifester dans la poésie du train. Musset, « quatorze fois exécrable pour nous, générations douloureuses et prises de visions »[3], selon la formule de Rimbaud, dans *Rolla*[4], Vigny avec *La Maison du berger*[5], ont exprimé leur hostilité peu scrupuleuse à l'égard du train. Alors que, dans *Les Châtiments*, Hugo intègre le train dans son hymne au progrès[6].

Les Parnassiens également se sont intéressés au train, tel Villiers de l'Isle-Adam, dont on peut citer une strophe de « Esquisse à la manière de Goya », paru dans *Le Parnasse Contemporain I* en 1866 :

> Quand il fait onduler lourdement ses vagons,
> Le soir, dans la campagne, avec un bruit de gonds,
> Fauve cyclope des ténèbres,
> On croit voir, léthargique, une hydre du chaos
> Qui revient sous la lune, étirant ses grands os
> Et faisant valoir ses vertèbres.[7]

Le train, ainsi comparé à un « cyclope » ou à une « hydre », semble avoir sa propre vie.

---

3. Arthur Rimbaud, *Œuvres Complètes*, introduction, chronologie, édition, notes, notices et bibliographie par Pierre Brunel, « La Pochothèque », Librairie Générale Française, 1999, p. 247. Nos citations dans cet article renvoient à cette édition que nous abrégerons Œ.
4. « Votre monde est superbe, et votre homme est parfait !
   Les monts sont nivelés, la plaine est éclaircie ;
   Vous avez sagement taillé l'arbre de vie ;
   Tout est bien balayé sur vos chemins de fer ;
   Tout est grand, tout est beau, mais on meurt dans votre air. »
   Musset, *Poésies complètes*, édition établie et annotée par Maurice Allem, Gallimard, « Bibliothèque de la Pléiade », 1957, p. 286.
5. Voir à ce sujet Steve Murphy, *Le Premier Rimbaud ou l'apprentissage de la subversion*, Éditions du CNRS, Presses Universitaires de Lyon, 1990, p. 134-137.
6. « La science, pareille aux antiques pontifes,
   Attelle aux chars tonnants d'effrayants hippogriffes ;
   Le feu souffle aux naseaux de la bête d'airain. »
   Victor Hugo, « Force des choses », dans *Les Châtiments, Œuvres poétiques II*, édition établie et annotée par Pierre Albouy, Gallimard, « Bibliothèque de la Pléiade », 1967, p. 209.
7. *Le Parnasse Contemporain I, recueil de vers nouveaux*, Genève, Slatkine Reprints, 1971, p. 260-261.

Baudelaire en donne une autre vision : s'il songe au train comme à un véhicule libérateur dans « Mœsta et Errabunda » (« Emporte-moi, wagon ! enlève-moi, frégate ! » [8]), il ferme « Le Vin de l'assassin » sur une brutalité où le train devient un moyen de suicide :

> Et je dormirai comme un chien !
> Le chariot aux lourdes roues
> Chargé de pierres et de boues,
> Le wagon enragé peut bien
>
> Écraser ma tête coupable
> Ou me couper par le milieu,
> Je m'en moque comme de Dieu,
> Du Diable ou de la Sainte Table ! [9]

Finissons notre survol avec Verlaine qui a dix ans de plus que Rimbaud. C'est lui qui a réussi le premier à traduire en mots le paysage filé aperçu de la fenêtre. Voici la première strophe de sa *Bonne chanson* VII parue en 1870 qui marque une innovation dans la poésie du train :

> Le paysage dans le cadre des portières
> Court furieusement, et des plaines entières
> Avec de l'eau, des blés, des arbres et du ciel
> Vont s'engouffrant parmi le tourbillon cruel
> Où tombent les poteaux minces du télégraphe
> Dont les fils ont l'allure étrange d'un paraphe. [10]

Il ouvre ainsi le texte par le paysage filé du dehors, et le termine par un contraste de son paysage intérieur :

> – Que me fait tout cela, puisque j'ai dans les yeux
> La blanche vision qui fait mon cœur joyeux,
> [...]

8. Baudelaire, *Œuvres complètes I*, texte établi et annoté par Claude Pichois, Gallimard, « Bibliothèque de la Pléiade », 1975, p. 63.
9. *Ibid.*, p. 108.
10. Verlaine, *Œuvres poétiques complètes*, texte établi et annoté par Y.-G. Le Dantec, édition révisée, complétée et présentée par Jacques Borel, Gallimard, « Bibliothèque de la Pléiade », p. 146.

Le dynamisme du dehors se transforme soudain dans un état intérieur, rétréci, mais euphorique du poète amoureux.

C'est donc entouré de ces poètes aînés, et imprégné d'une culture poétique du train que Rimbaud, à l'âge de seize ans, a rédigé « Rêvé pour l'hiver », avec cette indication en bas du texte : « dans une écriture hâtive et très petite » [11], comme le note Steve Murphy, suivie de la datation et du lieu : « En wagon, le 7 octobre 70 ». Six mois après, lorsqu'il parcourt l'histoire de la poésie dans sa lettre du Voyant, a-t-il pensé de nouveau au chemin de fer ? Métaphoriquement ou non, les deux histoires que nous essayons ici de rapprocher se superposent sous sa plume dans une forme de condensation :

> Les premiers romantiques ont été *voyants* sans trop bien s'en rendre compte : la culture de leurs âmes s'est commencée aux accidents : locomotives abandonnées, mais brûlantes, que prennent quelque temps les rails. [12]

Pierre Brunel prend le mot « rails » au sens métaphorique [13] – « rails (du Progrès) » –, contrairement à Steve Murphy [14] qui partage, avec Gérald Schaeffer [15], l'idée de lire ce passage dans son sens concret : « aux accidents » ne signifierait pas « par hasard », mais « dans les accidents ». Dans notre optique, nous serions bien tentée d'y voir une allusion réaliste. Les fréquents accidents de l'époque rappelaient chaque fois l'atrocité de celui de 1842 dont le souvenir a persisté durant trente ans. Notre hypothèse nous semble d'autant plus plausible que tout de suite après ce passage arrive le nom de Lamartine, poète et homme politique dont nous avons déjà relevé le rôle important dans la réalisation du chemin de fer. Puis celui de Hugo avec ses *Châtiments* :

> – Lamartine est quelquefois voyant, mais étranglé par la forme vieille. – Hugo, *trop cabochard*, a bien du *vu* dans les derniers volumes : les Misérables sont un vrai *poème*. J'ai les *Châtiments* sous main.

---

11. Arthur Rimbaud, *Œuvres complètes I, Poésies*, édition critique avec introduction et notes par Steve Murphy, Honoré Champion, 1999, p. 280.
12. Œ, p. 247. C'est Rimbaud qui souligne.
13. Œ, p. 247, note en bas de page.
14. Steve Murphy, *Le Premier Rimbaud ou l'apprentissage de la subversion, op. cit.*, p. 135.
15. Arthur Rimbaud, *Lettres du voyant (13 et 15 mai 1871)*, éditée et commentée par Gérald Schaeffer, Genève, Librairie Droz, 1975, p. 176.

Le jeune Rimbaud était digne fils du chemin de fer, à tel point qu'il a su, sans en avoir conscience, incorporer l'histoire du train dans son unique manifeste littéraire.

Il en va de même pour le jeune Sakutarô. Dès l'arrivée du chemin de fer, à cette différence près qu'elle avait trente ans de retard sur la France, les poètes japonais ont admiré les locomotives et les mécaniciens qui les manœuvraient. Ils ne se lassaient pas de regarder les gares, les tunnels, les passages à niveau, toutes les constructions annexes au train. Le fait que les poètes ont d'abord décrit les trains du dehors tendrait à prouver qu'ils s'intéressaient plus à la description du train qu'à l'expérience du voyage en train. Sakutarô a consacré deux poèmes au train, tout au début de sa carrière : « Voyage » et « Train de nuit ». À la différence des autres poètes contemporains, dans ces deux textes, le narrateur se trouve dans le train.

Sakutarô n'a pas été marqué par le train seulement dans sa jeunesse. Les critiques s'accordent sur ce point [16]. Si son premier recueil contient « Voyage » et « Train de nuit », dans « Le Retour au pays natal », écrit douze ans après pour un autre recueil, quand il a abandonné sa vie conjugale de Tokyo, il raconte, d'un ton pathétique, un autre voyage en train qui le ramène dans sa région natale. Il n'oublie pas non plus de faire attention, dans « La Gare de Shin-Maebashi », à la construction d'une nouvelle gare. Il saisit ainsi l'occasion, en se servant de la nouvelle gare pour se remémorer son passé et le temps écoulé.

Destination de leurs « Trains de nuit »

Pierre Brunel voit « quelque chose de dérisoire » dans le « dialogue imaginaire » du premier tercet de « Rêvé pour l'hiver », et il définit ensuite la figure du voyageur comme quelqu'un qui « joue seul, désespérément seul, à ce jeu » [17]. Il relève, en plus, les visions inquiétantes du deuxième quatrain. Steve Murphy examine de plus près la sensualité maligne de ce texte [18]. Ainsi ces deux analyses

16. Par exemple, voir Hideto Tsuboi, *Hagiwara Sakutarô ron*, « *shi* » *wo hiraku* (*Études sur Hagiwara Sakutarô, Ouvrir « la poésie »*), Izumishoin, 1989, p. 200.
17. Pierre Brunel, *Arthur Rimbaud ou l'éclatant désastre*, Champ Vallon, 1978, p. 21.
18. Steve Murphy, *Le Premier Rimbaud ou l'apprentissage de la subversion*, *op. cit.*, p. 125-147.

s'éloignent du commentaire traditionnel « rose-bonbon » [19]. Pour notre part, nous nous situerons dans le prolongement de leurs recherches, et examinerons ici le poème en tenant compte de cette part de Rimbaud, que nous avons qualifié d'enfant du chemin de fer.

Dans le premier vers, un doute nous prend. « En hiver, nous irons » : nous sommes ainsi dans un temps antérieur à l'hiver. Et le voyage doit donc attendre, sans qu'on sache combien de temps durera cette attente. On ne peut pas savoir pourquoi il faut attendre ni jusqu'à quand. Ainsi, le texte nous présentant ce voyage éloigné dans le temps, le wagon apparaît « petit ».

> L'hiver, nous irons dans un petit wagon rose
> Avec des coussins bleus.
> Nous serons bien. Un nid de baisers fous repose
> Dans chaque coin moelleux. [20]

Projetés dans un futur incertain, en même temps que rejetés au loin dans l'espace, les objets en deviennent « petits » –, l'effet temporel interfère sur l'espace. C'est pourquoi, dans la *Concordance* des *Illuminations*, la moitié des occurrences de l'adjectif « petit » se concentrent dans les pages d'« Enfance », là au sens opposé, vers un passé incertain. Divers personnages qui surgissent dans un passé lointain sont qualifiés de « petit », parce qu'ils se situent au loin à l'horizon de la mémoire : « *petites* étrangères et personnes doucement malheureuses » [21] – « C'est elle, *petite* morte, derrière les rosiers – Le *petit* frère – (il est aux Indes !) » [22] – « Il y a une *petite* voiture abandonnée dans le taillis, ou qui descend le sentier en courant, enrubannée. Il y a une troupe de *petits* comédiens » [23]. Le dernier exemple surtout se déroule dans une optique analogue à celle de « Rêvé pour l'hiver ».

Les deux enfants de « Rêvé pour l'hiver » sont à la fois isolés et enfermés sur eux-mêmes, comme s'ils se trouvaient dans une boîte délaissée dans un terrain vague, et qui ne s'intéressent qu'à créer

19. L'expression est de Jacques Plessen dans *Promenade et Poésie. L'expérience de la marche et du mouvement dans l'œuvre de Rimbaud*, Mouton et Cie, 1967, p. 193.
20. Œ, p. 220 (1er quatrain).
21. « Enfance I », Œ, p. 457. Nous soulignons.
22. « Enfance II », Œ, p. 457-458. Nous soulignons.
23. « Enfance III », Œ, p. 458. Nous soulignons.

leur propre monde, nous rappellent ceux que voit la narratrice de
« Délires I » dans *Une Saison en enfer*, « comme deux bons enfants,
libres de se promener dans le Paradis de tristesse »[24]. Et leur voyage
ajourné ne serait qu'un voyage irréalisable et livresque, comme
cette même narratrice s'en doute encore : « Oh! la vie d'aventure
qui existe dans les livres des enfants, pour me récompenser, j'ai tant
souffert, me la donneras-tu ? »[25]

Le premier quatrain représente ainsi deux personnages dans
un « wagon » isolé, dont l'intérieur est constitué par des matières
excessivement molles – des « coussins », un « nid », chaque coin
est « moelleux ». Pierre Brunel a rapproché ce texte de Rimbaud de
« La Mort des amants » de Baudelaire[26], texte fortement empreint
d'un érotisme lié à une atmosphère sinistre. S'il a ainsi rapproché les
deux textes, c'est sans doute qu'il s'agit également de deux amants,
et de deux couleurs « bleu » et « rose », mais surtout qu'à « wagon »
chez Rimbaud correspond « tombeaux » chez Baudelaire, à « coussins » « divans », et à « un nid » « des lits ».

Le mot « wagon », que Villiers de l'Isle-Adam écrivait avec un
« v », était relativement nouveau et emprunté de l'étranger[27]. On
trouve un contraste entre l'intérieur du compartiment, douillet, et
son extérieur, métallique, d'une nouveauté prosaïque, et ce contraste
donne au wagon une allure étrange.

Le doute initial que nous avions ressenti dans le premier quatrain, persiste dans le deuxième quatrain inséré comme un nouveau
tableau. Les alexandrins y alternent avec des octosyllabes, alors
que le reste du sonnet est bâti sur une alternance d'alexandrins et
d'hexasyllabes. Comme le note André Guyaux[28], si nous croyons
que « l'intérieur du wagon est bien éclairé », c'est en contraste avec
le dehors plongé dans les ténèbres – soulignées par la répétition
tenace des « ombres », « soirs », « noirs » répété deux fois. Inondé
dans le paysage noir, ce qui vient tour à tour s'approcher de l'autre
côté de la glace, et qui en repart aussitôt constitue un tableau mou-

24. Œ, p. 426.
25. *Ibid.*
26. Œ, p. 790, note en bas de page.
27. Ce n'est qu'en 1878 que ce mot entre dans le dictionnaire de l'Académie
française. Yves Le Hir, *Analyses stylistiques*, Librairie Armand Colin, 1965,
p. 215. Le *Littré* mentionne « vagon » comme « voiture employée dans
les trains de chemins de fer », et il renvoie « wagon » à cette orthographe
« vagon ».
28. Rimbaud, *Œuvres*, nouvelle édition revue 1987 par Suzanne Bernard et
André Guyaux, Garnier, 1987, p. 382.

vant que traduit bien la structure syllabique hétérogène de ce quatrain. D'où l'artifice accentué de ce « wagon » qui ne bouge pas.

> Tu fermeras l'œil, pour ne point voir, par la glace,
> Grimacer les ombres des soirs,
> Ces monstruosités hargneuses, populace
> De démons noirs et de loups noirs. (2ᵉ quatrain)

Les deux voyageurs isolés, enfermés, protégés, négligent l'extérieur. Ils ne se dirigent pas vers le lointain mais bien au contraire, guidés par un autre monstre du dedans, vers un monde plus intime et finissent par poursuivre le mouvement de cette araignée. Leur voyage rêvé, se transforme au cours du texte en pure fiction. Si voyage il y a, ce n'est pas celui des deux amoureux, mais celui de l'araignée « qui voyage beaucoup ».

Le doute initial se modifie insensiblement au cours du texte à cause du futur simple réitéré – tous les verbes, sauf deux, sont au futur – dont la fonction consiste à remplir la deuxième personne du singulier des désirs du narrateur plutôt qu'à raconter un futur voyage. Et se dévoile une violence latente : la femme « fermera l'œil », « sentira sa joue égratignée », se sentira « courir par le cou une araignée », « inclinera la tête », et « dira "Cherche" » selon les plans du narrateur-« je » qui n'apparaît jamais dans le texte en tant que tel, mais qui, donnant ces ordres à « tu », dépossède de plus en plus ce « tu » de sa vie et de sa volonté jusqu'à ce qu'elle tombe en état de marionnette désarticulée, aux gestes raides. Il est à remarquer que les mouvements de la femme ne concernent pas son corps entier, mais se limitent au-dessus du « cou » : les yeux, la joue, le cou, la tête, la bouche.

> Puis tu te sentiras la joue égratignée...
> Un petit baiser, comme une folle araignée,
> Te courra par le cou... (1ᵉʳ tercet)

La violence latente du narrateur se trahit parallèlement sur le plan phonique : la première personne plurielle « nous », qui contient la deuxième personne singulière « tu », encercle et étouffe ce dernier tout le long du texte, et collaborant avec « loup » ou « joue » dont la voyelle est le même « ou », le « nous » menace le « tu ». Le onzième vers surtout – « Te courra par le cou » [tə·ku·ra·par·lə·ku] –, formant presque un chiasme autour de [p], dit quasiment « te coupera le cou ». C'est même avec le « cou(p) » de « beaucoup » que se termine le texte.

Et tu me diras : « Cherche ! », en inclinant la tête,
– Et nous prendrons du temps, à trouver cette bête
– Qui voyage beaucoup... (2ᵉ tercet)

Rimbaud, enfant du chemin de fer, ne s'étonne plus de la puissance du train, ni du paysage filé par la fenêtre du wagon. Il ne traduit pas, comme le faisait Villiers de l'Isle-Adam, la monstruosité grotesque et fascinante du train nocturne. Il ne se contente pas non plus de décrire un paysage déformé dont Verlaine s'éprend. Le wagon est pour lui le lieu de son écriture. Si Baudelaire voyait dans la violence du train passant un moyen suicidaire, Rimbaud sait en profiter au mieux pour y superposer celle d'un adolescent au désir refoulé et camouflé.

Contrairement au Rimbaud de « Rêvé pour l'hiver », le jeune Sakutarô essaie, dans son « Train de nuit », de raconter la fin d'un voyage de nuit :

La faible lueur de l'aube
Les traces de doigts froides sur la vitre
Et blanchissant un peu les crêtes des montagnes
Sont douces comme le mercure pourtant
Les voyageurs ne sont pas éveillés
Et seul peut-être le soupir de la lampe fatiguée se dépense. [29]

Sakutarô emploie une série de [a] en assonance dans les deux premiers vers du texte original : [a·ri·a·ke·no·u·su·ra·a·ka·ri·wa·/ga·ra·su·do·ni·yu·bi·no·a·to·tsu·me·ta·ku]. Ces [a] s'entrelacent et font sentir à la fois le ralentissement du temps à la naissance du jour, et la mélancolie qu'on éprouve à l'approche du terme d'un voyage. Ainsi introduits dans le texte, ces deux mouvements, temporel et psychique, vont dominer jusqu'à sa fin.

L'intégration ne se réalise pas seulement entre le temps et l'état psychique, mais aussi entre le toucher et la vue. Le narrateur entrevoit « l'aube » à l'aide de ses « doigts ». Ce qui est « froid », c'est d'abord « la vitre », dont la surface couverte de buée renvoie en même temps à l'intérieur du train chauffé, et ensuite les « doigts » gagnés par le froid du dehors. Au toucher et à la vue vient s'ajouter,

---

29. Hagiwara Sakutarô, dans *Zamboa*, 1913, traduit par Yves-Marie Allieux, dans *Nihonshi wo yomu – Sakutarô·Chûya·Taro·Tatsuji – (Lire les poèmes japonais – Sakutarô·Chûya·Taro·Tatsuji –)*, Hakusui-sha, 1979, p. 14.

dans les vers 7-8, l'odorat : « Une odeur trop sucrée de vernis/ La fumée indéfinissable d'un cigare ».

Tout comme dans « Rêvé pour l'hiver », le narrateur est accompagné d'une femme. Nommée « épouse », elle incarnerait ce voyage interdit dont la fin conduirait à la séparation. La lumière matinale, dont l'approche doit se ralentir, éclairera leur interdit :

> Tristesse dans le train de nuit sur la langue desséchée
> Cette épouse plongée dans ses pensées comme elle doit souffrir.
> Yamashina n'est donc pas encore passé
> Elle a libéré le bouchon de l'oreiller
> Cœur de femme qui essaye doucement de vider l'air

Autre similitude avec « Rêvé pour l'hiver », le poème de Sakutarô ne contient qu'une seule phrase prononcée : « Yamashina n'est donc pas encore passé ». Nous ne savons pas qui énonce cette question, mais elle nous renvoie en revanche à une autre œuvre littéraire dans laquelle ce nom de lieu, Yamashina, marque la dernière rencontre d'un couple. Avec l'idéogramme « shina (科) », contenu dans le nom « Yamashina », et l'idéogramme du verbe « passé (過) », Seori Takahashi déchiffre à juste titre deux mots nouveaux qui signifient « faute commise » [30]. Voyager, pour ce couple, c'est « commettre une faute », et la question sans réponse révèle, d'une façon insidieuse, cette faute déniée par ces deux amoureux.

Une fois interrompu par la question, le silence dominant se réinstalle dans le texte. Et si Seori Takahashi entend, dans le nom de fleur « odamaki » du dernier vers, « se taire (damaru) » [31], Yves-Marie Allioux note que, dans le nom français de cette fleur, « ancolie », résonne « mélancolie » [32] :

> Soudain tous les deux dans la tristesse se sont rapprochés
> Et si on regarde dehors de la fenêtre du train qui approche
> [l'aurore
> Dans un village d'on ne sait où dans la montagne
> Toute blanche elle a fleuri la fleur d'ancolie.

30. Seori Takahashi, « "Yogisha" karano nagame – Hagiwara Sakutarô no shintaikankaku (La vue du "Train du nuit" – l'espace corporel de Hagiwara Sakutarô) », dans *Nihonbungaku* (*La Littérature japonaise*), vol. 34, novembre 1985, p. 15.
31. *Ibid.*, p. 16.
32. Yves-Marie Allieux, *op. cit.*, p. 23.

Ainsi, pour l'adolescent Sakutarô, le train est d'abord un lieu où fermentent diverses sensations : le toucher, la vue, l'odorat, et même le goût s'appellent et se répondent. Le train de nuit, dont la destination est inconnue, forme lui-même une grande métaphore du destin de deux voyageurs. Le poète ne s'intéresse pas à un simple dessin du dehors, ni à une lamentation sentimentale. Tressant le dehors et le dedans au fil de sa plume, il risque toutes les possibilités de son langage poétique sur la progression silencieuse d'un train.

Conclusion

Le train devient un objet quotidien. Le réseau de voies ferrées couvre les pays, les gens ont désormais l'habitude de voir passer des trains, et de voyager en train. La poésie du train, après avoir inspiré tant de poètes, commence à devenir stérile.

Arthur Rimbaud et Hagiwara Sakutarô sont nés à un des moments de l'histoire privilégiés où dans leurs pays la modernisation a commencé. Le train, pour eux, n'est plus un objet de curiosité, mais il n'est pas encore, non plus, un objet anodin. Leurs poèmes, dont ni la langue, ni la nature ne sont comparables, ont pourtant un thème commun, thème traditionnel qui est « une femme dans la nuit ». S'ils ont pu redonner vie à ce thème éternel, c'est parce qu'ils ont su le combiner à un thème nouveau, celui du « train ». Le train offrait ainsi à ces deux poètes, enfants du chemin de fer, un nouveau lieu d'écriture. Ni avant eux, ni après eux, cela n'aurait été possible.

Tous deux, nés en province, haïssaient leur pays natal – « Ma ville natale est supérieurement idiote entre les petites villes de province. Sur cela, voyez-vous, je n'ai plus d'illusion »[33], « En province, ne fonctionne aucune horloge du foyer »[34] – et tous deux pensaient s'enfuir pour vivre à la capitale. Ils ne voyaient pourtant pas dans le train un moyen d'évasion. Car le train n'avait plus, pour eux, le pouvoir mystérieux qu'il avait pour leurs aînés. Ils savaient, en revanche, rester dans, et avec le train, et c'était pour y former leur première poétique.

Rimbaud développera plus amplement le thème de l'urbanisation dans *Une Saison en enfer* et dans les *Illuminations*, Sakutarô

---

33. Œ, p. 183.
34. Hagiwara Sakutarô, « Inaka no tokei (Horloge de la province) », dans *Hagiwara Sakutarô Zenshu (Œuvres complètes) II*, Chikuma-Shobô, 1886, p. 282.

vivra à la capitale où il écrira autant de poèmes autour du thème de la grande ville. Dans leur poétique du train, chacun des jeunes poètes a ainsi saisi l'occasion de sonder le plus profondément le pouvoir de son langage.

Manami IMURA

Tambour et éventail : Rimbaud face au haïku
dans le regard de Jaccottet

En 1996, Jaccottet publie le livre intitulé *Haïku* chez Fata Morgana [1]. C'est un recueil de cinquante-huit pièces de haïku « transcrites » par lui-même à partir de la version anglaise de Blyth [2], à l'exception de deux pièces [3]. Chaque page, sur papier vergé ivoire, ne porte qu'une seule pièce écrite en haut et en trois lignes, avec le nom du haïkiste imprimé en bas, en caractères plus petits. L'ensemble du livre n'est pas paginé, ce qui atténue la linéarité du temps de lecture. Les cinquante-huit haïku sont en effet regroupés selon le temps cyclique des quatre saisons, accompagnées çà et là par des fleurs et des fruits saisonniers dessinés par sa femme.

À la première page en haut se trouvent deux dédicaces, à Jacques Bussy et à Pierre-Albert Jourdan. Les quatre pages qui suivent sont consacrées à la préface dans laquelle Jaccottet cite deux petites phrases d'Arthur Rimbaud, tirées des *Illuminations*.

Trois noms sont donc réunis dans le préambule de cette transcription de haïku. Le premier dédicataire, Jacques Bussy, un des meilleurs connaisseurs et traducteurs de haïku, voit dans la vie de Bashô ce qu'il appelle une « simplicité seconde » [4]. Le deuxième dédicataire, Pierre-

---

1. *Haïku*, présentés et transcrits par Philippe Jaccottet, Fata Morgana, 1996.
2. Reginald Horace Blyth, *Haïku*, 4 vol., Tokyo, Hokuseido-shoten, 1949-1952.
3. Deux pièces d'Issa transcrites de la version allemande : Issa, *Die letzen Tage meine Vaters*, Mainz, Dieterich, 1985.
4. Matsuo Bashô, *L'Ermitage d'Illusion*, traduction de Jacques Bussy, La Délirante, 1988, p. 14.

Albert Jourdan, est un poète des « Fragments » pour qui tous les livres sont des recueils de « simples » [5]. Et on sait bien que Rimbaud, ce « Baudelaire converti à la simple réalité du monde » [6], tentait déjà d'écrire, un siècle auparavant, des pièces qu'il appelait des « fraguemants [sic] de prose » [7]. Ce serait donc la tendance à la simplicité et à la fragmentation qui aurait incité Jaccottet à réunir ces trois noms en préambule des transcriptions. Si on y ajoute le caractère simple et fragmentaire du haïku que Roland Barthes par exemple nous fait remarquer – « les propositions (du haïku) sont toujours simples », « la dispersion et la brièveté (des haïku) [...] semblent [...] constituer un espace de purs fragments » [8] –, on comprend que les trois noms soient cités afin d'ouvrir un espace régi par la simplicité et la fragmentation pour laisser ensuite la place à la poésie japonaise qui a amené ces esthétiques au plus haut niveau.

Ce qu'il y a pourtant de bizarre, c'est que Jaccottet cite Rimbaud non pas pour illustrer par sa poétique la poésie de haïku. Lisons le passage de la première citation, tirée d'« À une raison », au début de la préface :

Voici des paroles véritablement fées.

« Un coup de ton doigt sur le tambour décharge tous les sons et commence la nouvelle harmonie ».

Ici (dans le monde de haïku), il n'y a pas besoin de tambour, il a suffi du heurt d'un éventail contre une vitre ; et il n'y a pas non plus, aussitôt après, de « nouvelle harmonie » ; simplement, de l'air qui s'élargit et s'allège encore un peu plus.

et le passage de la deuxième citation, tirée du feuillet 12 du manuscrit BnF, Ms. Naf. 14123, au milieu de la préface [9] :

« J'ai tendu des cordes de clocher à clocher ; des guirlandes de fenêtre à fenêtre ; des chaînes d'or d'étoile à étoile, et je danse ».

5. Cf. Philippe Jaccottet, « Messager qui efface les murailles (Pierre-Albert Jourdan) », dans *Une transaction secrète*, Gallimard, 1987, p. 281.
6. Jean-Pierre Richard, *Poésie et profondeur*, Éditions du Seuil, 1955, p. 240.
7. Lettre à Delahaye, mai 1873.
8. Roland Barthes, *L'Empire des signes*, Albert Skira, 1970, p. 93-103.
9. Voir André Guyaux, *Poétique du fragment*, Neuchatel, À la Baconnière, 1985, p. 268.

Il y a bien ici aussi (dans le monde de haïku) un lien brillant, heureux, d'une chose à l'autre, et une sorte de fête; mais où l'on ne danse pas forcément, où il n'y a pas d'ivresse, ni aucune exaltation. Tout semble ici extraordinairement tranquille et merveilleusement naturel.

Au lieu d'illustrer par Rimbaud les qualités du haïku, Jaccottet accentue la distance entre la poésie rimbaldienne et celle du Japon. Le « tambour », la « nouvelle harmonie », la « danse », qui incitent le poète français à l'« ivresse », à l'« exaltation » et au mouvement « n'importe où hors du monde » manquent dans la poésie japonaise, et ce manque apporte à celle-ci la « légèreté » et la « tranquillité » qui invitent à rester « dans ce monde-ci », dans cette « maison ouverte, dont un souffle à peine perceptible fait légèrement battre les portes, flotter les rideaux de bambous » [10].

Malgré l'esthétique fragmentaire qu'ils ont en commun, le haïku est dispensé, d'après Jaccottet, de l'« ivresse » et de l'« exaltation » qui hantent la poésie de Rimbaud. Qu'est-ce qu'il faut que nous lisions dans ce jugement ? La distance est-elle aussi grande que Jaccottet l'estime entre Rimbaud et le haïku ? Le jugement de celui qui, bouleversé par la beauté du haïku, a voulu tout de même se tenir dans « une tradition de langage et de poésie qui est le terreau même de (son) œuvre » [11], frappe-t-il juste à propos de celui qui, un siècle auparavant, ne sachant rien de cette poésie étrangère, voulait tout de même aller au-delà de « (son) imagination et de (ses) souvenirs » [12], de son terreau même de l'activité poétique ? Ne se peut-il pas que l'esthétique rimbaldienne du fragment basée sur le « tambour », la « nouvelle harmonie » et la « danse » trouve de semblables échos dans l'esthétique fragmentaire du haïku ? Et si la réponse est affirmative, comment interpréter le jugement de Jaccottet sur la distance de ces deux poésies ?

10. « Tout semble ici (= dans le monde de haïku) extraordinairement tranquille et merveilleusement naturel. Ni rêves, ni regrets. Le contraire même de "N'importe où hors du monde". On est dans ce monde-ci : mais ce monde-ci est une maison ouverte, dont un souffle à peine perceptible fait légèrement battre les portes, flotter les rideaux de bambous » (à la troisième page de la préface de *Haïku*, présentés et transcrits par Philippe Jaccottet, Fata Morgana, 1996).
11. Philippe Jaccottet, « L'Orient limpide », dans *Une transaction secrète*, Gallimard, 1987, p. 130.

À propos de l'esthétique du fragment de Rimbaud, Hugo Friedrich a déjà dit : « Le début des textes (des *Illuminations*) se situe toujours très loin des idées ou de la chose qui lui donne naissance, si bien que le texte donne immédiatement l'impression d'être un fragment, un morceau d'un autre monde qui serait par hasard venu jusqu'à nous »[13]. Et André Guyaux cite ce passage dans son *Poétique du fragment* pour dire que dans les *Illuminations* « l'image paraît immédiate, aussi soudaine qu'une apparition ». « Le tableau surgit »[14] donc au début du texte, avec la forme nominale :

> Des drôles très solides. (« Parade »),
> Devant une neige un Être de beauté de haute taille. (« Being beautious »),
> Des ciels gris de cristal. (« Les ponts »),

avec l'affirmation brève :

> Ce sont les villes ! (« Villes »),
> C'est le repos éclairé, ni fièvre, ni langueur, sur le lit ou sur le pré. (« Veillées I »),

ou avec le vocatif :

> Gracieux fils de Pan ! (« Antique »),
> Ô mon bien ! Ô mon beau ! (« Matinée d'ivresse »),
> Pitoyable frère ! (« Vagabonds »),
> Ô cette chaude matinée de février. (« Ouvriers »).[15]

J'ajouterai volontiers à cette liste d'André Guyaux le surgissement soudain d'un lieu ou d'un temps qui vient souvent ouvrir le texte des *Illuminations* :

> À la lisière de la forêt [...] (« Enfance III »),
> À droite [...] (« Ornières »),
> Sur la pente du talus [...] (« Mystique »),

---

12. Arthur Rimbaud, « Adieu », dans *Une saison en enfer*.
13. Hugo Friedrich, *Structures de la poésie moderne*, Denoël-Gonthier, 1976, p. 109.
14. André Guyaux, *op. cit.*, p. 193.
15. *Ibid.*, p. 193-194.

D'un gradin d'or, – parmi les cordons de soie, [...] (« Fleurs »),
Un beau matin [...] (« Royauté »),
En quelque soir, par exemple, que se trouve le touriste naïf [...]
(« Soir historique »).

Et le plus souvent, dans cet espace apparu soudainement devant nos yeux se déploie un paysage d'énumération, tantôt de noms, tantôt de verbes, comme si le poète voulait accumuler jusqu'à l'infini les images et les mouvements de toutes sortes, ce qui ne continue pourtant pas éternellement. La fermeture de scène advient aussi brutalement que l'apparition, avec par exemple le subit effacement :

– Un rayon blanc, tombant du haut du ciel, anéantit cette comédie. (« Les ponts »),
– Et le rêve fraîchit (« Veillées I »),

avec le réveil :

Au réveil il était midi. (« Aube »),

avec l'autothématisation ou la mise en question :

Il y a enfin, quand l'on a faim et soif, quelqu'un qui vous chasse. (« Enfance III »),
Quels bons bras, quelle belle heure me rendront cette région d'où viennent mes sommeils et mes moindres mouvements ? (« Villes (Ce sont les villes) »),

ou tout simplement avec l'interruption soudaine d'énumération comme dans « Ornières », « Antique », « Mystique », « Fleurs », etc.

L'apparition soudaine des images et des mouvements, qui s'accumulent, se multiplient et disparaissent subitement : ce déploiement de paysage propre à l'esthétique rimbaldienne du fragment ne se trouve pourtant pas seulement dans les *Illuminations*. Souvent, dès la première période de son activité poétique, le paysage se propose brutalement devant nous avec le surgissement soudain d'un temps ou d'un lieu :

Par les soirs bleus d'été (« Sensation »),
Sur l'onde calme et noire où dorment les étoiles (« Ophélie »),
Au milieu, (« L'éclatante victoire de Sarrebruck »),

avec le vocatif :

> Morts de Quatre-vingt-douze et de Quatre-vingt-treize [...],
> Ô lâche, la voilà ! (« L'orgie parisienne »),

ou avec l'affirmation :

> C'est un trou de verdure (« Le dormeur du val »),
> C'est un large buffet (« Le buffet »),

tandis que le déploiement de paysage se termine également avec la coupure soudaine introduite par la subite conclusion :

> Il a deux trous rouges au côté droit. (« Le dormeur du val »),
> Société, tout est rétablie (« L'orgie parisienne »),

par la mise en question faite de l'intérieur :

> De quoi ?... (« L'éclatante victoire de Sarrebruck »),

par le recul soudain du regard :

> « Et le Poète dit qu'aux rayons des étoiles [...] » (« Ophélie »),
> *Et mon bureau ?* (« Les reparties de Nina »), etc.

L'esthétique du fragment s'est donc glissée dans la poésie de Rimbaud dès sa première écriture. Elle est une des tendances générales de sa poésie [16]. Il est vrai qu'à son époque, il y avait déjà des recherches dirigées vers la fragmentation comme chez Charles Cros, ou des regards portés à la même tendance comme chez des romantiques allemands [17]. Mais ce qu'il faut retenir dans la tentative de Rimbaud, c'est sa gratuité et son absoluité. Les fragments chez les romantiques allemands par exemple étaient, dit André Guyaux, « des morceaux coupés aux ciseaux », « le fragment (pour eux)

---

16. On peut penser par exemple à « Plate-bandes d'amarantes [...] », « Qu'est-ce pour nous mon cœur [...] », « Michel et Christine », « Mémoire », etc. parmi les « derniers vers », et dans *Une saison en enfer*, surtout à « L'impossible » qui s'ouvre par le vocatif (« Ah! cette vie de mon enfance, [...] »), entasse des noms, des verbes, des mouvements et des cris pour se terminer avec une soudaine affirmation : « Déchirante infortune ! ».

17. André Guyaux, *op. cit.*, p. 197.

n'était pas réalisé pour lui-même mais il pouvait être rêvé, forme pure, sublimation d'un poète qui se dépasse en un projet qui ne semble pas à sa portée ». Le fragment pour eux n'est qu'un morceau, éclat de ce qui existe hors de lui d'où il se détourne, sans être contrôlé par le poète. Il est débris de son corps d'origine, détaché de sa source. Mais chez Rimbaud, « le texte se coupe de son origine » [18]. Rien ne précède à l'apparition soudaine du début du texte. Les images, les mouvements ou le lieu surgissent d'un coup devant nous, se déploient poussés uniquement par le premier coup d'apparition et disparaissent aussi soudainement que le début, sans rien laisser derrière : aucun remords, aucune satisfaction, aucune trace. « L'écrit déborde sur le non-écrit » [19], et l'expérience poétique, sur la non-expérience. Ailleurs que ce moment et cet endroit, l'écriture n'existe pas, la poésie n'existe pas.

Chez Rimbaud donc, « la partie devient le tout » [20], ou plutôt il vaut mieux dire qu'un paysage poétique, dérivé de rien, retournant à rien, forme déjà un tout. Hors de cette séquence de surgissement-deploiement-disparition, pas de temps ni de lieux pour la poésie. C'est un ici-maintenant absolu, un lieu-moment unique, dont la brièveté, totale, s'égale à l'éternité. Et parce qu'il est absolu et unique, l'ici-maintenant une fois disparu ne fraie la voie à aucun autre ici-maintenant. Si un autre ici-maintenant surgit, c'est encore par une pure apparition préparée de rien, qui s'oriente vers une fin toujours aussi subite. On y trouve tout simplement un autre ici-maintenant absolu, lui aussi unique, éternel dans sa brièveté.

L'éternité chez Rimbaud n'est pas le temps qui dure éternellement. Elle est la densité éprouvée des ici-maintenant absolus et uniques. Chaque fois l'éternité revient subitement, tout à fait comme le battement inattendu du « tambour » qui résonne tout d'un coup dans le silence et fait déployer les images qui « dansent » un moment, un temps éternel d'instant, en créant une « nouvelle harmonie ». Au-dessus de l'écoulement du temps linéaire qu'on vit « avec patience », subitement, totalement coupés de sa linéarité, apparaissent des îlots lumineux des instants éternels. Un autre temps s'impose, décousu, fragmentaire, mais qui, grâce à cette fragmentation, nous donne une densité d'expérience chaque fois nouvelle dans sa totalité même :

18. *Ibid.*, p. 196.
19. *Ibid.*
20. *Ibid.*, p. 199.

temps non linéaire, où l'instant d'éternité est « retrouvé », inattendu, toujours avec une fraîcheur renouvelée [21].

Le haïku, selon Jaccottet, est sans « tambour », ni « nouvelle harmonie », ni « danse ». Relisons la préface de *Haïku* : « Ici (dans le monde du haïku), il n'y a pas besoin de tambour, il a suffi du heurt d'un éventail contre une vitre. » La première image s'introduit sans le battement tapageur du « tambour ». Et le paysage qui se déploie n'insiste nullement sur sa nouveauté, mais « simplement, de l'air [...] s'élargit et s'allège encore un peu plus ». On est loin de l'« ivresse » et de l'« exaltation » de la « danse », mais on se trouve rempli d'une « tranquillité » essentielle. Ainsi, d'après Jaccottet, la poésie rimbaldienne et la poésie du haïku, basées toutes les deux sur la fragmentation, diffèrent l'une de l'autre foncièrement quant à l'expérience poétique qu'elles libèrent : tandis que l'expérience rimbaldienne se situe hors du temps linéaire de la vie patiente, le haïku reste dans « ce monde-ci », dans cette « maison ouverte ». Le « tambour » de Rimbaud témoigne alors de la coupure de l'instant éternel de la poésie d'avec le temps linéaire du monde, et « le coup d'éventail » du haïku montre la complicité des images poétiques avec le « monde ouvert » dans lequel « (leur) onde (est) capable de se propager à l'infini ».
Mais la nature du haïku est-elle vraiment fondée sur cette complicité tranquille ?

Un critique du haïku, Yamamoto Kenkichi, dit que dans le haïku « l'écoulement du temps est arrêté », et par cet arrêt, le haïku « diffère foncièrement de tout ce qui s'appelle poésie : poésie lyrique, poésie épique, poésie dramatique, etc. » [22]. Dans une pièce de haïku, il n'y a aucun déploiement, que ce soit au niveau de sentiment, d'événement ou d'émotion, mais toutes les images, depuis l'image première à l'image dernière, s'y trouvent simultanément. Ce qui

---

21. Jean Pierre Richard ne dit pas autre chose quand il écrit : « Il (= l'élan chez Rimbaud) se place d'emblée dans un présent éternel ; l'envol commence, culmine, s'achève en un même moment : il est un bondissement à la fois fulgurant et immobile, une "possession immédiate et éternelle" » (*Poésie et profondeur*, Éd. du Seuil, 1955, p. 218), et Georges Poulet également : « Ce monde éternellement naissant, qui à chaque pas recommence d'être, n'a que des rapports lointains avec les lieux réels foulés par les souliers du marcheur » (*La Poésie éclatée*, PUF, 1980, p. 151).
22. Yamamoto Kenkichi, *Haïku towa nanika* (Qu'est-ce que le haïku ?), Kadokawa saphia bunko, 2000, p. 16.

veut dire que même la pièce de haïku qui propose, par exemple, une petite scène tout à fait banale :

Devant l'échoppe
Les presse-papiers sur les livres de peintures :
Le vent de mars ! [23]

ne peut être considérée comme une partie découpée de la vie quotidienne. Le temps qui la marque n'est pas une parcelle du temps qui coule dans notre vie. La fraîcheur du « vent de mars » n'est pas une expérience saisonnière parmi beaucoup d'autres qui passent annuellement, elle ne peut être comparée avec rien, elle est unique et absolue, hors du temps qui coule et nous emporte. Dans le haïku, dit Yamamoto, le temps est « supprimé » [24]. Le temps que nous vivons avec le haïku n'est pas le temps linéaire qui coule, mais le temps-instant de la cognition hautement existentielle. De ce qui existe dans toute étendue temporelle et spatiale, c'est-à-dire dans le cosmos, on ne choisit qu'un minimum de choses (échoppe, presse-papiers, livres de peintures, vent de mars), on les transmet dans l'ici-maintenant des mots (Devant l'échoppe/ Les presse-papiers sur les livres de peintures :/ Le vent de mars !), pour reconnaître que dans cette mise en rapport se réalise la saisie du cosmos et, du même coup, de notre existence [25]. L'écriture de haïku ne déploie pas le paysage, mais présente l'instant de la cognition. La parole de Bashô

---

23. C'est la première pièce du *Haïku* de Jaccottet, transcrite à partir de la version anglaise d'une pièce de Kitô citée à la page XI du *Haïku I* de R. H. Blyth, « *In the shop,/ The paper-weights on the picture-books :/ The spring wind!* ». (絵草紙に鎮置く店の春の風), Ezoushi ni sizuoku mise no haru no kaze).
24. Le haïku « supprime le temps » (*Id.*, p. 12, 16).
25. La pièce de haïku de Masaoka Shiki (1867-1902) : « Il doit y avoir quatorze ou quinze amarantes. » (鶏頭の十四五本もありぬべし), Keitou no juusigohon mo arinubesi) ne choisit qu'une seule chose (amarantes) pour montrer à la fois la certitude que l'auteur est là dans le cosmos (car c'est lui qui la choisit parmi une infinité de choses et affirme qu'elle doit être là devant lui) et l'existence certaine du cosmos lui-même (car les amarantes ne sont qu'une chose choisie par hasard parmi un infini dispersé dans l'infinité du cosmos). Voilà le mouvement essentiel de la « fragmentation » communicative avec le tout, qui se retrouve chez Rimbaud également avec par exemple : « Plate-bandes d'amarantes jusqu'à/ L'agréable palais de Jupiter » (« Plate-bandes d'amarantes [...] ») où se réunissent toute une gamme d'images déployées dans les vers qui suivent, mais ce sont des images « sans mouvement ni commerce », qui ne seraient donc pas mentionnées, ce qui était justement le cas de la pièce de Masaoka Shiki.

transmise par Dohô dit exactement la même chose : « il faut saisir avec les mots la lumière des choses à l'instant même où elles sont vues, avant qu'elle ne disparaisse dans le cœur » [26].

Le haïku se présente comme une cognition réalisée dans l'instant et, par là, il se situe hors du temps linéaire. Et par cette force cognitive, cette instantanéité et cette coupure, la poésie de haïku s'approche de celle de Rimbaud. Les mots chez les haïkistes et chez Rimbaud s'installent avec force, subitement et gratuitement, dans un ici-maintenant, où l'on saisit directement l'existence du cosmos et de soi-même et réalise qu'on s'allie à l'éternité. Alors, à quoi tient l'insistance de Jaccottet sur leur différence ?

Pour Jaccottet, la poésie de Rimbaud apparaît avec « tambour » sonnant comme « les trompettes » de Jéricho qui « (font) tomber les murs de la ville ». Elle envahit et s'installe dans l'ici-maintenant avec « puissance » et « insistance » [27], tandis que le haïku apparaît dans cette « maison ouverte » avec « le heurt d'un éventail contre une vitre », démarrage serein qui ne fait penser à presque aucune rupture. Sans doute Jaccottet accentue-t-il chez Rimbaud le côté « coupure » de la fragmentation qui donne une tension pleine de fulgurance à sa poésie, tandis qu'il voit l'essence du haïku dans la « sérénité » qui rend presque insensible la rupture lors de l'installation du temps cognitif [28]. La fulgurance d'un côté, la sérénité de

---

26. Hattori Dohô, *Akasoushi*, 33, publié en 1776.
27. « Il se passe quelque chose comme à Jéricho quand la puissance et l'insistance des trompettes ont fait tomber les murs de la ville ; à ceci près que cette musique (de haïku) est le contraire d'une musique guerrière, qu'il n'y a pas de trompettes, à peine un bruit d'éventail, plié, déplié, quelques syllabes extraordinairement libres et légères […] » (aux 1re et 2e pages de la préface de *Haïku* présentés et transcrits par Philippe Jaccottet.
28. Si « la vraie vie est ailleurs », il faut, pour l'introduire même pendant un instant à l'ici-maintenant où nous sommes, annuler la distance qui sépare l'ici de l'ailleurs, ce qui n'est pas nécessaire, dit Jaccottet, à la poésie japonaise. « Dans la plus grande simplicité et la plus raffinée pourtant, loin de poursuivre délire et rupture, elle (= la poésie japonaise) réussissait […] à illuminer d'infini des moments quelconques d'existences quelconques. […] Comme si, à l'affirmation désespérée de Rimbaud, « la vraie vie est ailleurs », répondait non pas une affirmation contraire […], mais comme une floraison de signes discrets témoignant d'une vraie vie possible ici et maintenant » (Philippe Jaccottet, « À la source, une incertitude… (Remerciement pour le prix Montaigne) » dans *Une transaction secrète, op. cit.*, p. 312). – Ici je me permets d'apporter une petite précision : la formule de Rimbaud

l'autre. Pourquoi Jaccottet insiste-t-il sur cet écart ? En lisant la préface de son anthologie de *Haïku*, où il fait appel strictement à la
poésie rimbaldienne pour expliquer cette poésie brève japonaise, on
pourrait croire qu'il désire souligner des points communs essentiels
entre elles (fragmentation, instantanéité, cognition, etc.) ; cependant
il ne mentionne nullement leurs points communs mais seulement
leur écart. Qu'est-ce que Jaccottet veut faire remarquer là ? Est-ce
simplement les ambiances différentes de paysage poétique introdui-
tes l'une par le « tambour » et l'autre par l'« éventail » ? Jaccottet
ne nous invite-t-il pas plutôt, sans doute intuitivement, à une autre
problématique ? En fait, si le haïkiste se trouve « dans ce monde-ci »
qui est ouvert vers autrui car le haïku est une « maison ouverte »,
vers quels autres la poésie de Rimbaud, introduite par le « tambour » tapageur, est-elle ouverte ? À qui Rimbaud s'adresse-t-il ?
Avec qui partage-t-il la cognition ?

Dans le haïku, les pronoms n'apparaissent presque pas, et s'ils
apparaissent, c'est dans la plupart des cas la première ou deuxième
personne au singulier, et presque jamais la première personne au pluriel « nous ». Ce qui ne veut pas dire que le haïkiste compose seul la
pièce. Bien au contraire, les mots, la métrique, l'allusion à la saison
et aux faits historiques – tous ces éléments sont choisis et prononcés
par le haïkiste pour partager une cognition nouvelle du monde avec
les gens à trois niveaux. Premièrement, ceux qui se réunissent avec lui
pour jouir ensemble de l'ambiance de la création de haïku ; deuxièmement, ceux qui ont le même goût haïkiste mais dispersés dans le pays
et absents à la réunion ; et finalement les défunts qui viennent aider,
soutenir et stimuler la création haïkiste à travers les œuvres esthétiques qu'ils ont laissées [29]. La création de haïku est loin d'être un acte
solitaire, mais un entretien dans tous les azimuts fait par le haïkiste
avec tous ces gens-là, au sujet de notre vie, de notre monde, de notre

n'est pas « La vraie vie est ailleurs » mais « La vraie vie est *absente* »
(« Délires I », souligné par moi-même), ce qui donne une perspective tout
à fait autre. Rimbaud n'insiste pas sur l'insignifiance désespérante de l'ici-
maintenant, mais l'ici-maintenant pour lui est le lieu-moment d'attente de
l'apparition imminente de la vraie vie qui sera « présente ». Et avec cette
mise en valeur de l'ici-maintenant, l'univers de Rimbaud se rapproche
nettement de celui du haïku.

29. Ces défunts sont, par exemple pour Bashô, Rihaku (poète chinois, 701-
762), Toho (poète chinois, 712-770), Saigyô (poète japonais, 1118-1190),
Sôgi (maître du renga, 1421-1502), Sesshû (maître du lavis, 1420-1506),
Rikyû (maître de la cérémonie de thé, 1522-1591), etc.

cosmos, à travers lequel se forme et se cristallise quelque expression minimum qui sera présentée par lui à leur intention. Prononcer une pièce de haïku n'est donc autre chose que de dire un salut à tous ces gens-là, présents, absents ou défunts, qui, avec le haïkiste, forment ensemble un « nous »[30]. Dix-sept syllabes, 5/7/5, deviennent un haïku quand elles sont présentées comme un salut vis-à-vis du « nous » et acceptées dans ce « milieu » poétique. Or, ce « nous » est les gens qui vivent ou ont vécu, qui chantent ou ont chanté la même quotidienneté du monde que le haïkiste. C'est dire que le haïkiste partage la cognition avec ses proches, ses voisins, ses amis, ses prédécesseurs. Entre le temps de la vie quotidienne et le temps de la cognition, entre le milieu quotidien et le milieu poétique, le passage est presque sans rupture. On se glisse de l'un à l'autre, imperceptiblement. Avec le haïku, on ne va pas « n'importe où hors du monde ». « On est dans ce monde-ci », dans cette « maison ouverte ».

Rimbaud ne profite pas de cette condition. Certes, au début de son activité poétique, le « nous » avait une réalité, avec qui il pouvait, même si parfois ironiquement, partager le regard : le « nous » de « Forgeron » fait appel au « Peuple », le « nous » de « Chant de guerre parisien » aux Parisiens, le « nous » de « Mes petites amoureuses » à mes amoureuses, etc. Mais au fur et à mesure que Rimbaud se détache de son milieu scolaire, de sa famille, de sa ville natale et de ses amis, le « nous » devient de moins en moins référentiel. Le « nous » d'« Âge d'or » est déjà presque anonyme (« De quel Âge es-tu,/ Nature princière/ De notre grand frère!, etc. »), celui de « Plates-bandes d'amarantes […] » aussi (« C'est trop beau! trop! Gardons notre silence »), celui de « Qu'est-ce pour nous mon cœur […] » également. Et il faut bien noter que la fin de ce texte-ci marque le moment décisif où le « nous » déjà non-référentiel dépasse pour la première fois la limite de l'Occident pour sortir à l'extériorité vers les « Noirs inconnus » (« Noirs inconnus, si nous allions! Allons! allons! ») qui forme avec le « moi » le « nous » incognito, coupé foncièrement de l'ancien « nous » rempli de référents familiers. Sur cette coupure se déroule la narration

---

30. Ce « nous » constitue un milieu créateur propre au haïku appelé « Za », qui est à la base de la création poétique tout à fait autre que celle organisée autour du « je » créateur (même si « effacé ») centre pronominal dirigeant tout acte langagier. Cf. Ogata Tsutomu, *Za no bungabu* (L'acte littéraire basé sur le Za), Koudansha gakujutu bunko, 1997. Cf. aussi Yasuaki Kawanabe, « Le milieu créateur, poésie et poétique du Haïku », *Recherches Poïétiques*, n° 4, Université de Valenciennes, été 1996.

d'*Une saison en enfer* où, après une longue série de soliloque, le poète rejette « une belle gloire d'artiste et de conteur » et constate qu'il n'a « pas une main amie ». Il n'a plus personne avec qui former le « nous », ou plutôt il forme justement avec les « mains amies » absentes des « Noirs inconnus » le « nous » incognito en dehors de toute référence [31]. Dans « Après le déluge », il dit : « la Reine, la Sorcière qui allume sa braise dans le pot de terre, ne voudra jamais nous raconter ce qu'elle sait, et que nous ignorons » ; dans « Conte » : « La musique savante manque à notre désir » ; dans « Angoisse » : « la Vampire qui nous rend gentils commande que nous nous amusions avec ce qu'elle nous laisse, ou qu'autrement nous soyons plus drôles » ; et dans « Génie » : « Il nous a tous connus et nous a tous aimés ». Dans tout cela, le « nous » n'est qu'une appellation sans référent qui ne renvoie à personne. Il ne sert plus de pronom, ou il sert de pronom inconnu. Et avec cet incognito, le sentiment et la pensée rimbaldiens dépassent le système pronominal de sa langue maternelle, et le « nous », purifié de tout ce qui est de l'Occident, s'ouvre au dehors absolu.

Ce « nous », Rimbaud le tiendra seul. « Point de cantiques » [32]. Il n'aura personne à qui parler, il créera seul la poésie, fera la cognition solitaire. Les mots qu'il prononce, lancés au-delà de la limite langagière pronominale, que personne n'est prêt à accueillir sauf les « Noirs inconnus », seront comme autant de « tambours » et « trompettes » discordants, criant aux oreilles des gens habitués à la poésie référentielle connue et reconnue.

La poésie de Rimbaud, fondée comme la poésie du haïku sur la fragmentation et la cognition cosmique mais sans aucune « main amie » avec qui il puisse partager cette poétique, était obligée d'être discordante dans son acte créateur forcément tapageur et incompréhensible. La remarque bizarrement contrastive (citer Rimbaud pour montrer la dissonance avec le haïku) faite par

---

31. Avec ce « nous incognito », la bataille solitaire de « mon cœur » peut gagner une dimension collective (« Mon cœur, c'est sûr, ils sont des frères :/ Noirs inconnus, si nous allions ! Allons ! allons ! »). Michel Collot, en parlant du « projet de la Voyance » de Rimbaud, fait remarquer la même force du « nous » : « Pour échapper à l'emprisonnement par le mythe personnel, il le transforme en mythe collectif en y intégrant son allocutaire par la force du *nous* » (Michel Collot, *La Poésie moderne et la structure d'horizon*, PUF, 1989, p. 205).
32. Arthur Rimbaud, « Adieu », *Une saison en enfer*.

Jaccottet de l'éventail-haïku et du tambour-Rimbaud porte sur ce point commun et cette distance : les bruits de l'éventail et du tambour marquent tous les deux l'ici-maintenant de la création poétique, s'adressant l'un aux mains amies de « ce monde-ci » qui « est une maison ouverte », et l'autre, aux amis incognito d'ailleurs.

Dans la préface de Jaccottet se rencontrent ainsi deux conditions différentes de la création poétique. Chez les haïkistes, l'instant éternel de poésie, son paysage d'apparition-déploiement-disparition et la cognition qui y est faite sont tous partagés par les gens se trouvant dans le même milieu poétique créateur élaboré depuis des siècles au sein de la tradition littéraire. Leur création poétique est à la limite de cette longue tradition et reste tout de même toujours à son intérieur. Chez Rimbaud également, l'instant éternel de poésie est à la limite de la tradition ; mais c'est une tradition du moi créateur centre du système pronominal dont le poète voulait à tout prix s'arracher, et le moi devenait chez lui presque auto-destructeur (« dérèglement », « folie », « criminel », « maudit », « crever », « s'étouffer » [33], « idiot », « damné » [34], etc.) qui rompt les liens avec les gens intérieur de la tradition (« romantiques » [35], « prêtres », « professeurs », « maîtres » [36], « philosophes » [37], etc.) et se renvoie carrément au dehors absolu, s'adressant aux gens extérieurs sans parole (« animaux », « humanité », « femme » [38], « Esclaves » [39], « pauvres » [40], « Elle » [41], « lui » [42], etc.).

La poétique de Rimbaud est donc aux antipodes de celle du haïku quant au rapport avec la tradition. L'activité poétique des haïkistes se fait dans la tradition, soutenue par les gens qui partagent le même milieu poétique créateur ; celle de Rimbaud se fait à la limite de la tradition, soutenue par personne, s'adressant aux inconnus, à la pure extériorité. Rimbaud refuse de partager quoi que ce soit avec qui que ce soit à l'intérieur de la tradition. Son vœu était la « liberté libre », liberté non pas obtenue dans un cadre

33. Lettre de Rimbaud à Demeny, daté du 15 mai 1871.
34. *****, *Une saison en enfer*.
35. Lettre de Rimbaud à Demeny, daté du 15 mai 1871.
36. « Mauvais sang », *Une saison en enfer*.
37. « L'impossible », *Une saison en enfer*.
38. Lettre de Rimbaud à Demeny, daté du 15 mai 1871
39. « Matin », *Une saison en enfer*.
40. « Dévotion », *Illuminations*.
41. « Métropolitain », *Illuminations*.
42. « Génie », *Illuminations*.

quelconque mais liberté désenclavée de tout cadre. Il ne voulait pas la « maison ouverte » à l'intérieur de la tradition, mais la tradition elle-même devait s'ouvrir et se transformer dans son rapport aux inconnus : ouverture absolue à laquelle invitait et invite toujours le « tambour » tapageur de sa poésie.

Alors la question que nous devons entendre dans la préface de Jaccottet serait : la poésie de la langue française a-t-elle trouvé les « inconnus » avec qui elle puisse créer un nouveau milieu poétique à l'extérieur de sa tradition (du moi original et du système de langage pronominal), milieu où l'on jouit de la « liberté libre » dans une fulgurance sereine ou une sérénité fulgurante, dans la réconciliation ultime du « tambour » et de l'« éventail » [43] ?

Yasuaki KAWANABE

---

43. Jean-Pierre Giusto donne une très belle description de la dernière phase de l'activité poétique de Rimbaud : « La douceur de "Barbare" est dans la communication directe du poète avec les forces cosmiques. Plus rien ne le retient à ce monde, il navigue librement dans la frénésie des feux et des glaces, forces positives où l'homme fait son alliance avec l'Univers ». Rimbaud a atteint ce sommet, se coupant de « ce monde » (« Conférence de Monsieur J.-P. Giusto à L'Espace Kro. Rimbaud créateur », *« Elle est retrouvée! Quoi? L'éternité »* Arthur Rimbaud – Jean-Pierre Giusto, Presses Universitaires de Valenciennes, 2003, p. 72). La question pour nous est de savoir comment créer, au travers de la communication cosmique et de la libre navigation vers l'alliance de l'Univers, un monde vivable, monde nouveau et ouvert au dehors et en même temps stable à l'ici-maintenant dans tous ses azimuts.

Segalen, double de Rimbaud

Dans ce colloque dédié au 150ᵉ anniversaire de la naissance d'Arthur Rimbaud, je n'entrerai dans le détail ni de la vie ni de l'œuvre de Rimbaud, mais essaierai de toucher son double ou son spectre qui apparaît et *revient* de temps en temps sur la route de voyage de Victor Segalen. Segalen écrit à sa femme, à Aden en mai 1909, sur le chemin de son premier voyage en Chine : « Rimbaud est une perpétuelle image qui revient de temps à autre dans ma route » [1]. Cette *image* de Rimbaud, en fait, ne cesse de visiter Segalen à travers son existence, et il sera hanté par elle jusqu'à la fin de sa vie. Il écrit, huit mois avant sa mort, dans une lettre à son amie : « Voici vingt ans qu'elles [= les puissantes syllabes de « Bateau ivre »] me hantent » [2].

Mais dans ces visites obsédantes de Rimbaud, il y a deux moments cruciaux pour Segalen. D'abord, deux interviews des frères Rhigas (Athanase et Constantin, collègues de Rimbaud à la compagnie de Bardey en Afrique), en janvier 1905 à Djibouti, où il fait escale cinq jours en revenant d'un an et sept mois de sa vie comme médecin naval en Polynésie. Ces interviews donneront naissance à son premier article publié : « Le double Rimbaud », dans *Mercure de*

1. Lettre à sa femme Yvonne du 5 mai 1909 dans *Lettres de Chine*, Plon, 1967, p. 27. « Mon passage ici est tout plein de Rimbaud, qui y séjourna longtemps et y souffrit beaucoup. La vie et la mort de Rimbaud seraient une belle leçon de désespoir, si on ne la fait tourner à rebours en leçon d'énergie. J'espère en tirer ma seconde *Prose*. Rimbaud est une perpétuelle image qui revient de temps à autre dans ma route. »
2. Lettre à Hélène Hilpert du 9 septembre 1918 dans Victor Segalen, *Correspondance I*, Fayard, 2004, p. 1128.

France, le 15 avril 1906, et en même temps à une conception de sa théorie d'*Exotisme* qu'il continuera à réfléchir toute sa vie.

Ensuite, le 5 mai 1909, sur la route de la Chine, Segalen fait escale à Aden et écrit dans son journal une petite *Prose* où apparaît le spectre de Rimbaud. Ce texte sera recopié deux fois : onze jours après, dans une lettre à sa femme écrite sur le paquebot au large de Sumatra – où Rimbaud avait échappé aux troupes hollandaises –, et six ans après, en septembre 1915, sur la première page du manuscrit d'une de ses dernières œuvres : *Équipée*, œuvre hanté aussi dans un sens par le double de Rimbaud [3].

Le double, c'est, si on emprunte l'expression de Gérard Macé, le « monstre de duplicité, mais aussi l'autre soi-même qui revient nous hanter périodiquement, spectre qui nous interroge et sosie qui ne répondra pas » [4]. Ce double, quels sens avait-il pour Segalen et quelle force a-t-il exercé sur lui ? Venant ou revenant au monde un quart de siècle après Rimbaud, Segalen qui a voulu être à la fois poète et voyageur, d'après sa propre expression – « les poètes en voyage » et « les Voyageurs aux prises avec les mots » [5] –, a mené

3. Dans le texte contenant peu de citations d'*Équipée*, Arthur Rimbaud occupe une place spéciale. Segalen cite, dans la neuvième étape qui envisage le Fleuve, l'incipit de « Bateau ivre » comme l'expression idéale qui caractérise le Fleuve. « Le plus extraordinaire des visionnaires marins, Arthur Rimbaud, dont le « Bateau ivre » n'a pas une défaillance marine, a néanmoins passé très vite sur le Fleuve. Et pourtant, [...] il a dit sur les fleuves, le premier mot qui devrait être dit : "Impassible" », *Équipée*, dans *Œuvres complètes*, t. 2, Robert Laffont, 1995, p. 277.
   Le voyage de l'*Équipée* culmine à la scène de la rencontre de l'Autre dans la haute montagne près du Thibet (vingt-cinquième étape). « Moi-même et l'Autre nous sommes rencontrés ici au plus reculé du voyage », sur la route « la plus extrême, celle qui touche aux confins ». Cet Autre, Européen, âgé de « seize à vingt ans », prêt à toutes les possibilités futures et « riche de tout ce qu'il espère », n'est certes que le double du jeune Segalen. Avec les yeux « jaune[s] » et les cheveux « blond[s] », son visage n'évoque nullement celui de Rimbaud qui avait les yeux bleus et les cheveux marrons rougeâtres, mais dans sa posture s'insinue le spectre de Rimbaud que Segalen a rencontré à Aden (nous le traiterons plus tard). Cet « Autre » se trouve en face de moi, « comme s'il *me barrait* silencieusement le chemin prolongé en dehors de moi, malgré moi », de même que Rimbaud « s'est levé dans Aden desséché, *me barrant* la route » (c'est moi qui souligne).
4. Gérard Macé, « Préface » au *Double Rimbaud*, Fata Morgana, 1986, p. 11-12.
5. Texte recopié de son Journal, à Brest, le septembre 1915, sur le manuscrit de l'*Équipée*, dans Victor Segalen, *Équipée*, Gallimard, coll. « Imaginaire », 1983, p. 136.

quelle lutte avec Rimbaud et goûté quel choc entre ce dernier et lui-même ? Et enfin, dans un monde ultra-moderne où aucun voyage ni aucun dehors n'est possible, quel passage s'est-il frayé entre le Réel et l'Imaginaire en allant au-delà de, ou en passant outre à, la lutte de Rimbaud avec eux, c'est-à-dire le Réel et l'Imaginaire ?

Le 11 janvier 1905, Segalen a donc interviewé Athanase Rhigas au Café de la Paix, et le frère cadet de celui-ci Constantin au Café de France. De ces deux entretiens assez décevants, il a tout de même obtenu deux informations significatives sur Rimbaud [6]. D'abord, il a trouvé un Rimbaud négociant « en sous-ordre » à l'inverse de ce qu'on avait cru. Bien qu'il fût « marcheur étonnant » et homme gai avec « une conversation étonnante » qui fait « rire » ses collègues, et qu'il parlât anglais, allemand, espagnol, arabe et galla [7], Rimbaud n'avait pas de qualités de négociant. Il lui manquait le capital, la volonté aux affaires pour agrandir ses commerces. « Il était très parcimonieux, » raconte Constantin Rhigas, « très résistant, mais de très gros gains ne l'auraient même pas satisfait. Il faisait cela parce que cela lui plaisait de vivre comme cela... » [8] Dans l'entretien avec Athanase, Segalen constate que Rimbaud ne parlait jamais de ses écrits passés.

D'un côté, le « poète de génie », et de l'autre, le commerçant qui « ne fit allusion à ses écrits passés », et ce malgré son incapacité commerciale et ses échecs commerciaux. Entre ces deux existences, il y a une « cloison étanche » infranchissable. Dans cette « duplicité successive » d'une même personne, « il faudrait pour juger sainement », c'est-à-dire « pour juger à la fois le Poète et l'Explorateur », « ne se bluffer ni sur l'une, ni sur l'autre des deux manifestations » [9]. Segalen y trouve un cas type du bovarysme [10]. Et rentré en France, il le

---

6. Segalen a transcrit ces deux entretiens dans son cahier avec quelques réflexions : « Entretiens avec les frère Rhigas », dans *Le Double Rimbaud*, p. 55-60. Dans son article publié dans *Mercure de France*, il a retouché quelques mots et recomposé les entretiens en mélangeant assez librement les paroles de deux frères.

7. Le galla n'apparaît pas dans la note écrite juste après l'entretien avec Athanase Rhigas, mais dans l'entretien cité dans *Le Double Rimbaud*. Cf. *Le Double Rimbaud*, p. 32.

8. *Ibid.*, p. 60.

9. *Ibid.*, p. 59.

10. Selon Dominique Lelong, c'est à Djibouti, en janvier 1905, que Segalen a lu pour la première fois les œuvres de Jules de Gaultier (*ibid.*, p. 67). Segalen a d'abord intitulé son article à venir tout simplement « Le bovarysme d'Arthur Rimbaud ».

développe dans son article. Le bovarysme, selon la définition de son auteur, Jules de Gaultier, est le « pouvoir départi à l'homme de se concevoir autre qu'il n'est » [11]. À la différence du « dédoublement de la personnalité » dont les données étaient acquises par la psychologie expérimentale à la fin du XIXᵉ siècle, et élucidées surtout par Pierre Janet, le bovarysme gaultiérien n'est pas une « perturbation psychique », mais des « accidents de la vie morale », et le bovarysme de Rimbaud est un « dédoublement de la moralité » [12]. Comme l'héroïne de Flaubert, Rimbaud renie sa vie antérieure, apporte toute son énergie dans l'activité pour laquelle il n'est pas doué (le commerce). Segalen écrit : « Le cas est évidemment singulier, d'un poète récusant son œuvre entière de poète, et la récusant non seulement par des paroles ou des dédains soupçonnables d'affection, mais par dix-huit années de sa maturité, par son mutisme définitif. » [13] Vers la fin de cet article, Segalen conclut que dans la vie de Rimbaud – toujours en citant Jules de Gaultier – les deux lignes composantes de tous les êtres humains, ligne du réel et ligne de l'imaginaire, ne coïncident pas dans la vie de Rimbaud. Il écrit : « Cette coïncidence fut très loin de se réaliser dans l'existence de Rimbaud, dont l'énergie totale se dispersa prématurément en deux essors divergents. La résultante en fut particulièrement douloureuse. » [14]

Cette conclusion n'élucide nullement le secret de la poésie de Rimbaud, ni la raison pour laquelle il a abandonné la littérature, mais explique seulement son *existence* dédoublée et douloureuse. Elle éclaire, nous semble-t-il, moins l'esthétique rimbaldienne que l'esthétique segalénienne. En fait, avec les notions kantiennes et nietzschéennes qu'utilise Jules de Gaultier [15], comme le réel, l'image ou l'imaginaire, l'énergie, l'empire du milieu, le devenir, la volonté et le divers, Segalen va construire non une ontologie ni un principe de la civilisation humaine comme l'a fait Jules de Gaultier dans son livre [16], mais une *esthétique*, celle du *Divers*, dans son *Essai sur*

---

11. *Ibid.*, p. 39.
12. *Ibid.*, p. 38-39.
13. *Ibid.*, p. 37.
14. *Ibid.*, p. 45.
15. Jules de Gaultier est un des premiers introducteurs de la pensée de Nietzsche en France, surtout par son œuvre *De Kant à Nietzche*, Mercure de France, 1900. Cf. Jacques Le Rider, *Nietzsche en France, de la fin du XIXᵉ siècle au temps présent*, PUF, 1999.
16. Jules de Gaultier, *Le Bovarysme, la psychologie dans l'œuvre de Flaubert*, Paris, Éd. du Cerf, 1882.

l'Exotisme. L'Exotisme de Segalen ressortit surtout à la sensation et à la beauté. Il écrit, en octobre 1904, sur la première page de son cahier d'exotisme, quelques idées sur le vif : « Écrire un livre sur l'Exotisme. Bernardin de Saint-Pierre – Chateaubriand – Marco Polo l'initiateur – Loti. [...] Étudier chacun des sens dans ses rapports avec l'exotisme : la vue, les ciels. L'ouïe : musiques exotiques. L'odorat surtout. Le goût et le toucher nuls. [...] La sensation d'exotisme : surprise. Son émoussement rapide. [...] » [17] Ici, le nom de Rimbaud, qui n'a pas écrit un seul mot de littérature pendant son voyage en dehors de l'Europe, n'est pas cité mais on peut lire sa trace inscrite dans ce texte. Segalen marque le lieu et la date en haut du feuillet : « En vue de Java, octobre 1904 ». Java, c'est l'île où Rimbaud a débarqué, déserté et erré dans la brousse, comme écrit Segalen dans la deuxième partie de son article [18].

Java, Sumatra, Djibouti... En suivant la route de Rimbaud en sens inverse, de l'est à l'ouest, de l'Asie à l'Europe, et hanté par son double, Segalen a conçu son Exotisme. Et après avoir publié son article sur Rimbaud, il le définit, cette fois assez nettement, dans l'*Essai sur l'Exotisme*. La sensation d'Exotisme, écrit-il à Paris en décembre 1908, ce n'est autre que « la notion du différent », « la perception du Divers », « la connaissance que quelque chose n'est pas soi-même », et le pouvoir de l'Exotisme, c'est le pouvoir « de concevoir autre », c'est-à-dire à la fois de s'imaginer autre que soi-même et imaginer l'autre qui n'est pas soi-même [19]. En utilisant un néologisme, il appelle « *exotes* » des « voyageurs-nés », ceux qui, dans leurs voyages, reconnaissent sous l'apparence des choses « le moment d'Exotisme » et qui mettent en relief la saveur du Divers, « l'ivresse du sujet à concevoir son objet ; à se connaître différent du sujet ; à sentir le Divers » [20]. Pour ce faire, il faut sortir de son propre pays, de sa propre culture et voyager dans un autre pays et entrer dans une autre culture. Mais en face de l'autre qui barre la route, le sujet segalénien ne l'assimile pas comme Loti ou Claudel, ni ne s'identifie à lui comme tant de tiers-mondistes. Il s'efforce de maintenir le choc ou l'équilibre entre les deux, et de goûter le Divers qui y étincelle. Cette esthétique, il l'a construite, pour ainsi dire, en accouplant le bovarysme de Gaultier à la vie *possible* de Rimbaud

17. *Essai sur l'Exotisme*, dans Victor Segalen, *Œuvres complètes*, t. 1, Robert Laffont, 1995, p. 745.
18. *Le Double Rimbaud*, p. 27.
19. *Essai sur l'Exotisme*, *op. cit.*, p. 749.
20. *Ibid.*, p. 750.

voyageur et poète. Rimbaud n'a pas gagné la lutte pour cette double vie. « *Il a échoué* » [21], écrit Segalen en soulignant à la fin de ses notes de son entretien avec Constantin Rhigas. Cet échec en affaires a été causé par « un défaut capital ». Défaut du capital, bien sûr, mais aussi défaut capital, défaut mortel causé par son incapacité de maintenir la position équivoque et équivalente de poète-voyageur jusqu'à la fin.

À Aden le 5 mai 1909, Segalen a rencontré le « vrai » double de Rimbaud, son *spectre*. Le texte qu'il a recopié dans la lettre à sa femme au large de Sumatra, intitulé *Spectres*, commence ainsi : « Aden a dressé devant ma route un spectre douloureux et d'augure équivoque : Arthur Rimbaud. » [22] Ici, dès le début, Rimbaud apparaît de la terre comme un spectre, être équivoque ni vivant ni tout à fait mort, et souffrant la douleur de sa vie à Aden desséché. Il barre la route de Segalen, et lui ordonne de voir en face sa vie désastreuse : « vois mes peines, vois mes espoirs, infiniment déçus ; vois mes efforts étonnamment vains ; vois ma fin lamentable » [23]. Et en citant les mots dans sa propre lettre, ce spectre de Rimbaud lui conseille de ne pas oublier sa souffrance singulière et inimaginable : « dans ces cavernes sèches où sonne un air desséché, retrouve un peu des échos de mes plaintes, *heureusement que cette vie est seule, et qu'il n'y en a pas d'autres, puisqu'on ne peut imaginer de vie plus lamentable* » [24]. Mais Segalen ne répond pas tout de suite, ne répond pas aux exigences de ce spectre. Il passe. Il faut qu'il passe outre la vie de Rimbaud trop réelle, pour ne pas être dupe du Mythe Rimbaud. Il écrit à la suite de la parole rimbaldienne : « Il faut que je passe outre. Je passe. » Et enfin il répond tardivement, je cite le texte jusqu'à la fin : « Je lui réponds : tu as lutté pour le Réel. Tu l'as pris corps à corps, mais en dépouillant la plus diamantine des armures : Poète, tu t'es renié toi-même. Et tu vantais tes muscles et tes os. Squelette carné, nerfs et sens, tu te croyais fort et complet ? Le poète que tu méprisais te conduisait encore, et par vengeance que tu le méconnus, à ta perte. Voilà le Mythe Rimbaud. » [25]

21. *Le Double Rimbaud*, p. 60.
22. *Lettres de Chine*, Plon, 1967, p. 33.
23. *Ibid.*
24. *Ibid.* Les mots de la lettre de Rimbaud adressée aux siens du 25 mai 1881, à Harar, est un peu modifiés par Segalen. Rimbaud avait écrit : « et heureusement que cette vie est la seule, et que cela est évident, puisqu'on ne peut s'imaginer une autre vie avec un ennui plus grand que celle-ci ! »
25. *Ibid.*

« Homme vain ! » écrit-il dans une autre version [26]. La vie et la lutte de Rimbaud en Afrique étaient vaines. Elles étaient vides comme les trous secs où Rimbaud s'est enfoncé, comme « les cavernes sèches » où ne sonne qu'« un air desséché » [27]. Il vantait la complétude de son corps, de sa vie réelle, mais en fait, il a renié seulement son propre Imaginaire, la part du poète trop intense. Il faut lutter corps à corps contre la réalité non pas comme un simple commerçant ou voyageur, mais comme un Poète avec l'armure ou l'arme dure et éclatante comme un diamant, arme composée à la fois de l'Imaginaire et du Réel. Cet Imaginaire et ce Réel ne finissent pas de se compléter, mais Rimbaud négociant a pris le parti de l'un et rejeté l'autre en croyant faussement vivre dans le Réel complet. C'est outre cette fausse complétude que Segalen passe. Et, en le regardant de travers, il se fraye un passage à côté de Rimbaud et se charge d'une autre position, celle d'*exotes*. L'échec de Rimbaud n'est pas étranger à Segalen. C'est le danger pour le voyageur-poète que Segalen veut être dans le pays où il va voyager après cette rencontre : la Chine. Quand il recopie le texte d'Aden sur le premier page de son manuscrit de l'*Équipée*, il ajoute ces mots au début : « *Addenda.*/ LE DANGER AU PAYS DU RÉEL – L'imaginaire habite le cerveau et s'écrase avec lui » et à la fin : « Essai : Voyageurs et Visionnaires/ Ceux qui ont écrit ce qu'ils ont vu./ Les poètes en voyage./ Les Voyageurs aux prises avec les mots. » [28]

Or, après les interviews avec les frères Rhigas à Djibouti en 1905, Segalen est rentré en France, et a visité, fin octobre, la sœur de Rimbaud, Isabelle, et son mari Paterne Berrichon. Dans la note écrite juste après sa visite, il rapporte la « phobie » de la poésie qu'avait Rimbaud. Isabelle Rimbaud a raconté à Segalen cet épisode suivant : « Je lui faisais, dans sa dernière maladie, la lecture. Quand arrivait un vers, un seul, il me suppliait de passer. Il avait horreur de la poésie. » [29] Segalen y vérifie une de ses conclusions qu'il a déjà tirée de ses entrevues avec les frères Rhigas. Il écrit : « Rimbaud fut, jusqu'à la fin, poète. Mais récusant sa production poétique. Et cela au point de redouter même la *lecture d'un seul*

---

26. Texte recopié de son Journal, à Brest, le septembre 1915, sur le manuscrit de l'*Équipée*, dans Victor Segalen, *Équipée, op. cit.*, p. 136.
27. « un air creu » dans la version ci-dessus.
28. *Ibid.*
29. « Visite à Paterne Berrichon et Isabelle Rimbaud », dans *Le Double Rimbaud*, p. 61.

vers étranger » [30]. À cette occasion, dans l'intérieur « pauvre » de la maison qui lui déplaît, Segalen a remarqué beaucoup de *bibelots*. Paterne Berrichon lui dit que ces « bibelots de famille » lui font entrevoir Rimbaud et qu'ils « éclairent ses Poèmes ». Ces mots aussi, Segalen les prend comme preuve de sa thèse que toutes les poésies rimbaldiennes sont des *souvenirs d'enfance* et « que ses vers furent de prodigieux bibelots, pour lui » [31].

Segalen développe cette thèse dans la première partie du *Double Rimbaud*. L'œuvre de Rimbaud, qui « n'était pas destinée à une publicité immédiate », porte le caractère fondamentalement « inédit » [32]. À l'exception d'*Une saison en enfer* qui lui paraît trop généralisatrice, elle nous transmet ses sensations ou ses visions, mais ne représente rien. Les *Illuminations* sont « des notations singulièrement précieuses de ses émotions d'enfant », et les *Poésies* aussi – comme le sonnet intitulé « Voyelles » –, ne sont, en réalité, qu'« un rappel adolescent de premières sensations » [33]. « Le Bateau ivre », poème préféré de Segalen, où Rimbaud visionnaire prévoit sa vie future – toute sa vie de « martyr lassé des pôles et des zones » –, n'est que « reflets sensoriels, fantômes évoqués pour l'intime joie des yeux de l'esprit » [34]. Les visions de Rimbaud présentées après la phrase ultra-quotidienne et banale, insérée à la fin du huitième quatrain – « Et j'ai vu quelquefois ce que l'homme a cru voir ! » –, sont l'« imaginaire absolu dont toute réalité ne semble que le reflet terne » [35]. Ainsi, les poèmes de Rimbaud n'étaient pour lui qu'une sorte de « kaléidoscope très personnel » [36], dont le sens ne peut être partagé. Ils dépassent la compréhension et en même temps ils donnent « une certaine part de joie, un sursaut, une petite angoisse douce, un éveil d'énergie, une suggestion ou, plus simplement, une sensation » [37]. Segalen écrit sur un poème en prose des *Illuminations*, « Mystique » : « Ne cherchons pas à comprendre. Comprendre est le plus souvent en art un jeu puéril et naïf, l'aveu d'une sensibilité ralentie, la revanche intellectuelle du spectateur affligé d'anesthésie artistique. Celui qui ne comprend pas et s'obstine à comprendre,

---

30. *Ibid.*
31. *Ibid.*
32. *Le Double Rimbaud*, p. 19-20.
33. *Ibid.*, p. 22.
34. *Ibid.*, p. 18.
35. *Ibid.*
36. *Ibid.*, p. 22.
37. *Ibid.*, p. 21.

est, *a priori*, celui qui ne sent pas. » [38] Cette conception segalénienne de la poésie comme *bibelot* peut être comparée à celle de Friedrich Schlegel, poésie-fragment absolu comme un herrison [39], ou à celle de la poésie comme fragment d'André Guyaux [40]. Sans développer, indiquons seulement que cette volonté de ne pas comprendre n'est autre que l'attitude face à l'autre dans l'Exotisme segalénien. Le même jour où il a défini son Exotisme à Paris, Segalen écrit dans la première section du projet du livre intitulée *L'Individualisme* : « Ne peuvent sentir la Différence que ceux qui possèdent une Individualité forte. [...] L'exotisme n'est donc pas cet état kaléidoscopique du touriste et du médiocre spectateur, mais la réaction vive et curieuse au choc d'une individualité forte contre une objectivité dont elle perçoit et déguste la distance. [...] L'Exotisme n'est donc pas une adaptation ; n'est donc pas la compréhension parfaite d'un hors soi-même qu'on étreindrait en soi, mais la perception aiguë et immédiate d'une incompréhensibilité éternelle. Partons donc de cet aveu d'impénétrabilité. Ne nous flattons pas d'assimiler les mœurs, les races, les nations, les autres ; mais au contraire réjouissons-nous de ne le pouvoir jamais ; nous réservant ainsi le perdurabilité du plaisir de sentir le Divers. » [41] La poésie-bibelot de Rimbaud est aussi cet autre impénétrable pour Segalen, mais c'est pourquoi elle lui fait jouir le Divers.

Segalen a écrit ce texte le 11 décembre 1908 à Paris, en apprenant le chinois à l'École des Langues orientales pour préparer l'examen de la Marine. Si on réussissait à cet examen, on pouvait avoir le statut d'élève officier-interprète en Chine qui donnait la possibilité de séjourner deux ans dans ce pays sans autre obligation que de se perfectionner en chinois. Après avoir réussi, Segalen part donc pour la Chine du port de Marseille à la fin d'avril 1909, et en passant

---

38. *Ibid.*, p. 20-21.

39. Friedrich Schlegel, *Fragments* d'Athenaeum, dans Philippe Lacoue-Labarthe et Jean-Luc Nancy, *L'Absolu littéraire*, Éd. du Seuil, 1978, p. 126. Il écrit : · « Pareil à une petite œuvre d'art, un fragment doit être totalement détaché du monde environnant, et clos sur lui-même comme un hérisson » (fragment 206).

40. André Guyaux, *Poétique du fragment*, À la Baconnière, 1985. Guyaux indique que les poèmes en prose des *Illuminations* débutent toujours comme une apparition en rupture avec la réalité : « L'image paraît immédiate, aussi soudaine qu'une apparition. Mais cela veut dire aussi qu'il faut cette rupture pour faire apparaître. Il n'y a pas de continuité entre l'espace non écrit et l'espace écrit » p. 193.

41. *Essai sur l'Exotisme*, dans *Œuvres complètes*, t. 1, p. 750-751.

par Aden, Colombo, Saïgon et Hong-Kong, il arrive à Shanghai et puis à Pékin à la mi-juin. Et à partir de ce jour, il va rester en Chine cinq ans au total jusqu'en 1917, mener deux grandes expéditions au cœur du continent, à 5 000 kilomètres chacune, et produire beaucoup d'œuvres littéraires pendant ses voyages.

Dans cette expérience au Pays du Réel, Segalen essaie de surmonter Rimbaud en écrivant d'une manière différente. Sa méthode d'écrire, et d'agir, n'est pas celle divisée entre l'Imaginaire absolu du Poète et le Réel absolu du Voyageur. Il écrit de façon que l'Imaginaire et le Réel, les mots et les marches se heurtent, se doublent et s'équilibrent entre eux. Il appelle cette manière d'écrire « double voyage » ou « double jeu », et l'adopte systématiquement dans son œuvre écrite sur la base de ses deux expéditions : *Équipée*. Ce livre relate, dans ses 28 « étapes » strictement structurées, le processus d'*un* voyage : avant – départ – voyage – retour. Mais ce n'est pas un simple récit de voyage. Le narrateur y exprime dès l'incipit son doute sur ce *genre* : « J'ai toujours tenu pour suspects ou illusoires des récits de ce genre. »[42] Cette œuvre raconte, sous l'apparence d'*un* voyage singulier, le mécanisme même *du* voyage en général. Segalen écrit, dans ses *Feuilles de Route*, qu'« il faut que ce Voyage enferme tous les Voyages »[43], et, à la fin de la deuxième étape d'*Équipée*, que celui-ci aura « moins pour le but de me porter vers le but que de faire incessament éclater ce débat, doute fervent et pénétrant », doute qui se pose comme : « l'Imaginaire déçoit-il ou se renforce quand on le confronte au Réel ? »[44]

Dans les 28 étapes d'*Équipée*, cette confrontation de l'Imaginaire avec le Réel sera faite pour tous les objets utilisés ou rencontrés dans le voyage, tels que cartes géographiques, unités de distance, petit dieu de voyage, devises, sandales et bâtons, bateaux, hommes de bât, femmes, monts, cols, fleuves, torrents, etc. Mais l'examen ou l'expertise de Segalen se concentre aux choses éminemment imaginaires : les mots. Et il compte dégager la loi et la formule d'exotisme et du Divers surtout de cette confrontation. Il l'exprime comme une série d'oppositions métaphoriques : opposition « entre

---

42. *Équipée*, dans *Œuvres complètes*, t. 2, p. 265.
43. Dans le sixième cahier des *Feuilles de route*, dans *Œuvres complètes*, t. 1, p. 1160. Ce cahier intitulé « VOYAGE AU PAYS DU RÉEL » est commencé à Chengtou (Tch'eng-tou en orthographe segalenienne), le 3 mai 1914, le jour même où il a visité cette ville et a conçu le projet de l'œuvre qui deviendra *Équipée*.
44. *Équipée*, dans *Œuvres complètes*, t. 2, p. 267.

le fleuve coulant dans les alexandrins longs, et l'eau qui dévale vers la mer et qui noie ; entre la danse ailée de l'idée, – et le rude piétinement de la route ; tous objets dont s'aperçoit le double jeu, soit qu'un écrivain s'en empare en voyageant dans le monde des mots, soit qu'un voyageur verbalisant parfois contre son gré, les décrive ou les évalue » [45]. Au début du livre, ce voyage n'est pas encore fini, loin de là, il n'est pas encore commencé. Segalen écrit : « Mais qu'on le sache : le voyage n'est pas accompli encore. Le départ n'est pas donné. Tout est immobile et suspendu. » [46] Ce voyage avance ou se passe avec ce livre, qui est narré principalement au temps présent comme si le voyage était dans le texte et les mots jouaient leur voyage sur la scène des feuilles. Il y a beaucoup d'endroits où Segalen superpose le voyage à l'écriture et fait confronter les deux. Nous citerons, comme exemple, la critique du paysage faite dans la 21e étape qui commence par : « Je manquerais à tous les devoirs du voyageur si je ne décrivais pas des paysages. » Ici, Segalen critique que la description littéraire est puisée trop facilement des textes passés, et qu'en même temps notre expérience du réel est souvent contaminée par ces textes. Il continue : « – Le genre est facile. C'est un exercice et un sport. Et l'abondance même de ce qu'on a lu permet de passer facilement du souvenir visuel au "mot qui fait image". Un paysage en littérature est devenu le plaisant chromo verbal » (chromo, estampe colorée, est-ce *coloured plates*, illuminations de Rimbaud ?). Segalen continue : « On en est même venu à discréditer la vision pure, jouissant d'elle seulement. Voir, pour certains voyageurs : ils ont ouvert les yeux en récitant les mots expressifs. Souvent le rythme de la vision s'est par avance cliché dans les phrases et découpé dans des alinéas. » [47] Cette critique nous est familière avec *Orientalism* d'Edward Said [48], qui a critiqué sévèrement l'Imaginaire des Européens inventant l'Orient, surtout par la littérature de voyage du XIXe siècle. Segalen rejette ce genre de sport pour rencontrer le véritable autre. Dans la montagne en amont du Fleuve Jaune, il a eu l'expérience d'être regardé par l'autre pour la première fois dans son voyage. Il s'est « trouvé tout d'un coup en présence de quelque chose ». Cette « quelque chose » est une fille indigène qui « regardait passer l'animal étrange que j'étais » [49].

---

45. *Ibid.*, p. 266.
46. *Ibid.*, p. 265.
47. *Ibid.*, p. 306.
48. Edward W. Said, *Orientalism*, Georges Borchardt Inc., 1978.
49. *Équipée*, dans *Œuvres complètes*, t. 2, p. 307.

Mais est-ce donc possible d'écrire « la vision pure » sans l'Imaginaire ? Est-ce possible de décrire le paysage sans « rythme » ni « cliché » des mots ? Même si Segalen déclare que « ce n'est point de ceci, de ces imaginaires qu'il peut être question dans ce texte au jeu double » [50], quand il décrit, immédiatement après, le paysage en Terre Jaune, il ne peut s'empêcher de s'appuyer sur ces clichés. Il énumère les parties composantes de ce paysage avec un rythme merveilleux : « La terre jaune qui recouvre plaine ou montagne est taillée en brèches et failles et grands coups de sabres verticaux, et ses constructions en équilibre croulant ne sont que lames, crêtes, pics, murs naturels, créneaux inattendus », et à la fin Segalen ne peut pas ne pas utiliser des mots trop tachés du souvenir littéraire européen, « romanesques imitations par le jeu des pluies des ruines romantiques... » [51]

On ne peut ni décrire les choses sans l'Imaginaire, ni émettre un seul mot sans rythme. Alors, que faire ? Il faut les détourner. Segalen a calqué souvent, dans sa poésie, des rythmes chinois, à sept et cinq syllabes, dont on pourrait entendre l'écho ici dans l'énumération avec et sans « et ». Quant au détournement de la description, on peut le trouver au centre de ce voyage et au commencement de cette œuvre. Il a conçu *Équipée* en mai 1914 à Chengdu qu'il a visité pour la deuxième fois lors de sa deuxième expédition [52]. Le récit de cette ville apparaît à la 14e étape, c'est-à-dire juste au milieu du livre. Ici, Segalen n'écrit pas comme avant. Il est conscient que sa description n'est pas innocente. Ou il fait apparaître que sa description est devancée par son imaginaire et que c'est son désir qui fait naître la ville réelle. Cette étape commence par le texte imaginé par lui, ce qu'il ne cache pas : « La grande ville au bout du monde, je l'imaginais ainsi : populeuse, peuplée, mais non populacière ; ni trop ordonnée, ni trop compliquée ; les rues dallées à plat, peu larges, mais non pas étroites » [53]. Et après cela, après avoir entassé la description imagi-

---

50. *Ibid.*, p. 306.
51. *Ibid.*
52. Cf. *Feuilles de Route*, dans *Œuvres complètes*, t. 1, p. 1158. Segalen commence ce cahier par la description doublée de la ville de Chengdu : « 3 mai 1914 – C'est la seule ville que je rencontrerai, mais au milieu de la route. [...] voici comment je l'imagine : populeuse et myriadaire ; ni trop ordonnée, ni trop compliquée ; des rues dallées assez peu larges [...] Ceci quand on marche. –/ Voici ce que je trouve : une ville populeuse et myriadaire. Ni trop ordonnée, ni trop compliquée ; – les rues dallées de ce grès velouté gris violâtre. »
53. *Ibid.*, p. 288.

naire de la ville qui se situe juste en milieu entre « l'Impériale Cité du Nord, Pékin » et « Canton, Capitale du négoce fourmillier, dans le sud », il continue en rythmant, en doublant le texte : « Je m'attendais bien à cela. Je désirais si fortement cela, au bout de quatre mois de route ; – et je trouve, au bout de quatre mois de route : / Une ville populeuse, peuplée, mais non populacière. Ni trop ordonnée, ni trop compliquée. Les rues, dallées de ce large grès velouté, gris-violet, doux au fer des sabots et aux semelles ; [...] [54] ».

Segalen commence à écrire cette œuvre entre Saïgon et Singapour sur le paquebot Paul-Lecat, qu'il a pris à Hanoï pour revenir en France après avoir écourté son expédition en Yunnan à cause de l'éclatement de la première guerre mondiale, et il l'achève à Brest le 6 février 1915. Et sept mois après, il a recopié, de son journal, le texte sur le double de Rimbaud écrit à Aden, comme si son *Équipée* avait été sa vraie réponse tardive à ce Rimbaud divisé entre le poète et le voyageur.

Rimbaud avait voyagé en Afrique dans sa haine totale de la poésie, en affirmant que « cette vie est la seule », et refusant de « s'imaginer une autre vie avec un ennui plus grand que celle-ci », et en même temps croyant que « le monde est très grand et plein de contrées magnifiques que l'existence de mille hommes ne suffirait pas à visiter » [55]. En passant outre à ce Rimbaud explorateur, Segalen était conscient que tout ce qu'il voyait était déjà vu, et qu'il n'y pouvait avoir d'expérience pure dans le voyage ni dans la littérature, dans ce monde ultra-moderne où le monde est parfaitement devenu un *globe*. Il doit l'avoir senti avant sa carrière d'écrivain, lors de sa première rencontre avec le double de Rimbaud à Djibouti, quand il allait terminer son premier tour du monde. Il avait écrit le jour même de son arrivée à Djibouti, le 9 janvier 1905, dans son *Journal des Îles* : « L'imprévu complet n'existe plus en exotisme depuis le "perfectionnement" des voyages, et surtout des récits de voyage » [56]. Ce monde *globalisé*, Segalen l'appelle, dans son *Essai sur l'Exotisme,* « le Royaume du Tiède » [57], où décroît le Divers et règne l'homogénéité, « ce moment de bouillie visqueuse sans inégalités, sans chutes, sans ressauts » [58]. Segalen sent de plus en plus

---

54. *Ibid.*, p. 289.
55. Lettre aux siens, écrit à Aden, le 15 janvier 1885, dans Rimbaud, *Œuvres complètes*, Bibliothèque de la Pléiade, Gallimard, 1972, p. 397.
56. *Journal des îles*, dans *Œuvres complètes*, t. 1, p. 467.
57. *Œuvres complètes*, t. 1, p. 772.
58. *Ibid.*

fortement ce danger de « la Dégradation de l'Exotisme » dans ses voyages en Chine, surtout à partir de 1911, l'année de la Révolution chinoise qui a mis la fin à l'Empire du Milieu. Dans ce monde en danger, pour continuer à écrire et à voyager malgré cela, Segalen a parié sa vie sur son « double voyage » et son « double jeu ».

Pour conclure, je vous donne un poème de Victor Segalen écrit entre mai et juillet 1911 en Chine. Ce poème intitulé *Vampire* n'a en apparence rien à voir avec Rimbaud. Mais en s'adressant à un ami défunt sans nom dont l'image ne veut pas quitter le narrateur en deuil, il peut arriver à Rimbaud dont l'image apparaît perpétuellement sur ses routes. Segalen a mis ce poème dans son livre-objet en format chinois, *Stèles*. Les stèles chinoises ne sont pas des *coloured plates*, mais des pierres inscrites et debouts « aux bords des routes, dans les cours des temples, devant les tombeaux » [59] partout en Chine, et « dans le vacillement de l'Empire, elles seules impliquent la stabilité » [60]. Ce poème apparaît, dans le livre, pour conclure la section Bei Mian, stèles face au Nord, qui recueille des poèmes au sujet de l'amitié. Il se donne donc comme la preuve ultime de l'amitié : amitié extraordinaire, amitié avec un ami mort, ou son spectre, parce qu'il n'est pas tout à fait mort. La première moitié du poème relate « les principes », les lois à observer pour traiter le « corps » et l'« âme » du défunt en rejetant sa « personne » :

VAMPIRE

之苑而致死之不仁
之苑而致生之不知

Ami, ami, j'ai couché ton corps
    dans un cercueil au beau vernis
    rouge qui m'a coûté beaucoup
    d'argent;

J'ai conduit ton âme, par son nom familier,
    sur la tablette que voici que j'entoure de
    mes soins;

Mais plus ne dois m'occuper de ta personne :
    « Traiter ce qui vit comme mort, quelle
    faute d'humanité !

59. *Stèles*, dans *Œuvres complètes*, t. 2, p. 35.
60. *Ibid.*

Traiter ce qui est mort comme vivant,
quelle absence de discrétion ! Quel risque
de former un être équivoque ! »

Bien que le corps et l'âme de l'ami aient été respectueusement traités, sa personne, *persona*, reste ou revient. Alors, « malgré les principes », « je » forme « un être équivoque », « mon Vampire », et lui prie de revenir chaque nuit et de sucer le sang de « mon cœur ». La deuxième partie du poème raconte la création de cet « être équivoque », être portant deux voix équivalentes (*æquivocus*, voix égales) et s'équilibrant éternellement entre la vie et la mort.

Ami, ami, malgré les principes, je ne puis
te délaisser. Je formerai donc un être
équivoque : ni génie, ni mort ni vivant.
Entends-moi :

S'il te plaît de sucer encor la vie au goût
sucré, aux âcres épices ;

S'il te plaît de battre des paupières, d'aspirer
dans ta poitrine et de frissonner sous ta
peau, entends-moi :

Deviens mon Vampire, ami, et chaque nuit,
sans trouble et sans hâte, gonfle-toi de la
chaude boisson de mon cœur.

Ce « mon Vampire » apparaît bien sûr dans l'Imaginaire de Segalen en deuil, mais en même temps du Reél des mots ou des sons « vie » [vi], « mort » [mor] et « p » [p] ou « b » [b] qui composent « mon Vampire » et qui bourdonnent à travers le texte, et surtout du détournement de l'exergue chinoise dans le texte en français. L'exergue tiré d'un passage du *Li ki* (*Li ji*, en transcription contemporaine du système pinyin), « zhi si er shi si, zhi bu ren, / zhi si er shi shen, zhi bu zhi » se traduit dans la traduction du père Couvreur : « Traiter des défunts comme s'ils étaient (entièrement) morts, ce serait manquer d'affection envers eux ; cela ne se peut faire. Les traiter comme s'ils étaient encore vivants, c'est manquer de sagesse ; cela ne convient pas non plus »[61]. Cet enseignement était dans *Li ki*

61. Victor Segalen, *Stèles*, nouvelle édition critique établie et annotée par Henry Bouillier, Mercure de France, 1986, p. 121. En critiquant la traduction trop

sur les offrandes pour le mort. Il est suivi de cette phrase : « Pour cette raison tous les objets qui servent aux offrandes doivent être imparfaits et défectueux... ». Segalen a détourné le sens en changeant le premier mot « mort » au mot « vie », et ainsi il crée « un être équivoque » comme le don de la vie-mort en se donnant à sucer du sang à son propre œuvre, et en même temps il donne *ce* poème comme le don de la poésie, « objet » (ou *bibelot*) incompréhensible et impénétrable, qui est toujours si « imparfait » et si « défectueux » qu'on doit compléter avec ses propres Imaginaire et Réel et avec son expérience de l'autre. Ce Vampire survivra la mort : la mort de son ami, la mort de son auteur et la mort de l'Empire, et il revient toujours comme le double du défunt mais aussi comme le double de « moi ». « Vampire », c'est une tentative, incomplète, d'anagrammatiser « Rimbaud ». Nous disons bien : tentative *incomplète*, car Segalen serait non seulement le double ou doublure incomplète de Rimbaud, mais aussi l'œuvre restant toujours à compléter.

Makoto KINOSHITA

lourde du père Couvreur, Segalen traduit lui-même cet exergue plus simplement et plus littéralement : « Traiter un mort comme étant tout à fait mort, ce n'est point de l'humanité ! Traiter un mort comme tout à fait vivant, c'est de l'ignorance » *Œuvres complètes*, t. 2, p. 71.

Rimbaud autoportraitiste

I

Rimbaud aime à s'imaginer autre qu'il est, et il revendique même ce jeu comme un droit : « À chaque être, plusieurs *autres* vies me semblaient dues », dit-il dans « Alchimie du verbe ». Qu'elle donne à voir le poète plongeant dans ses souvenirs, questionnant son sort ou rêvant sur lui-même, l'autobiographie est un aspect important de son œuvre. Mais par cette démarche, exception faite de quelques textes comme « Les Poètes de sept ans », Rimbaud ne vise pas simplement à reconstituer le passé pour y interroger ce qui l'a fait tel qu'il est; c'est bien plutôt à une projection qu'il se livre, sur le mode de l'identification à une figure imaginaire, et son autobiographie se fait autobiographie fictive.

C'est que l'enjeu n'en est pas dans le passé mais dans l'avenir. Rimbaud tâtonne pour trouver une issue à son enfermement. Les « Derniers vers », dans lesquels il se dit si pathétiquement tourmenté par la « soif » et la « faim », expriment moins une plainte narcissique ou l'attendrissement sur soi que la recherche éperdue d'un *exitus*, même si celle-ci ne doit jamais aboutir comme le suggère cette belle image de « l'hydre intime sans gueule/ Qui mine et désole » (« Comédie de la soif »). *Une saison en enfer* est le bilan important, à la fois existentiel et artistique, de la période centrale de sa vie littéraire. Mais cette œuvre a pour objectif ultime non pas de représenter le passé mais de sortir de ce qu'il appelle « l'enfer ». Ainsi, l'autobiographie rimbaldienne relève-t-elle autant de l'ordre de l'action que de l'ordre de l'expression.

165

Un autre trait non moins important de cette autobiographie tient à sa tendance à la fragmentation. Elle est particulièrement remarquable dans les œuvres en prose. La représentation de soi s'organise autour de plusieurs figures-supports plutôt que d'une seule : dans un élan de projection ou d'identification, l'imagination se sert d'elles comme d'une série de tremplins. D'où la vitesse extraordinaire du discours rimbaldien dans « Mauvais sang » ou « Enfance IV », par exemple, sur lesquels je reviendrai.

1) Projection de soi sur une figure animée ou inanimée, 2) représentation de soi relevant davantage de l'ordre performatif que de l'ordre représentatif, 3) tendance à la fragmentation du récit parallèle au mouvement discontinu de l'imagination : tels semblent être les trois traits constitutifs de l'autobiographie rimbaldienne. Ces traits ne sont pas répandus de façon égale dans le corpus : les deux premiers se repèrent dès les poèmes en vers réguliers tandis que le troisième est caractéristique d'*Une saison* et de certaines pièces des *Illuminations*. Pour rendre compte de ces aspects déformant et performatif (les deux premiers traits de ma description) tout en valorisant le caractère véridique de la représentation de soi dans les poèmes des *Illuminations* écrits à la première personne, Jean-Luc Steinmetz a forgé le mot « anabiographie » à partir du mot « anamorphose » [1]. Cependant, pour souligner l'importance des figures-noyaux entre lesquelles le poète ne cesse d'osciller, et aussi en vue de choisir un terme convenant non seulement aux *Illuminations* mais à la démarche générale de l'imagination rimbaldienne, j'opterais pour le mot « autoportrait », malgré les quelques inconvénients qu'il porte.

En effet, l'emploi ici du mot « autoportrait » peut sembler paradoxal. Les autoportraits en peinture comme ceux de Dürer, de Rembrandt, de certains peintres du XIXᵉ siècle comme Delacroix et Courbet, voire de « postimpressionnistes » comme Van Gogh, Cézanne, Gauguin, si différents soient-ils en motif et en procédé, ont ceci de commun qu'ils témoignent de l'intérêt des artistes pour eux-mêmes, de leur questionnement de soi et de leur effort pour saisir un *moi* qui se dérobe. Dans la littérature, les autoportraits de Montaigne essaient de dégager, de multiples observations de soi, la structure universelle de « l'humaine nature ». Les œuvres autobiographiques de Rousseau ont pour motif de se défendre contre les imputations gratuites et les persécutions de ses ennemis. Dans

---

1. « L'anabiographe », dans *La Poésie et ses raisons*, José Corti, p. 43-58.

la modernité, on connaît bien sûr celles de Stendhal, de Gide, de Sartre, de Leiris ou de Perec. Toutes leurs œuvres sont motivées, quels que soient les détours et les artifices qu'ils y apportent, par le désir de se comprendre et de montrer la difficulté et le plaisir de cette recherche de soi.

Chez Rimbaud est bien présent le souci de se comprendre et de se représenter sous le jour le plus authentique possible. « Les Poètes de sept ans » en est l'expression réaliste; *Une saison en enfer* en est une autre, empruntant, elle, une forme et une tonalité mythiques. En effet, Rimbaud dit dans la lettre « du voyant » : « La première étude de l'homme qui veut être poète est sa propre connaissance, entière; il cherche son âme, il l'inspecte, il la tente, l'apprend. » Mais cette « étude » ne tarde pas à se démarquer de la quête de soi telle qu'on la repère dans les œuvres autobiographiques d'autres écrivains. Car, dans la même lettre, Rimbaud ajoute tout de suite : « Dès qu'il la [son âme] sait, il doit la cultiver [...] il s'agit de faire l'âme monstrueuse : à l'instar des comprachichos! Imaginez un homme s'implantant et se cultivant des verrues sur le visage. » Loin d'une recherche contemplative de la vérité repliée dans son for intérieur, Rimbaud veut agir avec violence mais aussi méthode sur son « âme » pour la transformer, la rendre autre, à rebours de son « développement naturel ». Tel est le sens du « long, immense et raisonné *dérèglement* de *tous les sens* ». Ce que je voudrais appeler sa « poétique d'autoportrait » est étroitement lié à ce projet de transformation de soi. La figure dans laquelle il se projette n'est pas forcément faite à son image. Elle est volontairement décalée de son modèle, à moins qu'elle n'en soit carrément le renversement. Ainsi, l'autoportrait de Rimbaud est-il le plus souvent un *anti-autoportrait* ou un *autoportrait à l'envers*. Nous tâcherons maintenant d'examiner de plus près et dans l'ordre chronologique cette poétique d'autoportrait à l'appui de quelques exemples caractéristiques.

II

Tout enfant, garçon ou fille, qui se découvre un penchant littéraire, une prédilection pour les mots, s'émerveille de la facilité avec laquelle ceux-ci font surgir un monde imaginaire au gré de leur usage. Rimbaud l'enfant n'ignore pas cette force des mots; il s'y plaît comme en témoigne le récit « Le soleil était encore chaud... », qui fut écrit dans un cahier d'écolier à l'âge de dix ou douze ans et dans lequel on repère parfois la naissance du Rimbaud prosateur. En effet, les phrases périodiques qui en marquent la première partie montrent l'effort d'un petit prosateur-apprenti cherchant à s'approprier un style élevé, mûr. La description du paysage d'un coucher de soleil, recourant à la fois à la vue, à l'ouïe et au toucher, annonce d'une certaine manière l'un des premiers poèmes rimbaldiens « Sensation ».

Mais, plus remarquable que ces traits d'expression est le côté déformateur du récit. Pour présenter une autre version de sa vie familiale, Rimbaud commence par la situer dans un rêve lui-même situé dans un espace-temps légendaire : « Je rêvai que... j'étais né à Reims, l'an 1503. » Les portraits parentaux sont significatifs par les modifications que le fils fait subir à leurs modèles. La famille est riche. Le père est militaire comme son vrai père mais ennobli en un « colonel des cent-gardes ». Il est relativement âgé comme le père réel et, comme lui, « d'un caractère vif, bouillant, souvent en colère, et ne voulant rien souffrir qui lui déplût ». Mais ce père est aussi quelqu'un qui s'occupe bien de son fils. Il lui promet des récompenses s'il obtient de bons résultats dans ses études : « Ah ! combien de fois ne m'a-t-il pas promis des sous, des jouets, des friandises, même une fois cinq francs, si je pouvais lui lire quelque chose », écrit Rimbaud, ce qui ne fut sans doute pas le cas du vrai père. Quant au portrait maternel, il est tout à l'inverse de la mère réelle, dure et dominatrice comme Rimbaud la décrira dans « Les Poètes de sept ans » ou « Mémoire ». Ici la mère est présentée comme une « femme douce, calme, s'effrayant de peu de chose, et cependant tenant la maison dans un ordre parfait » et que son mari « amusait comme une jeune demoiselle ». Enfin, il se décrit lui-même comme « le plus aimé » parmi ses frères et plus « vaillant » bien que moins « grand » qu'eux. Ce triple portrait – père, mère et fils – montre l'image de la vie familiale que le petit Rimbaud aurait aimé avoir. Il se plonge dans le plaisir de s'inventer par les mots un monde souriant qui compenserait la réalité frustrante.

Mais, tout en se livrant à ce plaisir, il n'est pas dupe puisqu'il présente cette famille imaginaire à travers la double distanciation que j'ai déjà indiquée : il la situe à la fois dans un rêve et dans un passé lointain comme pour montrer qu'il sait par avance que c'est là un idéal impossible. Ce qui est plus frappant, c'est que le récit qui se déroule sur la base de l'imparfait, dès que le narrateur fait mention de l'apprentissage scolaire obligé pour ensuite trouver une bonne « place », dépasse son double cadre et se met du coup sur le plan de la vie réelle de l'auteur. La réalité fait irruption dans le récit fictif. Avec cette déclaration : « Moi, je ne veux pas de place ; je serai rentier », le récit se transforme en invectives d'élève révolté et ne quitte plus le présent du narrateur comme s'il se moquait de l'encadrement qu'il s'est assigné jusque-là : « Que m'importe à moi qu'Alexandre ait été célèbre! Que m'importe... Que sait-on si les Latins ont existé? C'est peut-être quelque langue forgée; et quand même ils auraient existé, qu'ils me laissent rentier, conservent leur langue pour eux. [...] / Ah! saperlipotte de saperlipotte! sapristi! moi je serai rentier; il ne fait pas si bon de s'user les culottes sur les bancs, saperlipopettouille! » Ainsi, le récit qui a commencé par un prologue d'une haute tenue s'achève en une série d'injures de mauvais élève.

Dans cette brisure du récit de l'intérieur, dans cette façon du petit auteur de détruire ce qu'il est en train de construire, on peut certes reconnaître un geste capricieux généralement repérable chez un enfant griffonnant sur son cahier ou jouant aux cubes. Mais cette rage, cette volte-face, est tout aussi bien un geste typique de Rimbaud, du Rimbaud d'*Une saison en enfer* en particulier. C'est le sens du réel, donc une certaine lucidité, qui l'emporte toujours sur la rêverie.

III

Essayons maintenant d'examiner dans son œuvre cette poétique d'autoportrait. Le premier exemple intéressant dans l'ordre chronologique en serait « Le Cœur volé ». Mais nous prenons « Le Bateau ivre », de tous les autoportraits le plus grandiose, projeté sur une figure inanimée; puis, certaines figures dans les « Derniers vers » et « Alchimie du verbe », par l'intermédiaire desquelles Rimbaud se décrit assoiffé, affamé et patient; enfin « Enfance IV », où les autoportraits brefs et successifs, en se substituant rapidement les uns aux autres, servent de tremplins à sa pensée poétique.

> Comme je descendais des Fleuves impassibles
> Je ne me sentis plus guidé par les haleurs :

Dès le départ, c'est le bateau qui parle. Mais il ne s'agit pas ici de personnification telle qu'on la définit d'habitude : « le fait de donner, par une image, à des êtres non humains ou non animés, ou même à des abstractions, des sentiments et des comportements humains »[2]. Dans « Le Bateau ivre » il y a certes personnification mais, à la différence

---

2. Michèle Aquien, *Dictionnaire poétique*, Le Livre de poche, 1993, p. 209.

du bateau verlainien (« Lasse de vivre, ayant peur de mourir, pareille/ Au brick perdu jouet du flux et du reflux,/ Mon âme pour d'affreux naufrages appareille »[3]) ou de celui de Léon Dierx dans *Le Vieux solitaire* (« Je suis tel qu'un ponton sans vergues et sans mâts,/ Aventureux débris des trompes tropicales »[4]) – ce sont là deux sources parmi toutes celles qu'on suppose au poème –, elle ne se réalise pas par le don de « sentiments » ou de « comportements humains » mais spécifiquement par celui de la parole. En se faisant bateau qui parle et en se dépouillant de tous les autres attributs humains, le poète s'assimile au grand mouvement de l'océan et s'engage dans les festivités de l'univers marin, plein de vigueur et de dynamisme. Il s'agit moins de personnification du bateau que de réification du poète. Les six premières strophes marquent en effet les étapes de l'initiation du bateau dans « le Poème de la Mer ». Grâce à l'abandon de toutes les fonctions du bateau, en particulier d'étanchéité (« L'eau verte pénétra ma coque de sapin/ Et des taches de vins bleus et des vomissures/ Me lava, dispersant gouvernail et grappin »), il devient une « planche folle », un dynamisme pur. Car son aventure a autant pour but d'épouser ce dynamisme que de découvrir des paysages splendides, « ce que l'homme a cru voir ».

Si en prenant la figure du bateau le poète-voyant supprime tout ce qui reste d'humain en lui, sauf la capacité de parler, sa mémoire ou son attachement au monde qu'il a laissé derrière lui, monde terrien de la civilisation, des contraintes mais aussi de l'affection, ne sont pas complètement effacés de sa conscience. Le « regret de l'Europe aux anciens parapets » reste, certes latent, là tout au long de l'aventure. Il affleure surtout dans la mention de l'« enfant » ou des « enfants » dont on compte quatre occurrences dans le poème. Voici les trois premières :

> Moi l'autre hiver plus sourd que les cerveaux d'enfants
> Je courus ! (v. 10-11)

> Plus douce qu'aux enfants la chair des pommes sures,
> L'eau verte pénétra ma coque de sapin (v. 17-18)

> J'aurais voulu montrer aux enfants ces dorades
> Du flot bleu, ces poissons d'or, ces poissons chantants. (v. 57-58)

---

3. « Angoisse », publié pour la première fois en 1866 dans le premier recueil du *Parnasse contemporain*.
4. Publié dans le second recueil du *Parnasse contemporain* (1869-1871).

L'enfant apparaît soit comme terme de comparaison (dans les deux premiers cas) soit comme objet d'affection, frère cadet incapable de se lancer lui-même dans l'aventure et à qui le bateau voudrait faire partager les merveilles qu'il récolte au long de son périple (dans le troisième cas). Si l'enfance réapparaît ainsi comme « interlocutrice privilégiée », c'est que le bateau lui-même vient de sortir de l'enfance et que son « adolescence révoltée » est, comme le signale Sergio Sacchi, « tellement proche de l'âge enfantin »[5]. Tant que la navigation du bateau a le vent dans ses voiles, l'enfance chez lui demeure refoulée sinon dépassée ; mais avec la fatigue, voire le sens de l'échec, de plus en plus manifestes, le bateau retombe dans l'enfance. Dans l'avant-dernière strophe, nous assistons à la scène chaque fois étonnante de « la flâche/ Noire et froide où vers le crépuscule embaumé/ Un enfant accroupi plein de tristesse, lâche/ Un bateau frêle comme un papillon de mai ». C'est là une version renversée, en miniature, du « Poème de la Mer ». L'enfant accroupi n'est plus un bateau, ils sont séparés, distincts. L'enfant ne sait que regarder son bateau-jouet démuni de tout dynamisme, de toute exaltation : il ne reste aucune possibilité de fusion. La projection qui fondait la poétique d'« autoportrait » se révèle inopérante. S'appuyant sur l'équilibre extrêmement fragile entre liberté et péril, tout le drame du « Bateau ivre » s'inscrit dans ce détachement de la figure dont le poète se couvrait par projection comme d'un vêtement. Il s'agit, pour ainsi dire, du drame de la figure-autoportrait qui s'accorde de moins en moins bien avec le désir de sécurité et de repos qui s'impose chez le héros-locuteur.

IV

Passons maintenant aux « Derniers vers ». Dessinant un univers intime teinté d'amertume indicible, ces vers exploitent largement la figure-objet de la projection. Prenons par exemple « La Chanson de la plus haute tour » :

> Oisive jeunesse
> A tout asservie,
> Par délicatesse

5. « Le voyage métaphorique du *Bateau ivre* », dans *Arthur Rimbaud ou le voyage poétique*, Actes du colloque de Chypre sous la direction de Jean-Luc Steinmetz, Tallandier, 1992, p. 101.

J'ai perdu ma vie.
Ah ! Que le temps vienne
Où les cœurs s'éprennent.

Je me suis dit : laisse,
Et qu'on ne te voie :
Et sans la promesse
De plus hautes joies.
Que rien ne t'arrête,
Auguste retraite.

Un sentiment d'échec cuisant pousse le locuteur à s'adresser à lui-même une admonestation. C'est là la modalité du discours typique d'*Une saison*, car Rimbaud y prononcera de nombreuses autoprédications dans la recherche d'une solution à ses tourments. « La plus haute tour » est tout d'abord un lieu où se retirer loin du monde mais elle est aussi la figuration de sa manière d'être. Or, celle-ci est elle-même ambivalente, marquée autant par la solitude que par l'altitude morale qu'il veut garder intacte dans sa profonde déception. Les deux derniers vers de la première strophe deviendront plus chantants quand ils seront cités dans « Alchimie du verbe » : « Qu'il vienne, qu'il vienne/ Le temps dont on s'éprenne ». En effet, « la plus haute tour » est également le lieu d'une attente ardente : elle évoque la seconde strophe de « L'Éternité » qui fera partie, avec « La Chanson de la plus haute tour », de la série de quatre poèmes réunis sous le titre général de *Fêtes de la patience* : « Âme sentinelle,/ Murmurons l'aveu/ De la nuit si nulle/ Et du jour en feu. »

Ainsi, « la plus haute tour » est une figure complexe reflétant l'état complexe d'une âme. Or, le poème contient une seconde figure, très différente de la première, à laquelle le poète s'assimile :

Ainsi la Prairie
A l'oubli livrée,
Grandie, et fleurie
D'encens et d'ivraies
Au bourdon farouche
De cent sales mouches.

Image de vie exubérante, non maîtrisée, en proie à la décomposition, voire même à l'intoxication. On rencontre juste avant cette strophe deux vers significatifs : « Et la soif malsaine/ Obscurcit mes veines. » La volonté et les vœux, toujours vifs malgré tout ce qui les contrarie, empruntent pour exprimer leur propre dénaturation une forme d'abêtissement et un ton dérisoirement enfantin que Rimbaud qualifiera de « refrains niais » :

> Ma faim, Anne, Anne,
>   Fuis sur ton âne.
> Si j'ai du *goût*, ce n'est guère
> Que pour la terre et les pierres
> Dinn ! dinn ! dinn ! dinn ! Mangeons l'air
> Le roc, les terres, le fer.   (*Fêtes de la faim*)

Dans « Alchimie du verbe », on retrouve ce désir de la régression à l'animalité rudimentaire, car il lui est permis au moins de vivre le repos et l'ivresse en harmonie avec leur environnement :

> [...] j'enviais la félicité des bêtes, – les chenilles, qui représentent l'innocence des limbes, les taupes, le sommeil de la virginité !

> Oh ! les moucherons enivrés à la pissotière de l'auberge, amoureux de la bourrache, et que dissout un rayon !

Ces chenilles, ces taupes et ces moucherons sont-ils des symboles, des allégories ou des métaphores ? En effet, aucune de ces qualifications n'est totalement fausse, car le recours rimbaldien à ces objets repose sur un certain principe d'analogie. Certes, Rimbaud sent entre ces objets et lui-même une ressemblance, pourtant il ne mentionne pas ces animaux comme termes de comparaison mais bien davantage comme autant d'objets d'identification, d'investissement mental. Même « la plus haute tour » et « la prairie/ À l'oubli livrée » ne sont pas de simples métaphores. Elles sont les figures dans lesquelles il se projette : il se voit « plus haute tour », se sent « prairie ».

V

Dans *Une saison en enfer* comme dans certains poèmes des *Illuminations*, cette poétique de l'autoportrait donne pleinement mais de façon d'autant plus frappante qu'elle est moins suivie et plus rapide qu'en vers, avec une tendance plus marquée à la fragmentation.

D'*Une saison en enfer* prenons « Mauvais sang », le premier récit après le prologue. Rimbaud essaie d'y retracer le fil qui relie son origine gauloise à son état présent sous la notion générale de « race inférieure ». Commençant par les comportements des ancêtres gaulois, « écorcheurs de bêtes », « brûleurs d'herbes les plus ineptes de

173

leur temps », pilleurs se soulevant « tels les loups à la bête qu'ils n'ont pas tuée », il s'imagine de race inférieure à différentes époques de l'histoire de la France christianisée. Le « manant » de l'armée des croisés, plus tard le « reître », l'homme « dans(ant) le sabbat dans une rouge clairière, avec des vieilles et des enfants » et quelques autres figures médiévales cadencent cette rétrospection avant qu'elle n'arrive à la modernité. À la manière de Michelet dans *La Sorcière*, Rimbaud s'imagine vivre à lui seul plusieurs centaines d'années de la « race inférieure ». Des autoportraits se succèdent en une série de croquis ou de flash-back.

Dans la suite du récit se maintient cette forme d'imagination de soi. Tantôt il se figure en « païen » qui « attend Dieu avec gourmandise » mais en vain et qui « quitte l'Europe » pour y revenir plus tard « avec des membres de fer, la peau sombre, l'œil furieux », se rêvant des « féroces infirmes retour des pays chauds » soignés par les femmes. Tantôt il se voit prisonnier forcé de marcher par un désert, chargé d'un fardeau. Et encore il se voit cannibale, nègre baptisé de force, jusqu'à ce que ce long récit en huit sections s'achève par les clichés militaires d'un soldat raté obligé de marcher.

L'impression de mimétisme exacerbé d'*Une saison* vient, d'une part, du langage quasi gestuel à très haute charge émotive (« – Ah ! je suis tellement délaissé que j'offre à n'importe quelle divine image des élans vers la perfection » ou « Ah ! les poumons brûlent, les tempes grondent ! la nuit roule dans mes yeux, par ce soleil ! le cœur... les membres... ») et, d'autre part, de ce saut perpétuel d'une figure à l'autre pour s'y projeter chaque fois momentanément.

Quant aux *Illuminations*, la poétique d'autoportrait s'y impose non seulement dans les poèmes portant un titre littéralement autobiographique et composés de plusieurs parties comme « Enfance (I-V) », « Vies (I-III) » et « Jeunesse (I-IV) » mais aussi dans d'autres poèmes où la première personne est présente, comme « Bottom », « Après le Déluge » ou « Aube ». Prenons « Enfance IV », typique de l'autoportrait fragmenté :

> Je suis le saint, en prière sur la terrasse, – comme les bêtes pacifiques paissent jusqu'à la mer de Palestine.
>
> Je suis le savant au fauteuil sombre. Les branches et la pluie se jettent à la croisée de la bibliothèque.
>
> Je suis le piéton de la grand'route par les bois nains ; la rumeur des écluses couvre mes pas. Je vois longtemps la mélancolique lessive d'or du couchant.
>
> Je serais bien l'enfant abandonné sur la jetée partie à la haute mer, le petit valet, suivant l'allée dont le front touche le ciel.

Les sentiers sont âpres. Les monticules se couvrent de genêts. L'air est immobile. Que les oiseaux et les sources sont loin ! Ce ne peut être que la fin du monde, en avançant.

Le saint, le savant, le piéton, l'enfant abandonné et le petit valet : cinq figures imaginées, cinq autoportraits instantanés, apparaissent et disparaissent dans l'espace de quatre alinéas. Dans l'agencement des attributs, on remarque une certaine gradation ou plutôt une dégradation. Il y a de l'ironie dans la comparaison du premier alinéa (« comme les bêtes pacifiques paissent jusqu'à la mer de Palestine ») qui concerne pourtant la figure la plus élevée. Des cinq figures évoquées ici, « le piéton de la grand'route » est sans doute la figure la plus proche du poète tel qu'il est, qu'il peut donc évoquer comme sa réalité. Si le troisième alinéa est composé de trois propositions et se montre le plus développé des quatre premiers, il faut l'expliquer par l'attitude contemplative du piéton face au paysage du coucher de soleil. Le « saint » est la figure qui incarne l'idéal religieux tout en restant inatteignable. Le « savant » est aussi une figure hautement valorisée mais moins inaccessible : en effet, Rimbaud affirmait dans la lettre « du voyant » : « il [= le Poète] devient entre tous le grand malade, le grand criminel, – et le suprême Savant ! » Le temps présent « Je suis » dans les deux premiers alinéas sont en vérité un vœu. En affirmant, Rimbaud transforme un souhait en fait : c'est ici un bel exemple de sa poésie *performative*.

Quant à l'« enfant abandonné » et au « petit valet » du quatrième alinéa, ce sont là deux éléments qui composent le passé fictif du locuteur. Si le verbe passe au conditionnel de souhait alors que ces figures restent à sa portée et qu'il aurait pu s'incarner en elles, c'est que l'une et l'autre se trouvent dans une situation et surtout une optique inquiétantes. L'identification imaginaire à un enfant abandonné rappelle un des tout premiers poèmes de Rimbaud, « Les Étrennes des orphelins ». Dans une situation où leur père est absent et leur mère vient de mourir, les orphelins jumeaux de quatre ans dorment, rêvent sans rien savoir. Rimbaud, auteur à quinze ans du poème, aurait savouré en imagination la douleur qu'il ressentirait à la mort de sa propre mère. C'est « sur la jetée partie à la haute mer » que l'enfant est abandonné. Peut-être y a-t-il deux interprétations possibles à l'expression « partie à la haute mer » : soit « prolongée jusqu'au large » soit « coupée, arrachée à la haute marée ». Elles sont aussi intéressantes l'une que l'autre, mais pour respecter le parallélisme avec « l'allée dont le front touche le ciel », j'opterais pour la première. Ainsi, l'enfant et le petit valet se trouvent chacun seul dans le monde et la vue de son étendue infinie leur inspire une angoisse. Celle-ci conduit très naturellement au dernier alinéa où l'atmosphère étouffante du monde végétale évoque l'idée de « la fin du monde ». Du coup, le souhait que le locuteur a de s'identifier à eux est lui-même imprégné d'angoisse : « J'aimerais bien être ce petit enfant abandonné sur la jetée partie à la haute mer ou ce petit valet suivant l'allée dont le front touche le ciel. Mais je le devenais effectivement, qu'est-ce que je sentirais ? J'ai peur même de l'imaginer. »

Le troisième alinéa, qui porte sur la figure correspondant à la réalité du locuteur, constitue une sorte d'axe de symétrie entre les deux premières figures qui devraient être situées dans le conditionnel du souhait et les deux dernières qui sont situées, elles, dans un passé fictif. Ainsi se met en relief une double gradation : dégradation sémantique qui va du « saint » au « petit valet » et gradation temporelle et modale. Adroitement composé sur la juxtaposition verticale d'éléments discontinus, « Enfance IV » est l'une des plus belles réussites de la poétique de l'autoportrait fictif chez Rimbaud.

VI

On pourrait tenter une analyse des trois « Vies », par exemple, dans la même perspective. Mais ce sera pour une autre occasion. Par ailleurs, je n'ai pas discuté une autre modalité importante de l'autoportrait rimbaldien, à savoir celui qui s'effectue par le recours à d'autres voix que celle du poète et à une mise en scène plus ou moins ironique, comme on le voit dans « Honte » et « Vierge folle ». Plus généralement, il faudrait restituer la question de l'autoportrait dans celle de la représentation de soi chez Rimbaud. Car, il y a des occurrences où le portrait du poète se fait indirectement, à travers le portrait d'autres personnes ou en marge d'un contexte. Ce que j'ai tenté ici n'est qu'une esquisse, et ne touche qu'une partie de la question.

Yoshikazu NAKAJI

Lettres africaines de Rimbaud
Projet d'ouvrage

On a souvent parlé de la rupture de Rimbaud avec la littérature. D'après cette opinion largement admise, il a cessé d'écrire entre environ 1874 et 1875. Il a abandonné la littérature. Il est devenu un autre, – voyageur, aventurier, marchand de café et d'armes.

En effet, Rimbaud a abandonné la littérature. Il est parti en Arabie et en Afrique. La vie qu'il a menée là-bas était bien différente de celle qu'il avait menée comme génial poète adolescent à Paris avec Verlaine ou d'autres amis littéraires. Après le départ à Harar ou à Aden, il a parlé de ses poèmes d'autrefois : « Absurde, ridicule, dégoûtant ! » [1]

Mais, si ce qu'il a abandonné n'était qu'*une certaine forme* de la littérature, comme il l'avait fait dans *Une saison en enfer* ? S'il rejetait *une* littérature qui soit « absurde, ridicule et dégoûtant(e) » ? S'il continuait d'écrire ?

Qu'a-t-il a écrit après « l'abandon de la littérature » ? On doit admettre qu'il a écrit au moins beaucoup de lettres. Ne méritent-elles pas une attention sérieuse ? Est-ce qu'elles ne sont pas une nouvelle écriture de Rimbaud ? C'est cette question que je voudrais approfondir maintenant.

Pour cela, lisons les lettres africaines, non comme quelques documents sur la vie aventureuse de Rimbaud, mais comme les textes qui

---

1. Lettre d'Alfred Bardey à Paterne Berrichon, le 16 juillet 1897, citée dans *Delahaye témoin de Rimbaud*, À la Baconnière, 1974, p. 263.

demandent une lecture attentive et respectueuse, puisque ce sont les précieux écrits que Rimbaud a laissés après *Une saison en enfer* et *Illuminations*.

La première lettre africaine est datée du 13 décembre 1880. Rimbaud écrit aux siens (à sa mère et à sa sœur) sur son arrivée à Harar en Éthiopie :

> Je suis arrivé dans ce pays après vingt jours de cheval à travers le désert Somali. Harar est une ville colonisée par les Égyptiens et dépendant de leur gouvernement. La garnison est de plusieurs milliers d'hommes. Ici se trouvent notre agence et nos magasins. Les produits marchands du pays sont le café, l'ivoire, les peaux, etc. Le pays est élevé, mais non infertile. Le climat est frais et non malsain. On importe ici toutes marchandises d'Europe, par chameaux. Il y a, d'ailleurs, beaucoup à faire dans le pays. Nous n'avons pas de poste régulière ici. Nous sommes forcés d'envoyer notre courrier à Aden, par rares occasions. Ceci ne vous arrivera donc pas d'ici longtemps. [...] / Je suis ici dans les Gallas.

Dans cette lecture d'une lettre, on peut éprouver le plaisir suave du voyage, du mouvement et du passage. Ce n'est pas le plaisir intellectuel ; c'est celui de l'écoute de quelque voix lointaine, écoute de quelqu'un qui se distance ou se différencie. On peut entendre l'écho d'un pas du promeneur d'« Enfance » des *Illuminations*. Rimbaud se montre comme une figure d'un voyageur lointain. On assiste ici à la naissance d'un étranger.

Étrange apparition de l'écriture : il n'y a aucune métaphore, aucune image, aucune prétention littéraire. Rimbaud écrit d'un ton calme, sans la tension psychique qu'on trouve dans *Une saison en enfer*, sans la couleur pittoresque qu'on trouve dans les *Illuminations*. Il est rare qu'on ait écrit sur le pays oriental un texte aussi dénué d'exotisme ou d'orientalisme au XIXᵉ siècle français.

Ne pense-t-on pas à quelques textes modernes, *Incidents* de Roland Barthes par exemple, ou à quelques haïku japonais. Sur « Incidents », Barthes a expliqué ainsi dans son *Roland Barthes par Roland Barthes* : « (mini-textes, pli, haïkus, notations, jeux de sens, tout ce qui tombe, comme une feuille), etc. » [2]. Cette lettre de Rimbaud où il relate son arrivée à Harar est vraiment un mini-texte, fragment ou notation, ce qui tombe comme une feuille.

---

2. *Roland Barthes par Roland Barthes*, Éd. du Seuil, 1975, p. 153.

Il y a un autre Rimbaud, un Rimbaud nouveau, Rimbaud de la nouvelle écriture. Barthes, parlant de *Vita Nova*, écrit ceci :

> Donc, changer, c'est-à-dire donner un contenu à la « secousse » du milieu de la vie – c'est-à-dire, en un sens, un « programme » de vie (de *vita nova*). Or, pour celui qui écrit, qui a choisi d'écrire, c'est-à-dire qui a *éprouvé la jouissance, le bonheur d'écrire* (presque comme « premier plaisir »), il ne peut y avoir de *Vita Nova* (me semble-t-il) que la découverte d'une nouvelle pratique d'écriture. [3]

Or, Rimbaud dans les lettres africaines a découvert « une nouvelle pratique d'écriture ». Il a changé l'écriture comme il a changé la vie. Il ne se répète pas. Il se renouvelle. Il a vécu « plusieurs *autres* vies », comme le dit « Alchimie du verbe » d'*Une saison en enfer*.

Avec le changement de la vie, il est naturel que Rimbaud ait changé l'écriture. Le changement de l'écriture n'est pas l'abandon de l'écriture. La formule prononcée dans *Une saison* : « changer la vie », il l'a appliquée rigoureusement à ce qu'il écrit.

Le changement d'écriture se trouve au cœur même de sa poésie. Si l'on ôte de l'écriture rimbaldienne le changement, on pourrait dire qu'il ne reste presque rien.

D'un poème à forme fixe comme « Voyelles » à des vers libres comme « Marine » ou « Mouvement », la transformation est grande et radicale. On doit se demander si l'auteur qui a écrit *Une saison* est le même que celui qui a écrit *Illuminations*, tant l'écriture est différente.

Même dans un paragraphe, il y a le décalage de ton, de voix, de personnalité ; par exemple dans ce paragraphe de « Nuit de l'enfer » d'*Une saison* :

> Tais-toi, mais tais-toi !... C'est la honte, le reproche, ici : Satan qui dit que le feu est ignoble, que ma colère est affreusement sotte. – Assez !... Des erreurs qu'on me souffle, magies, parfums faux, musiques puériles. – Et dire que je tiens la vérité, que je vois la justice : j'ai un jugement sain et arrêté, je suis prêt pour la perfection... Orgueil. – La peau de ma tête se dessèche. Pitié ! Seigneur, j'ai peur. J'ai soif, si soif ! Ah ! l'enfance, l'herbe, la pluie, le lac sur les pierres, *le clair de lune quand le clocher*

---

3. Roland Barthes, *La Préparation du roman*, Éd. du Seuil, 2003, p. 29.

sonnait douze... le diable est au clocher, à cette heure. Marie ! Sainte-Vierge !... – Horreur de ma bêtise.

Ici plusieurs voix parlent. La voix injurieuse, la voix orgueilleuse, la voix qui prie et demande le salut. La voix paisible ou apaisée. Et tout cela, dans un seul paragraphe.

Dans l'exemple suivant, le déplacement ou la modulation est plus minime et plus délicat, mais plus intense et aussi, plus fascinant (« Dévotion » des *Illuminations*) :

> À ma sœur Louise Vanaen de Voringhem : – Sa cornette bleue tournée à la mer du Nord. – Pour les naufragés.
> À ma sœur Léonie Aubois d'Ashby. Baou – l'herbe d'été bourdonnante et puante. – Pour la fièvre des mères et des enfants.
> À Lulu, – démon – qui a conservé un goût pour les oratoires du temps des Amies et de son éducation incomplète. Pour les hommes ! À madame***.

On peut dire que le changement ou le passage n'est autre chose que la poésie de Rimbaud. Qui dit le passage dit sa poésie. L'écriture rimbaldienne est en état de perpétuel déplacement.

Si l'on suit attentivement ce changement au cours des œuvres successives de Rimbaud et à l'intérieur de chaque poème, après les *Illuminations,* il va de soi que Rimbaud arrive à une écriture fragmentaire de la prose. « Voici, enfin, la *vraie prose*, dans sa terrifiante ambivalence, écrit Gilles Marcotte, faite pour communiquer, désigner, dire, parler ; mais si parfaitement ajustée à la nécessité, au besoin, que la voix s'y étouffe et le dire se tarit. »[4] Ce serait la prose de la correspondance africaine de Rimbaud.

Il y a trouvé une autre forme de l'écriture ; une autre langue. Dans une lettre dite du voyant à Paul Demeny (le 15 mai 1871), il a déjà écrit : « [...] si ce qu'il rapporte *de là-bas* a forme, il donne forme : si c'est informe, il donne de l'informe. Trouver une langue ».

Autre exemple : dans un passage de *Rapport sur l'Ogadine*, n'entend-on pas la même « musique savante » dont Rimbaud a parlé, le « manque » à la dernière ligne de « Conte » des *Illuminations* (« La musique savante manque à notre désir »).

Notons que *Rapport sur l'Ogadine* était aussi une lettre adressée à Alfred Bardey datée du 10 décembre 1883. Il a été publié dans

---

4. Gilles Marcotte, *La Prose de Rimbaud*, Boréal, 1989, p. 188.

Comptes rendus des séances de la Société de Géographie, 1884. Comme l'a dit Alain Borer dans une note de son édition *Œuvre-Vie* d'Arthur Rimbaud, on ne saurait démêler *Rapport sur l'Ogadine* de la lettre à Alfred Bardey [5]. En tout cas, Rimbaud en Afrique n'écrit absolument que des lettres (sauf le dernier texte écrit en Afrique : *Itinéraire de Harar à Warambot* [1891]. Nous en parlerons plus tard). Il faut souligner l'existence d'un épistolier au cours de la vie de Rimbaud. Notons aussi qu'il était l'auteur de cette fameuse « Lettre du Voyant » que Pierre Brunel a analysée d'une manière savante et délicate ici même. De la *Lettre du Voyant* au *Rapport sur l'Ogadine*, on découvre le même épistolier qui n'a pas abandonné la plume. Tant s'en faut, il tient la même plume aussi géniale qu'au temps des *Illuminations*.

Donc, *Rapport sur l'Ogadine*. Rimbaud parle des cours d'eau de ce pays :

> Les fortes pluies du massif Harar et du Boursouque doivent occasionner dans l'Ogadine supérieure des descentes torrentielles passagères et de légères inondations qui, à leur apparition, appellent les goums pasteurs dans cette direction. Au temps de la sécheresse, il y a, au contraire, un mouvement général de retour des tribus vers le Wabi.

En parlant du même courant d'eau, ce passage est plus beau et plus fascinant que le paragraphe suivant des « Ouvriers » dans *Illuminations* :

> Dans une flache laissée par l'inondation du mois précédent à un sentier assez haut elle me fit remarquer de très petits poissons.

Et plus serein et exquis que cet appel du déluge dans *Illuminations* (« Après le Déluge ») :

> – Sourds, étang, – Écume, roule sur le pont, et pardessus les bois ; – draps noirs et orgues, – éclairs et tonnerre, – montez et roulez ; – Eaux et tristesses, montez et relevez les Déluges.

---

5. Alain Borer, *Œuvre-Vie* d'Arthur Rimbaud, Arléa, 1991, p. 1238. Borer parle de la lettre du 26 août 1887, mais il est conforme à notre argument.

Pourquoi, à certain égards, le passage de *Rapport sur l'Ogadine* est-il plus beau que les quelques extraits des *Illuminations* ?

La raison en est simple. Dans *Rapport sur l'Ogadine*, on ne peut creuser le sens. On ne peut déchiffrer ce passage, parce qu'il n'y a pas d'énigmes. L'expression est banale et plate. C'est cette banalité ou platitude qui résiste à toutes les tentatives de l'interprétation. *Rapport sur l'Ogadine* n'est pas dans l'ordre du savoir herméneutique. C'est un texte ouvert, et non pas fermé, par quelques sens ou par quelques expressions profondes et significatives.

Citons un autre passage de Rimbaud l'épistolier : sa lettre à Alfred Bardey du 26 août 1887. Cette fois encore, c'est une relation de voyage. En effet, les trois citations mentionnées ci-dessus – *Rapport sur l'Ogadine*, « Ouvriers » et « Après le Déluge » – peuvent être lues comme des relations ou des récits du voyage. Ce grand épistolier était aussi un grand voyageur. Il écrit toujours en voyage. D'où les impressions de mouvement et de passage. Chez Rimbaud, on ne peut séparer la poésie du voyage. En ce sens, la poésie rimbaldienne est semblable à celle de Bashô, le plus grand poète japonais de haïku. Et cette étroite relation du voyage et de la poésie est plus sensible dans les lettres africaines que dans les textes poétiques de Rimbaud jeune.

Dans cette lettre à Bardey, Rimbaud était au Caire. Il était de retour du long voyage en Choa (aujourd'hui, les alentours d'Addis-Abeba en Éthiopie). Il commence ainsi : « Sachant que vous vous intéressez toujours aux choses de l'Afrique, je me permets de vous envoyer les quelques notes suivantes sur les choses du Choa et du Harar à présent ».

Dans ces premières lignes, nous rencontrons les éléments poétiques de Rimbaud en quintessence. D'abord, il y a un correspondant (ici Bardey), comme il y avait « un compagnon d'enfer » dans *Une saison en enfer* (là on peut supposer Verlaine). Puis, il y a le mouvement de l'envoi. Ici, Rimbaud envoie « les quelques notes » à son correspondant Alfred Bardey. Dans *Une saison*, à « cher Satan » (éventuellement à Verlaine) : « je vous détache ces quelques hideux feuillets de mon carnet de damné ». Rappelons-nous que Rimbaud envoyait presque toujours ses poèmes insérés dans des lettres à ses amis.

Le cas typique est la lettre à Ernest Delahaye, datée du 14 octobre 1875, où l'on peut lire le poème intitulé « Rêve ». C'est un étrange poème, très prosaïque, on peut dire presque désertique, qui annonce les futures lettres africaines.

Ici encore, on ne pourrait séparer le poème de la lettre qui le contient. D'ailleurs, on peut demander si le « Rêve » est un poème ou non, bien qu'il y ait une opinion d'André Breton qui classe le

« Rêve » comme « un cas extrême »[6] de la poésie de Rimbaud (de même, on aurait le droit de demander si les lettres africaines sont les écrits poétiques rimbaldiens ou non). Chez Rimbaud, les poèmes et les lettres s'entremêlent et se confondent. Ou plutôt, on peut dire que l'écriture de Rimbaud rapproche de plus en plus la poésie des lettres jusqu'au moment où, comme dans les lettres africaines, la poésie en disparaît complètement.

Pour Rimbaud, ce n'est pas seulement le poète qui voyage. Les poèmes aussi voyagent avec les lettres.

Les lettres rimbaldiennes sont, comme sa poésie, en incessant état du voyage. Rimbaud souligne cette caractéristique dans une lettre à Alfred Ilg (le 6 juin 1890) : « Ceci est simplement pour vous accuser réception de votre lettre d'Entotto 9 mai. J'achemine les lettres qui l'accompagnent ». Rimbaud achemine ses lettres comme si elles étaient des personnes qui marchent. Et aussi à Ilg (le 7 octobre 1889) : « J'ai délivré vos lettres pour le Harar, et j'achemine demain ou après celles pour outre-mer ».

Ensuite, il faut remarquer que cet épistolier prend des notes avec application. Il a appelé sa lettre à Bardey « les quelques notes ». Il pratique le travail de la notation. Roland Barthes dans *La Préparation du roman*, accorde de l'importance à la notation : « Pour quelle que fin que ce soit, qu'on veuille prendre des notes à même la vie (et non à même un livre) – ou à même le livre de la vie [...] »[7].

Voyons maintenant cet exemple d'un passage de la lettre de Rimbaud à Bardey, relatant le voyage (ou plutôt le retour) de Choa :

> Nous remontons rapidement à l'Itou par des sentiers ombragés. Beau pays boisé, peu cultivé. Nous nous retrouvons vite à 2 000 mètres d'altitude. Halte à Galamso, poste abyssin de trois à quatre cents soldats au dedjatch Woldé Guibril. – 35 kilomètres.

C'est l'écriture de la notation dont parle Barthes. Rimbaud écrit à même la vie, à même la marche ou le voyage d'Abyssinie.

Calme et légère écriture. Aucun signifié, c'est-à-dire aucun sens qui ferme le texte. Seulement des bruits légers de signifiants. On entend presque le pas d'un voyageur anonyme. On aperçoit seulement le portrait d'un homme qui marche sur les plateaux abyssins. On n'a pas besoin de le nommer Rimbaud ou le poète. Il a écrit dans *Une saison* : « Ce monsieur ne sait ce qu'il fait : il est un ange. » L'homme

---

6. André Breton, *La Clé des champs*, Jean-Jacques Pauvert, 1967, p. 193.
7. Roland Barthes, *La Préparation du roman, op. cit.*, p. 138.

qui marche du *Rapport sur l'Ogadine* est « ce monsieur ». Il est un ange. C'est un être impersonnel, n'importe qui. Celui qui ne sait pas ce qu'il fait. *On* des *Illuminations*. Dans « Enfance II », nous lisons ce fragment : « L'essaim des feuilles d'or entoure la maison du général. Ils sont dans le midi. – On suit la route rouge pour arriver à l'auberge vide. Le château est à vendre ; les persiennes sont détachées. – Le curé aura emporté la clef de l'église. – Autour du parc, les loges des gardes sont inhabitées. Les palissades sont si hautes qu'on ne voit que les cimes bruissantes. D'ailleurs il n'y a rien à voir là-dedans. »

Ou ce pronom personnel « *le* » que Rimbaud a souligné dans le même passage d'« Enfance » des *Illuminations* : « Des fleurs magiques bourdonnaient. Les talus *le* berçaient ». Pierre Brunel, dans sa lecture des *Illuminations*, commente ces lignes : « Le pronom personnel, qui n'a jamais mieux mérité ce qualificatif, "*le*", souligné dans la phrase suivante, ne peut désigner que l'enfant-poète, comme l'a suggéré Albert Py. Les talus, émergeant du Déluge ou appartenant à la nouvelle Création, apportent au petit vagabond à qui l'auberge était fermée, la couche dont il a besoin pour se reposer. Ils le bercent aussi de leur présence rassurante, parce qu'elle est assurée. Rassurante est aussi la nouvelle faune, circulant dans une sorte de réserve édénique. »[8]

De même, dans la lettre à Bardey relatant l'itinéraire d'Entotto à Harar, l'homme qui marche semble inséré dans le chemin. Il se fond dans le paysage. Il est, pour ainsi dire, « bercé » par le chemin, comme « *le* » que nous avons vu dans *Enfance*.

Quelques noms de lieu, Itou, Galamso, etc., suivent le pas du voyageur. Peut-être Rimbaud prend-il note en route. Par la notation, il s'approche de plus en plus du paysage qui l'entoure. Ses mots s'identifient presque au paysage. C'est à cause de cette extrême approche avec la réalité qu'il n'y a pas de description dans les lettres africaines de Rimbaud. On dirait que le marcheur, enfoncé dans le réel, dit : « D'ailleurs il n'y a rien à voir là-dedans » (« Enfance II »).

En effet, dans une lettre à Ilg, Rimbaud dit comme dans *Une saison en enfer* : « Car il faut enfin se rendre à la réalité » (le 26 août 1889). Et dans *Une saison* : « je suis rendu au sol, avec un devoir à chercher, et la réalité rugueuse à étreindre ! » Rimbaud en lettres africaines est vraiment rendu au sol. Il est le plus proche de la « réalité rugueuse ». Il y a « le réalisme absolu » dont Roland Barthes dit dans *Sollers l'écrivain* : « [...] que l'événement (le drame) soit en

---

8. Pierre Brunel, *Éclats de la violence – Pour une lecture comparatiste des Illuminations d'Arthur Rimbaud*, José Corti, 2004, p. 81.

quelque sorte transfusé du monde ordinairement copié (réel, rêve ou fiction) au mouvement même des mots qui fixent ce monde comme des yeux, ce peut être là le départ d'œuvres absolument *réalistes* »[9]. Ou bien, à la fin de *La Chambre claire*, parlant de l'image photographique, Barthes dit que la photographie peut être folle, « si ce réalisme est absolu »[10].

Remarquons que Rimbaud a pris des photographies en Harar. Il nous a laissé trois autoportraits, la vue du marché du Harar, un portrait de son collègue Sotiro et quelques autres photos. Peut-être a-t-il été fasciné par le réalisme absolu de la photographie. Comme les lettres, les photos, en concernant toujours le temps présent, datées et fragmentées, étaient une sorte de la pratique de la notation pour Rimbaud.

Même en voyageant dans un pays exotique, il ne décrit pas le paysage. Presque aucune image, comme si Rimbaud entrait « en l'humanité fraternelle et discrète par l'univers, sans images » dont parle « Jeunesse II Sonnet » des *Illuminations*. Comme pour Barthes, pour Rimbaud, la photographie était proche de cet « univers, sans images » de « l'humanité fraternelle et discrète » (il a préparé autrefois, selon son ami Delahaye, avant *Une Saison en enfer*, un livre intitulé « Photographie des temps passés »[11]).

Dans ses lettres africaines, Rimbaud emploie des mots comme des photographies. Il pratique l'écriture photographique. Il prend des notes comme il prend des photos. Comme les photographies, les lettres africaines deviennent de plus en plus nues et réelles. « La photographie du temps, exprimée par des phrases courtes »[12] – ces mots d'André Guyaux à propos d'un fragment des *Illuminations*, pourraient s'appliquer plus spécifiquement aux lettres africaines. Ce paragraphe de *Poétique du fragment* ne semble-t-il pas une explication des lettres que Rimbaud a écrites au Harar : « Nous rentrons ici, comme lorsque nous tentions d'étudier la constitution interrompue du recueil ou la structure de la forme fragmentée, dans la lutte de l'ordre et du désordre, dans l'incompétence de l'auteur lui-même devant une œuvre incertaine, fragmentée, incomplète, dans les velléités d'un homme encombré d'un projet et dont il voudrait se défaire »[13] ? De ce « projet », nous parlerons un peu plus loin.

9. Roland Barthes, *Sollers écrivain*, Éd. du Seuil, 1979, p. 25.
10. Roland Barthes, *La Chambre claire*, Éd. du Seuil, 1980, p. 183.
11. Ernest Delahaye, *Rimbaud l'artiste et l'être moral*, Albert Messein, 1947, p. 45.
12. André Guyaux, *Poétique du fragment*, À la Baconnière, 1985, p. 224.
13. *Ibid.*, p. 240.

Ainsi cette dernière lettre africaine de Rimbaud en avril 1891 (Rimbaud meurt sept mois après). Il a eu des varices à la jambe droite. Il était couché à Harar et dans l'impossibilité de faire un seul pas, il a loué seize nègres porteurs : « je fis fabriquer une civière recouverte d'une toile, dit-il dans une lettre à sa mère (le 30 avril 1891), et c'est là-dessus que je viens de faire, en douze jours, les 300 kilomètres de désert qui séparent les monts du Harar du port de Zeilah ».

Et voici l'*Itinéraire de Harar à Warambot* (nous citons seulement la première et la deuxième journée du voyage) :

> Mardi 7 avril [1891].
> Départ du Harar à 6 h. du matin. Arrivée à Degadallal à 9 1/2 du matin. Marécage à Egon. Haut-Egon, 12 h. Egon à Ballaoua-fort, 3 h. Descente d'Egon à Ballaoua très pénible pour les porteurs, qui s'écrasent [?] à chaque caillou, et pour moi, qui manque de chavirer à chaque minute. La civière est déjà moitié disloquée et les gens complètement rendus. J'essaie de monter à mulet, la jambe malade attachée au cou ; je suis obligé de descendre au bout de quelques minutes et de me remettre en la civière qui était déjà restée un kilomètre en arrière. Arrivée à Ballaoua. Il pleut. Vent furieux toute la nuit.

> Mercredi 8.
> Levé de Ballaoua à 6 1/2. Entrée à Geldessey à 10 1/2. Les porteurs se mettent au courant, et il n'y a plus à souff[rir ?] qu'à la descente de Ballaoua. Orage à 4 heures à Geldessey.
> La nuit, roséc très abondante, et froid.

À vrai dire, ce n'est pas une lettre. Rimbaud note cet itinéraire dans la civière, en se transportant du Harar à Zeilah. Mais, est-ce qu'on ne peut dire que ce qu'il écrit est une sorte de lettre ? Une lettre adressée du Harar à Zeilah ? De son « cher Harar » [14] à son « cher Zeilah » [15] ; Rimbaud lui-même ne transporte-t-il pas cette lettre ?

Étrange courrier : en écrivant la lettre, il la transporte. Ou plutôt, il est cette lettre elle-même. Il devient la personnification des lettres

---

14. Lettre d'Ilg à Rimbaud, le 16 juin 1889 : « Seulement je vous prie, ne grognez pas là-bas comme deux ours si Sa Majesté vous envoie toucher quelques sous à votre cher Harar ».
15. Lettre de Savouré à Rimbaud, le 4 mai 1890 : « vos lettres arriveront à Aden plus vite que par votre cher Zeilah ».

africaines, ou le génie du voyage et du mouvement. Le « passant considérable » comme l'a admiré Mallarmé au salon parisien.

Le même jeu des lettres se trouve à quelque correspondance avec Alfred Ilg. Dans une lettre datée du 7 octobre 1889, Rimbaud a ajouté deux autres lettres, l'une datée du 9, l'autre datée du 10. Des lettres dans une lettre. Rimbaud écrit successivement ces lettres insérées dans une lettre, en attendant le départ du courrier. D'où cette mise en abîme des lettres africaines de Rimbaud.

Il court, pour ainsi dire, après sa lettre transportée par un courrier. Il est pressé, mais il a du temps : « car vous aurez remarqué par mes précédentes que les courriers d'ici pour le Choa ne partent que longtemps après l'annonce de leur départ *immédiat*, et l'on a le temps, dans les lettres, d'accumuler les paragraphes les plus excentriques, les coups de théâtre et les racontars les plus contradictoires ». On a le temps, dans les lettres... Quels mots significatifs pour l'ex-poète ! Il a vraiment renoncé à l'écriture ? Et ce soulignement du mot « immédiat ». C'est déjà l'écriture soignée, presque d'un poète, au moins d'un écrivain.

C'est la lettre du 8 octobre. Et le lendemain, Rimbaud s'amuse de ses lettres retardées plus malicieusement comme au temps d'*Une saison en enfer*, avec beaucoup d'amertume et d'humour noir, bien digne de l'ancien « poète maudit », ami diabolique de Verlaine : « J'espère encore rattraper quelques bribes avant de clore ce courrier qui, il me semble, est déjà ouvert de trois jours, par de nombreuses alternatives d'érection et d'aplatissement ».

On pourrait voir comment Rimbaud joue avec sa correspondance, et avec le temps. Et cela, dans cette correspondance elle-même. Il n'est pas inconscient au sujet du problème du temps avec les lettres. Le temps que contiennent les lettres africaines, celles qui « voyagent » beaucoup...

D'une certaine manière il est perspicace sur l'envoi des lettres et leurs devenirs. Il est « voyant » pour la formation de l'œuvre future. Peut-être a-t-il réentendu cette phrase d'« À une raison » des *Illuminations* : « Change nos lots, crible les fléaux, à commencer par le temps ».

Et cette étrange et belle missive du 3 mai 1888 à Alfred Bardey :

> Je viens d'arriver au Harar. Les pluies sont extraordinairement fortes, cette année, et j'ai fait mon voyage par une succession de cyclones, mais les pluies des pays bas vont cesser dans deux mois.

Ce texte a été publié, par les soins de Bardey, pour la première fois, dans les *Comptes rendus des séances de la Société de Géographie*,

1888. Il commence ainsi : « D'Aden, 4 juin, M. Bardey écrit : – Je reçois de Harar, en date du 3 mai, une lettre de A. Rimbeaud [*sic*] qui me dit : "Mon cher Monsieur Bardey, je viens d'arriver..." ». Suit la lettre en question du 3 mai 1888. Elle ne finit pas comme je l'ai citée plus haut, mais continue comme ceci :

> Hier soir est arrivée à Aden la nouvelle que Berberah venait de brûler entièrement. La ville comptant six mille habitants, n'était formée que de paillotis se joignant tous, ou n'ayant entre eux que d'étroits et sinueux passages. Beaucoup de personnes seraient brûlées. [...]
>
> M. Robecci, ingénieur italien, va partir pour son premier voyage au Harar. Il se propose de traverser ensuite l'Ogaden.

Naturellement, un homme qui vient d'arriver au Harar ne peut écrire : « Hier soir est arrivée à Aden la nouvelle... ». Harar est séparé d'Aden par la mer Rouge et 300 kilomètres de désert. Rimbeaud [*sic*], même s'il faisait son voyage « par une succession de cyclones », ne peut avoir la nouvelle arrivée le jour précédent à Aden. Ainsi, Antoine Adam (Pléiade, 1972), Pierre Brunel (Pochothèque), Louis Forestier (Robert Laffont) n'ont pas retenu les paragraphes qui commencent par « Hier soir... » dans leurs *Œuvres complètes*.

Ce principe est tout à fait raisonnable. Mais on peut essayer de lire cette lettre d'une manière différente. Lire la lettre à la lettre, c'est-à-dire comme elle est écrite par Rimbaud, comme le texte tel qu'il est, sans notre jugement raisonnable ; en un mot, comme l'œuvre littéraire ou fictive, et non comme une lettre (ou un document) qui réclame la véracité de ce qui est écrit.

Une autre lecture : n'est-il pas permis de voir ici la discrète collaboration de Bardey et Rimbaud [*sic*] ? Est-ce qu'il n'y a pas « une main amie » (« Adieu » d'*Une Saison en enfer*) de Bardey, qui intervient dans la lettre de Rimbaud, comme autrefois, la main de Germain Nouveau a écrit (copié) quelques *Illuminations*, *Métropolitain* et *Villes I* ? Bouillane de Lacoste a trouvé « l'écriture mystérieuse » [16] de Germain Nouveau, quelque passage d'« une main amie » dans les manuscrits des *Illuminations*.

---

16. Henry de Bouillane de Lacoste, *Rimbaud et le problème des* Illuminations, Mercure de France, 1949, p. 171.

Revenons aux lettres africaines. Quant à *Rapport sur l'Oga-dine*, il y a le témoignage de Bardey, selon lequel Rimbaud a écrit ce *Rapport* d'après les notes prises par un collègue Sotiro. Rimbaud a écrit presque toujours avec quelque compagnon, avec quelque « autre », Verlaine, Nouveau, etc. Pour des lettres, il y a toujours les correspondants. Dans les lettres africaines, ce sont Bardey, Ilg, sa mère ou sa sœur. Les lettres s'écrivent avec eux. Elles ne peuvent s'écrire sans eux. Pour la missive du 3 mai 1888, cette fois, Bardey n'a-t-il pas prêté sa main amie, avec quelque esprit d'amusement ?

Bardey n'a-t-il pas fait quelque pastiche de Rimbaud, et n'a-t-il pas fait à « l'homme aux semelles du vent » un voyage-éclair d'Aden au Harar ? « Je viens d'arriver... » ; « Hier soir est arrivée la nouvelle... » ; et arrivée de la lettre de Rimbaud à Bardey... Tous se précipitent ; tous arrivent : la lettre, Rimbaud, des cyclones succes-sifs. En ce cas, Rimbeaud [*sic*] peut être presque en même temps à Harar et à Aden, en annulant le temps et l'espace, comme un être doué d'ubiquité ou un génie sur un tapis volant... « Il est l'affection et le présent puisqu'il a fait la maison ouverte à l'hiver écumeux et à la rumeur de l'été, lui qui a purifié les boissons et les aliments, lui qui est le charme des lieux fuyants et le délice surhumain des sta-tions » (*Génie* des *Illuminations*).

Une dernière question : pourquoi Rimbaud a-t-il écrit la « lettre-itinéraire » de Harar à Warambot. Il n'y avait pas de raison pour lui d'écrire cet itinéraire : il avait parcouru plusieurs fois cette route des monts du Harar au port de Zeilah. Il devait connaître presque par cœur cet itinéraire.

Pourquoi a-t-il laissé ces feuilles qui n'ont aucune importance géographique, ni pour Rimbaud, ni pour ses correspondants ?

Notre hypothèse est la suivante : Rimbaud en Afrique préparait un ouvrage. La dernière « lettre » africaine de Rimbaud, cet *itiné-raire de Harar à Warambot* serait une note prise en route pour cet ouvrage (d'ailleurs, comme nous l'avons vu, ses lettres africaines ont tous le caractère des notes prises en route). Il parle maintes fois de ce projet dans ses lettres africaines.

D'abord, le 18 janvier 1882, Rimbaud écrit d'Aden aux siens :

Car je vais faire un ouvrage pour la Société de géographie, avec des cartes et des gravures, sur le Harar et les pays Gallas. [...]/ Quand ce travail sera terminé et aura été reçu à la Société de géographie, je pourrai peut-être obtenir des fonds d'elle pour d'autres voyages. La chose est très facile.

Le même jour à l'ancien ami, Ernest Delahaye :

> Je suis pour composer un ouvrage sur le Harar et les Gallas que j'ai explorés, et le soumettre à la Société de géographie. [...] / Je viens de commander à Lyon un appareil photographique qui me permettra d'intercaler dans cet ouvrage des vues de ces étranges contrées.

Le 15 décembre 1887 d'Aden, aux siens :

> J'ai écrit la relation de mon voyage en Abyssinie, pour la Société de géographie. J'ai envoyé des articles au *Temps*, au *Figaro*, etc... J'ai l'intention d'envoyer aussi au *Courrier des Ardennes*, quelques récits intéressants de mes voyages dans l'Afrique orientale.

Et le 9 octobre 1889, du Harar, cette fois à Alfred Ilg :

> Vous voyez que les extorsions pratiquées sur la ville du Harar sont connues même en Europe. Si je n'étais pas établi ici, j'enverrais au *Temps*, à l'occasion de la mission Choane, des détails intéressants sur la situation économique de ces pays, sur la manière dont le D[edjatch] Mekonène paie ses dettes ici, et la manière dont le roi Ménélik envoie ses créanciers se casser le nez ici !

Sûrement, ce n'est pas un ouvrage littéraire que Rimbaud prépare, bien que le ton final de la lettre évoque certains passages d'*Une saison*. Ce sont des travaux géographiques, politiques ou économiques ; tout au plus, quelques récits de voyages. Mais, même si ce ne sont que des récits de voyages ou des rapports géographiques, ce sont des choses remarquables comme nous avons vu précédemment, puisque ce sont précisément les écrits authentiques de la main de Rimbaud.

C'est ainsi que nous pouvons dire que Rimbaud n'a pas seulement préparé quelques ouvrages géographiques ou quelques récits de voyages ; mais, au cours de cette préparation de l'ouvrage, similutanément et successivement, l'œuvre se faisait sous ses yeux. Quand il a écrit son *Itinéraire de Harar à Warambot* (la dernière lettre africaine), il a mis, pour ainsi dire, « fin » à son ouvrage. Se transportant en civière, toujours la plume à la main, il a déjà achevé et terminé son ouvrage, sous la forme des lettres africaines que nous pouvons lire aujourd'hui dans *Œuvres complètes* d'Arthur Rimbaud.

Kazunari SUZUMURA

Traduire Rimbaud en japonais

La réception de Rimbaud au Japon commence véritablement avec la publication, dans les années 1930, des traductions de deux écrivains originaux et remarquables : Hideo Kobayashi et Chûya Nakahara. Tout en me plaçant dans la perspective d'une histoire qui remonte déjà à soixante-dix ans maintenant, je vais essayer de parler de ma propre tentative de traduire Rimbaud, et évoquerai notamment tout le plaisir que j'ai eu à entrer, grâce à ce travail, dans les plis mêmes du texte original.

Je voudrais commencer cet exposé par une ou deux considérations personnelles. Je fais partie de cette génération qui s'est initiée à la poésie française après avoir découvert – pour ma part pendant mon adolescence – le recueil de traduction d'Ueda Bin (1874-1916), *Kaichôon*, cette génération qui, presque en même temps, s'est laissé envoûter par la traduction d'*Une saison en enfer* de Kobayashi Hideo (1902-1983) dans l'édition de poche de la librairie Iwanami, publiée en 1958.

Ici, je me permets d'intercaler quelques petits commentaires. Dans son recueil *Kaichôon* (*Rumeurs de la mer*, 1905), Ueda Bin traduit cinquante-sept poèmes de vingt-neuf poètes dont trois Italiens, quatre Anglais, sept Allemands, un Provençal et quatorze Français. Pour la première fois était ainsi donné au public japonais un aperçu substantiel de la poésie française de la seconde moitié du XIXe siècle, et si le traducteur avoue lui-même une plus grande affinité avec les Parnassiens, ce sont les poèmes symbolistes qui exerceront la plus grande influence sur le développement de la poésie japonaise moderne.

En ce qui concerne Kobayashi Hideo, fondateur de la critique japonaise moderne, je me bornerai à vous signaler que ses premiers textes critiques montrent tout d'abord ce qu'il doit à la lecture attentive et à ses propres traductions – parfaitement réussis du point de vue japonais – de Rimbaud, Baudelaire, Gide, Valéry.

Pour en revenir à ce que nous disions, par la suite, et pour m'en tenir uniquement à l'essentiel devenu, comme tant d'autres, étudiant en littérature française, j'ai suivi un parcours tout tracé qui m'a conduit insensiblement, mais plus rapidement que prévu, au seuil de la vieillesse. Et voilà comment, pour en arriver à publier ma propre traduction de l'« Œuvre poétique complète de Rimbaud » *Ranbô zenshishû* (édition de poche de la librairie Chikumashobô) – tentative qui marquait une étape, introduisait comme une pause dans mes rapports avec la Poésie française –, il m'a fallu attendre le printemps de l'année 1996. Quarante ans après, précisément, m'être imprégné des *Rumeurs de la mer* !

Cependant, durant les nombreuses années où je préparais ma traduction de Rimbaud, il y avait une chose, et une seule, que je m'étais secrètement promise. C'était de ne pas regarder les traductions de Kobayashi Hideo ni celles de Nakahara Chûya (1907-1937), et d'éloigner ainsi de moi leurs recueils de poésies traduites. J'ajouterai que, si mes souvenirs sont exacts, ma première approche de Rimbaud dans la traduction de Nakahara remonte aux onze poèmes rimés figurant dans la première édition des *Œuvres complètes de Rimbaud*, traduites et compilées sous la direction de Suzuki Shintaro et Hashimoto Ichimei, et publiée par les éditions Jinbun Shoin dans les années 1950.

Néanmoins, si je n'ai pas trahi la promesse que je m'étais faite, mes efforts, en réalité, pour oublier Kobayashi et Nakahara n'en furent pas pour autant couronnés de succès. C'est que leurs traductions, dans un cas comme dans l'autre, ont toujours un impact particulièrement puissant : une fois qu'on a subi leur influence, il n'est pas facile de les extirper de sa mémoire. À force de se répéter et de ressasser les poèmes originaux, on parvient sans doute à oublier provisoirement ces deux traducteurs, mais quelques-uns de leurs vers, si on n'y prend garde, reviennent soudain et tout naturellement sur les lèvres. C'est le cas, par exemple, d'une traduction de Kobayashi comme celle-ci (pour chaque citation de traduction de Rimbaud en japonais, nous donnerons dans l'ordre : A. le texte original français, B. la transcription de la traduction japonaise en caractères romains (système Hepburn modifié), C. une retraduction française) :

A. L'Automne déjà ! – Mais pourquoi regretter un éternel soleil
B. mô aki ka. – sorenishitemo, naniyue ni, eien no taiyô o oshimu no ka

C. Déjà l'automne? – Cependant, pourquoi regretter un éternel soleil?

Ou bien encore, le refrain de la traduction de Nakahara :

A. Ô saisons, ô châteaux,/ Quelle âme est sans défauts?
B. kisetsu (toki) ga nagareru, jôsai (oshiro) ga mieru,/ mukizu na tamashii (mono) nazo doko ni arô? [1]
C. Saisons et temps s'écoulent, on voit châteaux et citadelles./ Une âme, un être sans défaut, où pourraient-ils donc exister?

Le poème qui contient ce refrain, un des plus populaires sans doute de tous les poèmes de Rimbaud, a été traduit non seulement par Nakahara mais aussi par Kobayashi, quoique ce soit une autre version, celle que Rimbaud cite dans son chapitre de l'« Alchimie du verbe » d'*Une saison en enfer*. Les deux traductions sont publiées dans les années 1930. Lorsque l'on compare leurs traductions, ce qui ressort clairement, ce sont de curieuses et énigmatiques correspondances entre elles, ainsi qu'un drame humain lourd de tension. On s'interroge sur l'interpénétration des traductions de ces deux écrivains, qui n'est pas sans entretenir une étroite relation avec la nature particulière du poème original de Rimbaud qui est celle d'une chanson.

Je n'entrerai pas ici dans le détail, mais en revanche parlerai de ma propre traduction, qui, malgré ses nombreuses imperfections, a été heureusement accueillie avec bienveillance par le public, surtout par le public jeune. Les chiffres des tirages des traductions de Rimbaud au Japon montrent bien en général l'enthousiasme que suscite toujours Rimbaud à l'heure actuelle dans notre pays.

Quoi qu'il en soit, aujourd'hui, je ne parlerai pas des malheurs du traducteur, des difficultés terribles auxquelles j'ai fait face lors de la traduction, mais, bien au contraire, et si possible, du plaisir

---

1. Avant de lire notre retraduction française, je pense qu'il convient de remarquer qu'un écrivain japonais peut toujours proposer pour un ou plusieurs caractères chinois une lecture différente de celle ou celles communément admises en japonais courant. C'est ainsi que Kobayashi et Nakahara ajoutent aux mots sino-japonais *kisetsu* et *jôsai* des lectures renvoyant à des mots japonais autochtones *toki*. Ils jouent ainsi simultanément sur plusieurs registres : impression plus solennelle et littéraire du sino-japonais, plus familière et rythmique du japonais de souche. Une lecture visuelle saisit donc une multiplicité de nuances et d'images que ne pourrait rendre de façon aussi instantanée une lecture ou une récitation purement orale.

que j'ai retiré de cette expérience unique. C'est-à-dire que je vous parlerai plutôt de la joie que m'ont procuré certaines découvertes inattendues sur l'œuvre de Rimbaud que j'étais en train de traduire, parce que, justement, j'étais en train de la traduire.

Pour des raisons de temps, je m'en tiendrais au poème en prose contenu dans les *Illuminations*, le poème intitulé « Aube ». Comme il s'agit d'un poème bien connu, je m'abstiendrai d'en faire un commentaire détaillé devant vous. Mais j'attirerai votre attention sur un seul point, capital, cependant, pour l'interprétation générale de cette « illumination ».

> J'ai embrassé l'aube d'été
>
> Rien ne bougeait encore au front des palais. L'eau était morte. Les camps d'ombres ne quittaient pas la route du bois. J'ai marché, réveillant les haleines vives et tièdes, et les pierreries regardèrent, et les ailes se levèrent sans bruit.
>
> La première entreprise fut, dans le sentier déjà empli de frais et blêmes éclats, une fleur qui me dit son nom.
>
> Je ris au wasserfall qui s'échevela à travers les sapins : à la cime argentée je reconnus la déesse.
>
> *Alors je levai un à un les voiles.* Dans l'allée, en agitant les bras. Par la plaine, où je l'ai dénoncée au coq. À la grand'ville elle fuyait parmi les clochers et les dômes ; et courant comme un mendiant sur les quais de marbre, je la chassais.
>
> En haut de la route, près d'un bois de lauriers, *je l'ai entourée avec ses voiles amassés*, et j'ai senti un peu son immense corps. L'aube et l'enfant tombèrent au bas du bois.
>
> Au réveil il était midi.

Regardons bien, donc, les parties soulignées dans ce texte. En ce qui concerne ces deux passages, d'une part : « Alors je levai un à un les voiles » et, d'autre part : « je l'ai entourée avec ses voiles amassés... », voici comment pendant longtemps je les avais interprétés, sans trop me poser de questions. « Le narrateur, c'est-à-dire l'enfant, retire tout d'abord un à un les voiles de la déesse. Puis, à la fin, il les ramasse, les rassemble pour les lui remettre. En somme, il aurait dévêtu la déesse pour pouvoir la revêtir lui-même de ses voiles. »

J'appellerai désormais cette première interprétation, interprétation qui semblait aller de soi, l'interprétation A. Je ne pourrais ni ne voudrais citer ici toutes les traductions antérieures, à commencer par celle souvent remaniée de Kobayashi Hideo, ce grand essayiste et traducteur dont je vous ai parlé au début de cette intervention. Mais toutes, en définition, à quelques nuances près, reprennent les

194

unes à la suite des autres cette première interprétation, interprétation A, que j'avais également fait mienne.

J'ai d'autre part consulté toutes les traductions de Rimbaud en d'autres langues que le japonais, toutes celles du moins que je pouvais avoir sous la main : cinq traductions anglaises, deux allemandes, une italienne et trois chinoises : au total pas moins de onze versions. Si l'on essaie d'analyser les passages en question dans ces diverses traductions, on s'aperçoit que, à deux ou trois exceptions près, elles rejoignent toutes sans exception l'interprétation A.

Par exemple, Wallace Fowlie traduit ainsi : « *Then I took off her veils one by one* » (Alors j'ai retiré un à un ses voiles), et, pour notre deuxième passage : « *I wrapped her in all her veils...* » (Je l'ai enveloppée de tous ses voiles).

D'un autre côté, j'ai consulté également la majeure partie des commentaires français de ce poème, par exemple les commentaires de Suzanne Bernard, Antoine Adam, Louis Forestier, etc. Malheureusement, autant que je sache, aucun rimbaldien francophone ne commente les deux passages que vous avez sous les yeux et qui m'ont tant tracassé lorsque j'ai essayé de les traduire.

Mais revenant en France, ce mois de mars, invité par l'université de Toulouse-le-Mirail, j'ai pu tout de suite trouver sur le présentoir d'une librairie de Toulouse, enfin parue, l'édition critique des *Illuminations* que Pierre Brunel nous annonçait déjà depuis quelque temps. Et, dans cette édition, enfin commentés, les deux passages en question, rassemblés sous le motif des voiles et à partir du thème du dévoilement. Pierre Brunel explique la contradiction apparente d'un dévoilement qui aboutit paradoxalement à un amas : « de dévêtue qu'elle était l'aube devient survêtue » par toute une mythologie de l'aube « devenue courante dans la seconde moitié du XIX siècle ». Et il conclut : « L'enfant serait alors comme le soleil qui poursuit l'aube, et qui inévitablement la perd quand il est "midi". Ce moment du "réveil" est la fin de l'étreinte incomplète, mais aussi celui de l'éloignement de l'aube » (Pierre Brunel, *Éclats de la violence, édition critique des* Illuminations *d'Arthur Rimbaud*, José Corti, 2004).

Lorsqu'il a été question en effet de publier aux éditions Chikumashobô un recueil des œuvres poétiques de Rimbaud comprenant l'essentiel de sa production poétique, après beaucoup d'hésitations, j'en suis venu à m'opposer à l'interprétation habituelle des passages soulignés, c'est-à-dire toujours bien sûr à l'interprétation A.

Voici donc maintenant ma traduction qui repose sur une autre interprétation que j'appellerai désormais ici l'interprétation B :

« sokode boku ha, sono vêru o ichimai ichimai mekutte nozoita. »
Traduction que je retraduis très littéralement et prosaïquement en
français, pour que l'on comprenne bien de quoi il s'agit : « Alors,
j'ai relevé un à un les voiles [pour la voir] ». C'est-à-dire que le narrateur n'a aucunement retiré les voiles de la déesse. Ici, je suis complètement d'accord avec André Breton qui définit la beauté dans
son *Flagrant délit*. « La *beauté* est [...] le grand refuge. [...] il y a
toujours un coin du voile qui demande expressément à ne pas être
levé ; quoi qu'en pensent les imbéciles, c'est là la condition même de
l'enchantement. »

Passons maintenant à l'autre extrait : « boku ha midarete kasa-
natta vêru tomodomo kanojo o hôyô shita ». Je retraduis ainsi en
français : « Je l'ai embrassée dans ses voiles entassés les uns sur les
autres de façon désordonnée ».

Je vous prie instamment de croire qu'en proposant cette nouvelle traduction, il n'entrait nullement dans mes intentions de vouloir uniquement ébahir (surprendre) le public japonais [en japonais,
pour exprimer le caractère puéril d'une telle attitude, nous utilisons
l'expression « kimen o motte hito o odorokasu » (étonner les gens
en se faisant un masque de démon)]. Par ailleurs, je ne souhaitais
pas non plus me faire remarquer par une lecture tout à fait inattendue, dans le seul souci de me rendre intéressant ! Non ! Cette nouvelle traduction repose sur une intime conviction qui s'est imposée
progressivement à moi.

Car, il faut bien l'avouer, la différence de traduction et d'interprétation A et B repose sur des éléments très concrets, très solides
et même objectifs. Je veux dire, d'une part, l'analyse précise, gram-
maticale même, du sens des verbes : *lever, entourer, amasser* en tant
que tels. Et d'autre part, leur mise en rapport avec le narrateur et
ses agissements.

Pour le verbe *entourer*, la discussion porte sur sa construction.
La préposition *avec* peut-elle, oui ou non, exprimer un complément
circonstanciel de moyen avec ce verbe ?

Si l'on s'en tient, pour répondre à cette question, aux définitions
données par les dictionnaires français actuels, après le verbe *entourer*,
le moyen serait toujours marqué par la préposition *de*. Dans le *Petit
Robert* notamment, on trouve d'une part un exemple donné par la
Rédaction du dictionnaire : « Entourer ses pieds d'une couverture », et,
par ailleurs, un exemple tiré de Roger Martin du Gard, exemple présenté en illustration de l'usage commun : « Pendant que sa mère l'atti-
rait contre elle et l'entourait de ses bras comme pour la protéger. »

Ce dernier exemple ne correspond-il pas justement tout à fait
bien à la phrase de Rimbaud ? Le poète ne veut-il pas dire préci-

sément que le narrateur – lui-même ? – attire contre lui la déesse, l'aube fragile malgré tous ses voiles et l'entoure de ses bras comme *pour la protéger* ?

Il serait donc difficile dans ces conditions de justifier les traductions existantes depuis celle de Kobayashi Hideo. Ce dernier traduit : « je l'ai entourée avec ses voiles amassés », par « ore ha, kakiatsumete kita kazuki o kanojo ni matoituketa ». C'est-à-dire, si je retraduis très littéralement et prosaïquement, « j'ai entouré la déesse des voiles que j'avais amassés ».

Or, si l'on se réfère toujours aux dictionnaires français actuels, il faudrait plutôt admettre que pour le complément de moyen de l'action faite par le narrateur, a été omis quelque chose comme : « de mes bras », à savoir « J'ai embrassé la déesse de mes bras avec ses voiles ». Le complément circonstanciel marqué par la préposition *avec* ne pourrait donc dans ce cas concerner que la manière d'être de la déesse elle-même, et cela d'autant plus que l'adjectif possessif *ses*, de son côté, ne renvoie qu'à la déesse.

Ainsi, pour étayer de façon irréfutable, l'interprétation et donc les traductions de type A, il faudrait apporter la preuve que dans le cas du verbe *entourer* l'expression du moyen avec la préposition *avec* était d'un usage commun à l'époque de Rimbaud.

Or, que l'on consulte le *Littré* ou encore le *Trésor de la Langue française* qui a une approche diachronique du lexique, ou bien encore que l'on se réfère à de très nombreux auteurs du XIXe siècle, on aura du mal à apporter une telle preuve.

Bien au contraire, dans le *Trésor* on précise : « le complément circonstanciel est généralement introduit par *de* – c'est alors un complément de moyen... »

En définitive, l'interprétation A ne reposerait donc que sur une construction particulièrement rare du verbe *entourer* : recherche stylistique ou ambiguïté, qui ne vont pas selon nous, dans le sens général de la description concrète que tente ici Rimbaud.

En revanche, comprendre, comme nous l'avons déjà suggéré, la préposition *avec* non pas comme le complément de moyen du verbe *entourer*, non pas donc, comme une attitude concernant le narrateur, mais bien plutôt comme un complément circonstanciel de manière se rapportant à la déesse elle-même, offre un sens beaucoup plus satisfaisant.

Ajoutons, à la décharge de Hideo Kobayashi et de ses successeurs, que les dictionnaires français-japonais en usage au Japon jusqu'à une époque assez récente, se contentaient de donner une définition sommaire du sens des mots sans préciser leur construction ou utilisation. Le même problème ne s'est-il pas posé dans les autres sphères linguistiques que nous avons évoquées, problème surgi à cause du manque de précision des dictionnaires utilisés ou du manque d'informateur francophone ?

Toujours est-il que la solution donnée à ce problème de la construction du verbe *entourer* conditionne sans aucun doute l'interprétation générale, et donc toute la traduction, du poème *Aube*.

Quant à moi, voici la façon dont j'interprète finalement ce poème. La déesse essaye de reprendre et rassembler autour d'elle les voiles qui, en désordre, sont en train de tomber. Sans doute, toute honteuse, les bras croisés sur sa poitrine, essaye-t-elle d'échapper aux assauts répétés du narrateur. Et quand celui-ci l'a saisie – ou s'est imaginé la saisir –, c'était « en haut de la route, près d'un bois de lauriers ». Que cette étreinte ait été imparfaite et qu'elle n'ait été sans doute qu'une illusion éphémère, se trouve clairement suggéré tout de suite après par la phrase qui fait précisément l'objet de notre discussion : « ... et j'ai senti un peu son immense corps. L'aube et l'enfant tombèrent au bas du bois ».

Lorsque le pronom personnel-sujet de la première personne désignant le narrateur se trouve rejetée au profit de la troisième personne : « enfant », on comprend enfin combien la première phrase « J'ai embrassé l'aube d'été » était irréelle, sans fondement.

Il va sans dire que la déesse est un symbole de l'aube qui ressuscite toute la Nature. Une des caractéristiques essentielles de ce poème, caractéristique qui en constitue tout le charme, c'est cet animisme par lequel les actes du narrateur obtiennent une réponse, un accueil dynamique de la part de tous les êtres de la Nature : « les pierreries », « les ailes », « une fleur », « le wasserfall bond », etc.

Mettant un point final à la succession des interactions individuelles qui se produisent entre les divers éléments de la Nature, l'acte du narrateur qui, même de façon imparfaite, étreint si peu que ce soit la déesse toute honteuse au milieu du désordre de ses voiles, nous est présenté comme une hallucination fugitive. Et ce rêve aussi court que vain se voit complètement brisé par le dernier paragraphe réduit à une seule phrase lapidaire : « Au réveil il était midi. »

Cette interprétation, c'est-à-dire l'interprétation que nous avons nommée ici interprétation B, et qui est la nôtre, reste à ce jour extrêmement minoritaire. En effet, des onze traductions étrangères que nous avons consultées, et auxquelles nous pouvons ajouter la quasi-totalité des traductions japonaises, seules s'en rapprochent celle de Paul Schmidt : « *I caught her in her gathered veils...* » (« Je l'ai saisie dans ses voiles assemblés ») et celle de Mark Treharne « *I threw my arms around her with her gathered veils...* » (« J'ai jeté mes bras autour d'elle avec ses voiles assemblés ».)

Ici je me permets de citer la traduction intégrale de Mark Treharne : *Dawn*.

> I have kissed the summer dawn.
> Nothing was yet stirring on the brows of the palaces. The water lay dead. The camps of shadows remained pitched on the road through the woods. I walked, awakening warm living breaths, and the precious stones stared, the wings rose noiselessly.
> The first venture, along the path already filled with cool pale glints, was a flower which told me its name.
> I laughed at the blonde wasserfall dishevelling its hair among the fir-trees : on the silvered ledge I recognized the goddess.
> *Then one by one I lifted the veils.* Along the pathway, waving my arms. Out on open ground where I denounced her to the cockerel. In the city she fled among the belfries and the domes, and running like a beggar over the marble quays, I chased after her.
> At the top of the road, near a laurel grove, *I threw my arms around her with her gathered veils* and felt something of her immense body. Dawn and the child fell to the ground at the bottom of the grove.
> When I woke it was noon.

La traduction de Paul Schmidt a été publiée en 1967 tandis que celle de Mark Treharne a été publiée en 1998, c'est-à-dire deux ans après la mienne. Mais la personne qui m'a entraîné avec le plus de persuasion vers l'interprétation minoritaire de ces deux passages de Rimbaud, et donc du poème « Aube » tout entier, et qui, sans ménager son temps, a tenté de répondre à mes multiples questions, n'est autre qu'Yves-Marie Allioux, excellent connaisseur de la poésie, et mon ami depuis déjà vingt-trois ans, qui va publier sa traduction de l'anthologie personnelle de Nakahara Chûya dans un an chez Philippe Picquier. À mes questions il m'a notamment proposé la paraphrase suivante : « Je l'ai prise (embrassée) dans mes bras avec tous ses voiles autour d'elle, mais dont elle n'était pas correctement vêtue. »

Ainsi avons-nous essayé de montrer, que, parfois, le travail de traduction consiste aussi à, si on ose dire, défroisser les plis du texte et à en soulever les *voiles*. Et c'est cette opération, précisément, qui conduit au « plaisir du texte ».

Hitoshi Usami

Lire *Nuit de l'enfer*

« Je me crois en enfer, donc j'y suis. »

I

Dans sa lettre à Delahaye datée de mai 1873, Rimbaud écrit ces mots : « Je travaille pourtant assez régulièrement ; je fais de petites histoires en prose, titre général : Livre païen, ou Livre nègre. C'est bête et innocent. [...] Mon sort dépend de ce livre, pour lequel une demi-douzaine d'histoires atroces sont encore à inventer. Comment inventer des atrocités ici ! » [1]

Ces mots prouvent que, lorsqu'il a commencé à écrire *Livre païen,* ou *Livre nègre* qui deviendra plus tard *Une saison en enfer,* Rimbaud semblait garder son calme un peu comme s'il était un écrivain professionnel. Tout au contraire, un bref récit qui s'intitule *Nuit de l'enfer* montre le « Je » narrateur dans une situation extrêmement critique ; il « brûle » à cause du « feu » de l'enfer qui s'enflamme.

> J'ai avalé une fameuse gorgée de poison. – Trois fois béni soit le conseil qui m'est arrivé ! – Les entrailles me brûlent. [...] Je meurs de soif, j'étouffe, je ne puis crier. C'est l'enfer, l'éternelle peine ! Voyez comme le feu se relève ! Je brûle comme il faut. Va, démon !

Que s'est-il passé ? Le « Je » narrateur a très probablement traversé une période de crise sérieuse. Quelle était en vérité la raison de cette crise ?

---

1. *Œuvres complètes de Rimbaud,* éd. de A. Adam, Gallimard, « Bibliothèque de la Pléiade », 1972, p. 267-268.

Il semble que cette crise ait été provoquée par deux facteurs. En premier, elle a certainement un rapport profond avec le fait que l'expérience du narrateur, ou plutôt son expérimentation du langage poétique, s'est finalement trouvée dans une impasse. Au cours de ses recherches littéraires qui essayaient d'inventer un nouveau « verbe poétique », le « Je » narrateur, dans *Délires II Alchimie du verbe*, a été conduit, aux extrémités de sa pratique d'écriture, à avouer que les mots qu'il énonçait ne semblaient pas à la mesure de la vérité de son expérience vécue. Dans le brouillon d'*Alchimie du verbe*, on peut lire ceci : « C'était ma vie éternelle, non écrite, non chantée, – quelque chose comme la Providence, les lois du monde, l'essence à laquelle on croit et qui ne chante pas. [...] Après ces nobles minutes, stupidité complète. [...] Mais maintenant, je n'essaierais pas de me faire écouter. » [2]

En second, cette crise reflète, plus directement, semble-t-il, celle qu'a traversée Rimbaud, en juillet 1873, suite à sa rupture avec Verlaine, dans ce qu'il est convenu d'appeler « le drame de Bruxelles » ; ce drame révéla de façon indéniable l'échec de sa vie commune avec lui. On trouve dans *L'Éclair* cette phrase : « Sur mon lit d'hôpital, l'odeur de l'encens m'est revenue si puissante ; gardiens des aromates sacrés, confesseurs, martyres.../ Je reconnais là ma sale éducation d'enfance ».

II

Il semble probable que le « Je » narrateur, enlisé dans une situation aussi critique et ne pouvant plus avancer d'un pas, se soit laissé emporter par le besoin quasi religieux de réévaluer la valeur de la notion de « charité » qu'il avait violemment refusée autrefois. Selon le dictionnaire *Le Robert*, la charité est « la vertu théologale qui consiste dans l'amour de Dieu et du prochain en vue de Dieu ».

> Or, tout dernièrement m'étant trouvé sur le point de faire le dernier *couac* ! j'ai songé à rechercher la clef du festin ancien, où je reprendrai peut-être appétit./ La charité est cette clef. – Cette inspiration prouve que j'ai rêvé ! (*Jadis, si je me souviens bien...*) [3]

2. *Œuvres de Rimbaud*, éd. de S. Bernard, revue par A. Guyaux, Bordas, « Classiques Garnier », 1991, p. 337-338.
3. *Œuvres de Rimbaud, op. cit.*, p. 211.

Nous savons cependant que Rimbaud avait un temps intitulé *Fausse conversion* le brouillon du texte qui deviendrait plus tard *Nuit de l'enfer*. Essayons de comprendre les raisons pour lesquelles il a voulu nommer ainsi ce texte qui portait, au moins partiellement, sur son expérience de la réévaluation de certaines valeurs du christianisme.

D'après le début de *Fausse conversion*, le narrateur, contre toute attente, dès qu'il « a entrevu la conversion, le bien, le bonheur, le salut », souffre énormément; il « étouffe », il « meurt de soif » et « brûle comme il faut ». Tout se passe comme s'il était vraiment tombé en enfer. Comment interpréter cette descente aux enfers?

D'un côté, on croit pouvoir discerner chez le « Je » narrateur une remise en cause assez virulente de la religion qui prêche la notion de péché et de rédemption. Voici deux témoignages – indirects il est vrai – dont l'un se trouve dans l'œuvre de Rimbaud et l'autre dans celle de Verlaine.

Le grand poème de 1871 intitulé « Les premières communions » critique de façon très violente non seulement « un vol d'amour fait » par le christianisme mais encore « le baiser putride de Jésus ».

> Et comme un vol d'amour fait à ses sœurs stupides,
> Elle compte, abattue et les mains sur son cœur,
> Les Anges, les Jésus et ses Vierges nitides
> Et, calmement, son âme a bu tout son vainqueur.

> Car ma Communion première est bien passée.
> Tes baisers, je ne puis jamais les avoir sus :
> Et mon cœur et ma chair par ta chair embrassée
> Fourmillent du baiser putride de Jésus![4]

Il est à noter, également, que l'on trouve une image de Rimbaud révolté qui s'oppose à Dieu dans un poème de Verlaine intitulé « Crimen Amoris », écrit dans la prison des Petits-Calmes juste après le drame de Bruxelles.

Tout porte donc à croire que le « Je » narrateur, dans *Nuit de l'enfer*, porte en lui, au moins virtuellement, une vive critique adressée à « l'éternel voleur des énergies » qu'est le christianisme.

D'un autre côté, il est cependant probable que le « Je » narrateur, peut-être à cause de son bouleversement intérieur, ne puisse pas

4. *Œuvres de Rimbaud, op. cit.*, p. 123-126.

s'empêcher de procéder à une sorte d'autocritique ; et que la voix qui en émane lui reproche d'être trop fier et trop orgueilleux.

> Tais-toi mais tais-toi ! C'est la honte et le reproche à côté de moi ; c'est Satan qui me dit que son feu est ignoble, idiot ; et que ma colère est affreusement laide. Assez. Tais-toi ! Ce sont des erreurs qu'on me souffle à l'oreille, les magies, les alchimies, les mysticismes [...]/ Et dire que je tiens la vérité. Que j'ai un jugement sain et arrêté sur toute chose, que je suis tout prêt pour la perfection. [C'est] l'orgueil ! [5]

On n'aurait pas tort d'imaginer que le narrateur ne parvient pas à repousser ni à faire taire cette voix qui lui chuchote à l'oreille : « Tu as aspiré à une *vie* qui serait quelque chose comme le *festin où s'ouvrent tous les cœurs* ; ton orgueil excessif l'a pourtant rendue impossible. Tu as finalement manqué de *réinventer un amour* qui aurait été à la fois *l'affection égoïste* et l'amour de l'autre, et qui aurait été ainsi une *clef du festin ancien* ».

Peut-être est-ce cette voix intérieure qui incite le narrateur à réévaluer, une fois encore, la notion traditionnelle de « charité ».

Au moment, toutefois, où « Je » commence à « avaler une fameuse gorgée de poison », et à succomber à la tentation léthale de la « conversion au bien et au bonheur », le narrateur, pensant qu'il s'agit là de la tentation chrétienne, dont il a maintes fois dévoilé l'illusion mensongère, s'interdit d'y céder. D'où vient que la vigueur de son énergie, qui s'y oppose, reprend alors des forces.

En termes plus précis, ce qui met ainsi le narrateur en « colère », ce n'est pas tellement la tentation elle-même ; c'est plutôt la « faiblesse » de son cœur qui résiste mal à une tentation aussi illusoire. « Je » ne supporte pas « [sa] faiblesse » à cause de laquelle il ne cesse d'être séduit par un vain recommencement du mode de pensée propre au monde chrétien. Il s'indigne donc violemment contre ce qu'il considère comme sa propre faiblesse. « Je devrais avoir mon enfer pour la colère, mon enfer pour l'orgueil [...] », dit-il dans *Nuit de l'enfer.*

---

5. *Fausse conversion*, *Œuvres de Rimbaud*, op. cit., p. 334.

III

C'est ainsi que le « Je » narrateur est très profondément engagé dans un conflit psychique entre les deux forces antagonistes. Selon moi, c'est sans doute en comparant la violence de ce conflit à l'action du venin, qu'il peut écrire : « La violence du venin tord mes membres, me rend difforme, me terrasse ». Le cœur du « Je » est déchiré ; il est divisé par les deux forces qui le tirent dans deux sens diamétralement opposés. Selon toute apparence, le narrateur, dans *Nuit de l'enfer*, se trouve dans une impasse dont il lui est encore plus difficile de sortir que de celle de *Mauvais sang*.

Chose remarquable, pourtant ; le narrateur a fait, dans *Nuit de l'enfer*, au moins un pas de côté qui lui a permis de prendre un autre point de vue pour contempler ce qu'il nomme « son enfer ». Nous croyons pouvoir signaler deux points. Premièrement, le « Je » narrateur, au cours de ses efforts désespérés pour se tirer de cet embarras, semblait parvenu à prendre conscience d'une sorte de mécanisme qui faisait naître « son enfer ». Deuxièmement, grâce à cette prise de conscience, il devenait capable de se placer dans une perspective nouvelle selon laquelle il voyait un autre aspect de son expérience douloureuse caractérisée par la violence du conflit intérieur.

Quelles étaient en vérité cette prise de conscience et cette perspective nouvelle ?

Nous allons essayer dès maintenant de les élucider en lisant attentivement quelques passages de *Nuit de l'enfer*.

IV

> Si la damnation est éternelle ! Un homme qui veut se mutiler est bien damné, n'est-ce pas ? Je me crois en enfer, donc j'y suis. C'est l'exécution du catéchisme. Je suis esclave de mon baptême. Parents, vous avez fait mon malheur et vous avez fait le vôtre.

Il semble pertinent, pour mieux comprendre ces phrases, de nous référer aux lignes qui leur correspondent dans *Fausse conversion*, le brouillon de *Nuit de l'enfer*.

> Si la damnation est éternelle. C'est l'exécution des lois religieuses, pourquoi a-t-on semé une foi pareille dans mon esprit. Mes parents ont fait mon malheur, et le leur [...]. On a abusé de mon innocence. Oh ! l'idée du baptême. Il y en a qui ont vécu mal, qui vivent mal, et qui ne sentent rien ! C'est mon baptême et ma

205

faiblesse dont je suis esclave. [...] Un homme qui veut se mutiler est damné n'est-ce pas. Je me crois en enfer, donc j'y suis. [6]

D'après ce brouillon, on peut conjecturer que le « Je » narrateur, s'interrogeant sur les raisons pour lesquelles il souffre tant dans son intimité, pense à son conflit intérieur et à sa violence à peu près de la manière suivante :

Lorsque « Je » était encore tout enfant, et qu'il acceptait le monde tel qu'il était, le christianisme « a semé une foi dans [son] esprit » pour lui inculquer « l'idée du baptême ». Par l'idée du baptême, on entend non seulement l'idée du ciel et de l'enfer, celle des élus et des damnés, mais aussi la notion de péché et de rédemption ; on peut y associer également l'idée de Bien et de Mal telle qu'elle est enseignée dans le monde chrétien. D'après le narrateur, le christianisme a donc gravé « dans [son] esprit », cette « idée du baptême » sous la forme des « lois religieuses ». Autrement dit, « l'idée du baptême » a été imprimée dans son cœur comme si elle était une vérité absolue et *a priori* ; et cela, avant même que « Je » ait pu la comprendre suffisamment comme telle et qu'il ait été capable de la critiquer ou de la refuser.

D'où il résulte que « *Je* [est] », sans le savoir, « esclave de [son] baptême ».

Que veut dire exactement cette expression elliptique ?

Elle veut dire que, lorsque « Je » réfléchit sur son conflit intérieur très difficile à résoudre, il est presque automatiquement contraint de répéter les principales antinomies régissant la métaphysique occidentale et la morale judéo-chrétienne telles que la vertu et le *vice*, le bienfait et la *débauche*, les *vérités* et les *erreurs*, la *bonté* et la méchanceté, le *bien* et le *mal*, le *bonheur* et le *malheur*, la *raison* et la *folie*, l'*amour divin* et le satanisme, etc. « Je » est donc guidé ou dirigé, dans la poursuite même de ses réflexions, par une sorte de « moule » de pensée (ou de système) qu'on peut qualifier de platonico-chrétien. C'est pourquoi, dans son for intérieur, « Je » met à « exécution » de façon inconsciente ce que « les lois religieuses » lui ordonnent de faire. Tout se passe comme si « Je » était conduit à se condamner lui-même et à se dire : « Tu es damné ; c'est l'enfer, l'éternelle peine ! »

Peut-être est-ce à cette auto-condamnation que l'évocation d'« un homme qui veut se mutiler » fait allusion : « Un homme qui veut se mutiler est bien damné, n'est-ce pas ? »

6. *Ibid.*, p. 333-334.

Voilà le processus psychique au cours duquel le narrateur, au prix d'une immense souffrance, a pris conscience du mécanisme implacable qui a produit « son enfer ». « Je », étant presque systématiquement amené à se condamner lui-même, ne peut échapper à la notion de *damnation*. Il semble donc que ce soient sa propre réflexion et son propre raisonnement qui forcent le narrateur à « [se] croire en enfer » ; que ce mode de réflexion et de raisonnement le fasse tomber de façon quasi-automatique dans les limbes infernaux. C'est pourquoi il peut affirmer : « Je me crois en enfer, donc j'y suis. C'est l'exécution du catéchisme. Je suis esclave de mon baptême. Parents, vous avez fait mon malheur et vous avez fait le vôtre ».

V

Cette prise de conscience du dispositif mental qui engendre « son enfer » conduit enfin le narrateur à une perspective nouvelle sur l'ensemble de son expérience vécue qui se résume à une longue descente en enfer.

Remarquons à ce propos un fait qui passe le plus souvent inaperçu ; à savoir que le narrateur parodie, quoique d'une manière qui n'apparaît qu'en filigrane, le *Cogito* cartésien : « Je pense, donc je suis ». Selon le narrateur, on devrait dire plutôt : « Je me crois en enfer, donc j'y suis ». Chez Descartes, l'évidence du *Cogito* (« Je pense ») rend absolument vraie la certitude du *Sum* (« Je suis ») dès lors que pour penser il faut être. Suivant le raisonnement cartésien, il est indubitable qu'existe *le moi qui pense*, c'est-à-dire *le moi*, en tant que sujet conscient et présent à son acte de penser, *qui doute de toute chose*. « Je suis *res cogitans*, la *chose pensante* », dit-il.

Contrairement à l'argumentation de Descartes, le « Je » narrateur, dans *Nuit de l'enfer*, ne peut s'empêcher de remettre en cause l'évidence du *Cogito*. Il se demande s'il est si évident que « *Je pense* » ; s'il est si légitime de juger comme absolument vrai et certain le fait que « c'est *le moi* qui pense ». D'une part, d'après la conscience claire que « Je » a de lui-même, il lui semble indéniable que c'est *le moi* qui pense. D'autre part, cependant, comme le montre l'expérience pénible que le « Je » narrateur a vécue dans *Nuit de l'enfer*, lors même que « Je » est sûr qu'il pense, « Je » ne pense en réalité que sous l'influence profonde d'un mode de pensée (ou du système de pensée) propre au monde chrétien et qui, malgré lui, « le » pense.

Essayons de serrer de près ce dont le narrateur s'est aperçu. Au moment où « Je » commence à parler de son expérience douloureuse, ce dont il parle, c'est-à-dire ce qu'il écrit, ne peut pas éviter de s'appuyer sur un certain type d'images, d'expressions figurées et de terminologie telles que, par exemple, « l'étoile d'argent », « le même désert », « les trois mages », le « crime » et l'« erreur » ; autrement dit, les mots qu'il énonce contiennent non seulement des termes qu'on trouve souvent dans le vocabulaire de la morale mais encore des constructions de phrases ou des tournures qui sont typiques des Évangiles ; cela est voulu certes, d'un côté, par le narrateur, mais, d'un autre côté, cela se produit souvent sans que le narrateur s'en rende compte explicitement.

Que prouve cette inscription quasi implicite de la lettre des Évangiles dans le discours (et le langage) du « Je » narrateur ? Il prouve qu'en général, le narrateur ne peut parler de l'expérience cruciale « dont dépend son sort » qu'en s'appuyant, sciemment ou non, sur une terminologie et des tournures qui excèdent le cadre de son intimité et qui font effraction dans ses propos. Il est inévitable que le narrateur utilise des expressions figurées et des syntaxes typiques du lexique de la religion chrétienne et qui reconduisent, à son insu, le langage de la morale. Voilà la raison la plus profonde peut-être pour laquelle « Je » reste toujours « esclave de [son] baptême », ne cessant d'être séduit, malgré son refus catégorique, par un mode de pensée propre au monde occidental.

C'est ainsi que le narrateur arrive enfin à se placer dans une perspective qui lui permet d'envisager, d'un autre point de vue et sous un nouveau jour, ce qu'il appelle « son enfer ». Cette perspective nouvelle va lui indiquer une voie à parcourir pour qu'il puisse se libérer d'un vain recommencement porteur d'espérances illusoires. En quoi consiste cette voie ? Eh bien, elle consiste en ceci : que « Je » soit tenu à l'écart de la sphère d'influence de ce genre de terminologie, de ces expressions figurées et de ces tournures ; et qu'il soit capable, en somme, de se soustraire à la force contraignante d'un certain type de style ou d'une façon de parler propre au monde platonico-chrétien.

Cette conversion d'un nouveau type est selon moi, celle qui a permis au « Je » narrateur de modifier ses prises de position face à « son enfer », surtout dans les deux brefs récits qui closent *Une saison en enfer* : « Matin » et « Adieu ».

Hiroo Yuasa

Postface

En célébrant le cent cinquantième anniversaire de la naissance de Rimbaud, le 20 octobre 1854, il y a donc de cela tout juste cent cinquante ans, on s'aperçoit tout de suite que ce poète occupe une place centrale dans l'histoire du monde contemporain, gardant en lui des reflets du monde d'avant la Révolution et du déclin de ce monde, et annonçant notre présent tout en ayant toujours eu pour cible ce présent qui était le sien : celui d'une révolution vécue et toujours à venir. Une vision panoramique de l'histoire nous permettrait ainsi de situer Rimbaud à ce point charnière du temps qu'est la modernité qui, déjà, laisse entrevoir l'âge postmoderne.

C'est dans cette perspective que le colloque « Arthur Rimbaud à l'aube d'un nouveau siècle – Cent cinquantième anniversaire de la naissance de Rimbaud », a été organisé, en commun, par l'Institut franco-japonais du Kansai et l'Institut de recherche en Sciences humaines de l'université de Kyoto. Le colloque s'est déroulé selon le programme suivant :

vendredi 18 juin 2004

14 h-15 h 30   à l'Institut de recherche en Sciences humaines de l'université de Kyoto
      Conférence spéciale : Pierre Brunel : *Du côté des voleurs de feu*

16h-18h   à l'Institut de recherche en Sciences humaines de l'université de Kyoto

Session I. modérateur : Tadashi Matsushima
Olivier Birmann : *René Char et Rimbaud*
Yasuaki Kawanabe : *Rimbaud et Jaccottet : vers une nouvelle harmonie ?*
Hitoshi Usami : *Traduire Rimbaud en japonais*

19 h   à l'Institut franco-japonais du Kansai
                Spectacle : *Enfer et Illuminations*
                (Conception et mise en scène : Michel de Maulne)

samedi 19 juin 2004

10 h-12 h   à l'Institut franco-japonais du Kansai
                Session II. modérateur : Yasusuke Ooura
Manami Imura : *Rimbaud et Sakutarô – Destination de leurs "Trains de nuit"*
Makoto Kinoshita : *Segalen, double de Rimbaud*
Kazunari Suzumura : *Les lettres africaines de Rimbaud*

13 h 30-15 h 30, à l'Institut franco-japonais du Kansai.
                Session III. modérateur : Jean-François Hans
Yoshikazu Nakaji : *Rimbaud autoportraitiste*
Hiroo Yuasa : *Lire Nuit de l'enfer. « Je me crois en enfer, donc j'y suis »*
Agnès Disson : *Roubaud sur Rimbaud : rimbaldisme, rupture métrique et monstration poétique*

16 h-17 h 30   à l'Institut franco-japonais du Kansai
                Conférence spéciale : Steve Murphy : *Problèmes d'édition des manuscrits de Rimbaud*

Pour toutes les réunions nous avons adopté, comme moyen d'expression, la langue française. Nous avons par ailleurs, pour chacune de ces communications, mis à la disposition de tous les participants un résumé en japonais. Jean-François Hans, de l'Institut franco-japonais du Kansai, et Hitoshi Usami, de l'Institut de recherche en Sciences humaines de l'université de Kyoto, ont travaillé en collaboration à la mise en place et au bon déroulement du colloque.

Nous avons eu le plaisir et l'honneur de recevoir parmi nous Monsieur Pierre Brunel, Professeur et Vice-Président de l'Université de Paris IV, et Monsieur Steve Murphy, Professeur de l'Université de Rennes II, qui ont bien voulu répondre à notre invitation. Le colloque s'est ouvert sur la conférence de Monsieur Pierre Brunel, *Du côté des voleurs de feu,* et celle de Monsieur Steve Murphy, *Problèmes d'édition des manuscrits de Rimbaud,* en aura marqué la clôture. Les deux conférences ont duré environ soixante-dix minutes et ont été suivies, pendant une vingtaine de minutes, de questions posées par l'auditoire et de discussions. Une centaine de personnes, aussi bien des spécialistes que des amateurs de Rimbaud, y ont assisté. Les débats ont été de haut niveau et fort passionnés. Et nous tenons à remercier une nouvelle fois les deux conférenciers d'avoir assisté à toutes les communications et d'avoir dirigé les débats ainsi que d'avoir participé à cette publication par des articles d'une grande richesse.

Encadrées par les deux conférences, neuf communications, réparties en trois sessions, ont eu lieu. Elles ont été données par des chercheurs travaillant au Japon. Le temps pour chaque exposé était d'environ trente minutes. Chacun a été suivi de questions et de débats fort animés pendant une dizaine de minutes. L'auditoire, de quatre-vingts à cent personnes, était formé de spécialistes ou d'amateurs de poésie. La salle était très animée voire passionnée. Et je tiens ici à exprimer mes remerciements aux trois modérateurs, Monsieur Tadashi Matsushima et Monsieur Yasusuke Ooura de l'université de Kyoto, et Monsieur Jean-François Hans, de l'Institut franco-japonais du Kansai, pour leur précieuse collaboration. Enfin, et tout particulièrement, j'exprimerai ma reconnaissance envers les intervenants pour leur communication lors du colloque ainsi que pour l'article, fondé sur cette communication, qu'ils ont généreusement accepté de rédiger.

Olivier Birmann (Université Kwansei Gakuin)
Agnès Disson (université d'Osaka)
Manami Imura (Université préfectorale de jeunes filles de Gunma)
Yasuaki Kawanabe (université de Tsukuba)
Makoto Kinoshita (Université préfectorale de Hyogo)
Yoshikazu Nakaji (université de Tokyo)
Kazunari Suzumura (Université municipale de Yokohama)
Hitoshi Usami (université de Kyoto)
Hiroo Yuasa (université de Tokyo)

Dans le cadre du colloque, nous avons pu assister à une représentation du spectacle, *Enfer et Illuminations,* conçu et mis en scène par Monsieur Michel de Maulne. Ce spectacle qui a été extrêmement bien reçu par le public et par la critique en France, était, avec cette représentation à Kyoto, donné pour la première fois au Japon. Pour les sous-titres projetés lors du spectacle, c'est la traduction en langue japonaise de la poésie de Rimbaud, réalisée par Hitoshi Usami, qui a été utilisée. La traduction des lettres et du journal de Rimbaud ainsi que celle des lettres d'Isabelle à sa mère, sont aussi de Hitoshi Usami. Elles ont été faites spécialement pour le spectacle. Le nombre des spectateurs s'est élevé à une centaine et la salle étant comble, certains ont tenu à y assister même debout.

Que Monsieur Pierre Brunel qui a bien voulu se charger des contacts avec les Éditions Klincksieck pour la publication de ces actes, et qui a accepté d'en rédiger la préface, veuille bien trouver ici l'expression de nos sincères remerciements. La réalisation de cette édition est due aux soins de Monsieur Jean-Marc Loubet, des Éditions Klincksieck, et nous lui manifestons toute notre gratitude.

Pour terminer, nous voudrions remercier tous ceux qui, avec au cœur l'amour pour la poésie de Rimbaud, nous ont fait l'amitié de participer au colloque. Nous tenons à remercier aussi Monsieur Pierre Fournier, directeur de l'Institut franco-japonais du Kansai ainsi que Monsieur Tokihiko Mori, directeur de l'Institut de recherche en Sciences rumaines de l'université de Kyoto. La Fondation pour la promotion de l'éducation et de la recherche de l'université de Kyoto, nous a également aidé à réaliser ce colloque. Qu'elle veuille bien, ici, recevoir le témoignage de notre gratitude.

Hitoshi USAMI

Table des matières

Achevé d'imprimer en France
le 18 avril 2006
sur les presses de

52200 Langres - Saints-Geosmes
Dépôt légal : mai 2006 - N° d'imprimeur : 6261